Petite histoire du mouvement écolo en France

Si vous désirez être tenu au courant des publications de l'éditeur de cet ouvrage, il vous suffit d'envoyer votre adresse, en mentionnant le pays, aux Éditions :

Delachaux et Niestlé
La Martinière Groupe
13, rue Séguier
75006 Paris
France

Vous recevrez régulièrement, sans engagement de votre part, nos catalogues et une information sur toutes les nouveautés que vous trouverez chez votre libraire.

Vous pouvez également vous connectez sur : **www.delachaux-niestle.com**

Conception graphique : Elisabeth Ferté
Préparation de copie : Marie-Paule Rochelois
Correction : Brigitte Milleron

ISBN : 2-603-01412-9

Dépôt légal : septembre 2006

CHANGER D'ÈRE

Roger Cans

Petite histoire du mouvement écolo en France

delachaux et niestlé

À mon grand-père Albert Cans, professeur d'histoire.

Sommaire

Avant-propos

La prise de conscience écologique, en France, a été tardive et timide. Si on la compare à l'amour spontané de la nature manifesté par nos voisins anglo-saxons, germaniques ou scandinaves, elle apparaît comme une posture purement intellectuelle, suscitée par quelques scientifiques, relayée par des hauts fonctionnaires lucides et enfin prise en charge par l'État. Le souci de la protection de l'environnement n'est sorti du ghetto des spécialistes qu'avec l'apparition de l'écologie politique, née des soubresauts consécutifs à la grande secousse de Mai 1968. Mais il aura fallu encore vingt ans de cheminement, jalonnés d'avancées et de reculs, pour que l'écologie s'installe en France, non seulement dans le paysage politique, mais dans la société tout entière.

Aujourd'hui, en 2006, l'écologie est passée dans la terminologie officielle, assortie souvent de son corollaire le « développement durable ». Cela signifie que la préoccupation écologique, naguère confinée aux cercles scientifiques, naturalistes ou militants associatifs, est devenue, comme le Plan après la Libération, une « ardente obligation ». Ce qui, chez nos voisins, est le résultat d'initiatives locales, spontanées et prises en charge par la population, relève chez nous de la contrainte, du devoir d'État. D'où l'inscription de la bonne gouvernance écologique dans une « charte constitutionnelle ». D'où aussi le décalage entre l'affichage public et la réalité quotidienne vécue par le citoyen.

Pour comprendre l'apparition de cette nouvelle préoccupation dans le paysage français, j'ai tenté de retracer son cheminement depuis les origines. Même s'il faut attendre Rousseau et l'apparition du romantisme pour voir poindre un sentiment de la nature à la fois conscient et désintéressé, j'ai cru utile de balayer le champ de la littérature et des textes français depuis le XVIe siècle, afin de souligner le fossé qui a subsisté pendant deux siècles entre les Français et leur milieu naturel, considéré comme hostile ou sans intérêt par la plupart de nos compatriotes de l'époque.

Cette rétrospective, conduite à grandes enjambées, se ralentira au fur et à mesure que j'aborderai la période contemporaine, celle qui, naturellement, nous concerne le plus. Bien entendu, cet ouvrage de journaliste ne se veut ni exhaustif ni fondamental. C'est pourquoi il indiquera ses sources au fil du texte, lorsque c'est nécessaire, sans renvoyer à des notes en bas de page, contrairement à la tradition universitaire.

La reconstitution de ce cheminement historique n'a été possible que grâce à des proches qui m'ont bien aidé. Je remercie le service de documentation du journal *Le Monde*, qui a mis à ma disposition des dossiers dont les plus anciens remontent à 1944. Je remercie Roland Bechmann, fondateur de l'association Aménagement et Nature, qui m'a fourni des archives remontant à 1964. Je remercie Jean-Claude Demaure, qui m'a permis de consulter des collections de revues écologiques précieusement conservées dans sa maison de Nantes. Je remercie Pierre Samuel, qui m'a donné son histoire des Amis de la Terre (1970-1989), rédigée à usage interne.

Je remercie aussi Jean-Pierre Raffin, qui a relu attentivement le manuscrit à la lumière de sa longue mémoire des événements. Enfin je suis reconnaissant à Chantal Cans, mon épouse, d'avoir aussi relu le manuscrit avec le regard d'une juriste qui a passé vingt ans au service du ministère de l'Environnement.

CHAPITRE 1 : 1550-1750
Marâtre nature

Tout au long de l'histoire de France, jusqu'à la fin du XVIII*e siècle, la nature est méchante. Cette puissance impérieuse, en effet, s'ingénie à nous faire souffrir de la naissance à la mort. Imprégnée de cartésianisme et d'esprit voltairien, notre culture se prête mal au respect ou à l'admiration de cette « marâtre ». Marquée par une vie rurale omniprésente où l'homme se bat contre les éléments, influencée aussi par une culture classique (et religieuse) où le premier mouvement, toujours suspect, doit être contrôlé, la société française se méfie de tout ce qui est sauvage, brut, spontané, bref naturel.*

Nos bons maîtres se sont longtemps ingéniés à nous persuader que la sensibilité de nos ancêtres était proche de la nôtre. Voyez les poètes de la Pléiade, disaient-ils. Ronsard, dans un sonnet, compare la jeunesse à une rose fraîchement éclose et, dans ses *Élégies*, s'en prend aux bûcherons qui abattent la forêt de Gâtines : n'est-ce pas déjà une sensibilité écologique ? Du Bellay préfère la cheminée qui fume dans son petit village angevin aux prétentieux palais romains. N'est-ce pas déjà le pressentiment de la formule fameuse « *Small is beautiful* » ?

Eh bien non ! Au risque de les faire se retourner dans leur tombe, il faut dire que nos bons maîtres forçaient un peu la note pour tenter de nous intéresser à une poésie présentée comme naturelle et spontanée, alors que nos poètes ne faisaient que reproduire des modèles antiques, avec moult artifices et préciosités. Lorsque Ronsard compare la femme à une rose, il reprend une tradition quasi biblique, extrêmement classique, entretenue par les poètes arabes et persans. Et lorsqu'il dénonce l'abattage des arbres, il reprend la mythologie grecque des nymphes qui vivent « dessous la dure écorce ». S'en prendre à un arbre, c'est faire saigner les nymphes et donc irriter les dieux. Les poètes de la Pléiade ne font pas d'écologie avant la lettre, mais puisent dans le répertoire antique et païen qui redevient alors à la mode. Du Bellay chante la douceur angevine de son terroir, mais il avoue du même coup qu'il n'aime pas l'air marin. La mer ? Quelle horreur ! Il suffit de contempler les estampes de l'époque pour constater que le milieu marin est symbolisé par des monstres. Une rose cultivée dans un jardin, oui, la mer et ses colères, non. Le même du Bellay trahit ailleurs son horreur de la nature sauvage lorsqu'il se décrit errant l'hiver comme un loup en maraude et s'en prend à « marâtre nature ». Quel aveu !

Nos ancêtres du XVIe siècle étaient-ils donc si imperméables aux charmes de la nature et si peu soucieux de la protéger ? Les poètes, certainement. Il faut vraiment bien chercher pour trouver la trace d'une quelconque considération pour le milieu naturel ou sauvage. Dans ses *Essais*, Montaigne constate que, à première vue, les animaux sauvages sont mieux pourvus par la nature que les hommes pour vivre et se défendre. « À ce compte, écrit-il, nous aurions bien raison de l'appeler une injuste marâtre. » Mais il nie cette différence : « Nature a embrassé universellement toutes ses créatures », y compris l'homme, qui a reçu d'autres dons pour s'en tirer. Et il conclut : « Tout ce qui vient au revers du cours de nature peut être fâcheux, mais ce qui vient selon elle doit être toujours plaisant. » Enfin quelqu'un qui admet que le cours naturel des choses peut avoir du charme et que le contrarier peut créer des ennuis !

Pierre Belon le pionnier

À l'époque, les seuls à entrevoir la richesse et l'intérêt du milieu naturel sont des spécialistes, comme Pierre Belon (1517-1564), aide apothicaire de l'évêque du Mans René du Bellay, le frère du poète. Élevé dans le Maine puis en Bretagne au contact des poissons et des oiseaux de mer, Pierre Belon est un naturaliste complet qui connaît aussi bien les « simples », ces plantes indispensables à la médecine, que les arbres, les coquillages ou les oiseaux. Il va d'ailleurs donner son nom à un canard de fort beau plumage, le tadorne de Belon, l'un des très rares oiseaux devant son nom à un Français.

Pierre Belon sera aussi notre premier voyageur, explorateur et naturaliste, deux siècles avant les grandes expéditions savantes du XVIIIe siècle. Il part seul à travers les Alpes, dont il dessine et décrit la flore et la faune, puis il s'embarque à Venise pour un périple scientifique en Orient qui le mène d'abord en Grèce et à Constantinople, la capitale des épices. Au Liban, il découvre les fameux cèdres, en Égypte, il étudie les poissons du Nil et la faune du désert, et il rentre en France avec des malles pleines d'échantillons et de spécimens, dont un platane d'Italie qu'il plante dans le parc sarthois de son protecteur l'évêque du Mans.

Pour Pierre Belon, la nature n'est pas une marâtre, mais au contraire une mère nourricière, pleine de ressources et de curiosités qu'il décrit dans ses *Observations de plusieurs singularités et choses mémorables trouvées en Grèce, Asie, Judée, Égypte, Arabie et autres pays étranges*, publiées à Paris en 1555.
Un autre spécialiste, Olivier de Serres (1539-1619), expert en agriculture, sera le premier en France à souligner l'utilité de ressources naturelles comme l'eau ou la forêt pour assurer « la santé de l'air » et « l'abondance » d'une contrée. « De l'eau et du bois dépendent et l'être et le support de cette vie », constate-t-il en un temps où la forêt et les marais font plutôt peur. L'édit royal du 8 avril 1599 le constate : « Il y a grande quantité de paluds et marais inondés et entrepris d'eau et presque inutiles, et de peu de profit, qui tiennent beaucoup de pays comme désert et inhabité, et incommodent les habitants voisins, tant à cause de leurs mauvaises vapeurs et exhalaisons, que de ce qu'ils rendent les passages fort difficiles et dangereux. » C'est pourquoi Henri IV entreprend une politique d'assèchement systématique des marais, qu'il confie en 1607 à un Hollandais, nommé grand-maître des Digues et Paluds de France. Une politique qui se poursuivra allègrement jusqu'au milieu du XXe siècle… et qui, aux termes de l'article 134 du code rural actuel, peut autoriser une commune à supprimer un « étang insalubre ».

Les méfiances du Grand Siècle

Tout au long du XVIIe siècle, encore, la France est un pays où la nature sauvage apparaît comme un monde hostile, qu'il faut éviter ou contenir. La forêt ? Un repaire de brigands, de gueux et de bêtes fauves. Les marais ? Un foyer de pestilence qu'il faut fuir ou assécher. La montagne ? Un obstacle à la circulation redoutable, pris dans la neige et les glaces, avec des gouffres et d'affreux précipices. La mer ? Une punition pour les galériens, une épreuve pénible pour les pêcheurs et les marins. Elle engloutit les navires, démolit les digues et noie les rivages d'une eau stérile et mauvaise à boire. Les plages ? Tout juste bonnes pour tirer les barques après la pêche, au bord d'un océan peuplé de monstres.

Le paysan, alors, a deux ennemis : les hommes de guerre, qui piétinent les champs, réquisitionnent, pillent ou brûlent les récoltes, et la nature qui, selon son humeur, apporte le gel, l'inondation ou la sécheresse, sans parler du loup, des insectes et des mauvaises herbes. Même l'arbre, qui appartient au seigneur, est rarement un ami. En forêt, il donne certes des glands pour les cochons, mais dans un milieu qui héberge toutes sortes d'animaux malfaisants comme l'ours, le loup ou le sanglier. Dans la haie, il donne du bois de chauffage, mais il fait de l'ombre et « pompe la graisse du sol ».

Lorsque La Bruyère écrit : « Tout est grand et admirable dans la nature », dans son dernier chapitre des *Caractères* consacré aux « Esprits forts », il veut seulement démontrer que les athées ont tort de ne pas croire en Dieu, seul capable de créer des êtres vivants. Il apostrophe ainsi l'esprit fort : « Homme vain et présomptueux ! Faites un vermisseau que vous foulez aux pieds, que vous méprisez. Vous avez horreur du crapaud ; faites un crapaud s'il est possible. » En prenant ces exemples à l'appui de sa démonstration, La Bruyère se trahit : s'il admire la Création jusque dans ses créatures les plus méprisées, il n'en éprouve pas moins une certaine répulsion... La Bruyère va plus loin lorsque, apercevant des hommes et des femmes à quatre pattes dans un champ, il les décrit comme de pauvres hères à la recherche de racines pour tromper leur faim ! L'homme de cour, qui ne connaît rien à la vie des champs ni à la nature, s'imagine que l'être humain est ravalé au rang de la bête lorsqu'il récolte des raves genoux à terre, comme le font encore beaucoup de paysans aujourd'hui à travers le vaste monde. La terre est trop basse alors pour qu'un gentilhomme puisse en connaître les secrets. Et le soleil parfois trop fort pour cette autre éminence qui, en déplacement avec ses porteurs, se plaint d'un fâcheux qui l'a « une heure au grand soleil tenu hors de (sa) chaise » !

Dans la France du XVIIe siècle, la nature n'est belle et accueillante que si elle a été redessinée par Le Nôtre pour l'intendant Fouquet à Vaux-le-Vicomte ou pour le Roi-Soleil à Versailles. Il leur faut des parterres à la symétrie parfaite, des buis taillés au cordeau, des rocailles en stuc et des animaux terrifiants… neutralisés dans le marbre. Heureusement que, partout, l'homme et son génie veillent. La nature doit être maîtrisée pour être belle, conformément au mot de Bossuet dans son *Sermon sur la mort* : « Qu'est-ce autre chose que l'art, sinon l'embellissement de la nature ? » La sauvagerie n'intéresse le roi que pour satisfaire sa passion de la chasse, qui consiste justement à prouver la supériorité de l'intelligence humaine sur la bête brute.

Tout de même, objectera-t-on, il arrive que le poète s'abandonne à un début d'émotion lorsqu'il décrit une scène naturelle. Rappelons-nous « cette obscure clarté qui tombe des étoiles », dont tous les professeurs soulignent devant leurs élèves la sublime finesse. Corneille ne donne-t-il pas la preuve qu'un poète du XVIIe siècle sait aussi admirer la nature ? Eh bien justement non ! Si l'on se réfère toujours à ce vers du *Cid*, c'est justement parce qu'il est unique dans une œuvre où la nature brille par son absence. Même Racine, qui aime marcher dans les sentiers boisés du vallon de Port-Royal, à quelques lieues de Versailles, n'évoque jamais la nature dans ses pièces. Il préfère explorer les méandres des esprits et des cœurs. Une seule nature l'intéresse : la nature humaine. Quant à Pascal, lui aussi hôte de la verte abbaye, il a une vision bien particulière de notre environnement naturel : « Que l'homme contemple la nature entière dans sa haute et pleine majesté », écrit-il dans ses *Pensées*. Serait-il en admiration devant les beautés de la planète ? Nullement. Il faut lire la suite : « que la terre lui apparaisse comme un point..., si notre vue s'arrête là, que l'imagination passe outre ; elle se lassera plutôt de concevoir que la nature de fournir ; tout ce monde visible n'est qu'un trait imperceptible dans l'ample sein de la nature. » Fournisseur inépuisable, la nature offre un espace infini où l'homme, minuscule fourmi, n'a qu'à bien se tenir. La majesté impressionne et fait même peur, parfois. Elle n'est jamais une amie. « La nature ne m'offre rien qui ne soit matière de doute et d'inquiétude », avoue-t-il. Plongé dans cette immense marmite qu'est le milieu naturel, l'homme n'est qu'une toute petite chose que seule la foi ou la grâce de Dieu peuvent sauver.

Quant à Descartes, il donne dans son *Discours de la méthode* une parfaite définition de ce que peuvent être à son époque les rapports de l'homme à la nature : « Au lieu de cette philosophie spéculative qu'on enseigne dans les écoles, on en peut trouver une pratique, par laquelle, connaissant la force et les actions du feu, de l'eau, de l'air, des astres, des cieux et de tous les autres corps qui nous environnent aussi distinctement que nous connaissons les divers métiers de nos artisans, nous les pourrions employer en même façon à tous les usages auxquels ils sont propres, et ainsi nous rendre maîtres et possesseurs de la nature ». Tout est dit là, même le verbe « environner ». Il ne manque plus que « l'animal machine », conception cartésienne bien symbolique d'un univers où le vivant n'est qu'une savante mécanique.

Les talents trompeurs du fabuliste

Est-ce que ce bon La Fontaine ne mérite pas à lui seul de réhabiliter la sensibilité du Grand Siècle à l'égard de la nature ? On peut en effet admirer le sens de l'observation du fabuliste lorsqu'il décrit les hésitations du héron au bord de l'eau ou le regard gourmand du renard sur le raisin. Mais il ne faut pas, comme on le fait à l'école communale, pousser trop loin l'admiration pour un « naturaliste » qui, la plupart du temps, ne décrit que de seconde main. Il passait en effet son temps à la cour et ne mettait pratiquement jamais les pieds dans sa maîtrise des eaux et forêts de Château-Thierry. C'est pourquoi il plaint la cigale privée de « morceau de mouche ou de vermisseau », elle qui ne suce que la sève des arbres... C'est pourquoi aussi il admire la Providence divine qui, par égard pour l'espèce humaine, a placé les glands aux branches des chênes et les citrouilles au sol. Il ne connaissait donc pas le cocotier qui, à cet égard, a dû échapper à la prévoyance divine ! Quant au lion, lui aussi exotique, il le présente comme la « terreur des forêts ». Il ignore évidemment que le lion ne vit pas en forêt, mais qu'importe : une bête fauve redoutée par tous ne peut vivre qu'au fond des bois.

En réalité, La Fontaine n'a rien d'un naturaliste de terrain ni d'un amoureux de la nature. Il se contente de reprendre le principe des fables d'Ésope, l'ancien Grec, et surtout de Phèdre, dans la Rome du latin classique, qui permet de tout dire sans risque, par animaux interposés. En utilisant le savoir commun du terroir, il réussit à donner l'illusion d'un grand connaisseur de la nature par son art de la langue, qu'il manie à merveille.

Mais le maître des eaux et forêts devenu fabuliste retombe vite dans les clichés de son temps : il plaint le pauvre agneau que le méchant loup emporte « au fond des forêts ». Pour lui et ses contemporains, la forêt reste un lieu maudit, repaire de tous les dangers.

*

Jusqu'au milieu du XVIIIe siècle, le regard sur la nature va rester le même en France. À la différence des nobles anglais ou des princes allemands, qui vivent sur leurs terres et donc au contact du milieu naturel, les gentilshommes français se pressent à la cour du roi, à Versailles, où tout est artificiel. Ils perdent le contact, et donc le goût de la nature. Ils n'aiment plus la campagne. Le cardinal de Bernis, alors ambassadeur de France à Venise, traduit bien cet état d'esprit : « La campagne, passé huit jours, n'est bonne qu'en peinture. »
La Réforme calviniste, puis la Contre-Réforme catholique, vont aussi contribuer à éloigner les Français de la nature. Le corps, désormais, n'est plus qu'une « guenille », les organes un « embarras ». On ne se lave plus, même à la cour. Les jeux d'esprit prennent le pas sur les joutes physiques. Certes, l'immense majorité des Français ne vit pas à la cour, mais c'est celle-ci qui donne le ton dans le monde des lettres, c'est elle qui fait la mode et c'est donc elle qui façonne les mentalités, la sensibilité et les habitudes. Quant aux malheureux paysans qui restent attachés à la glèbe, ils continuent à maudire « marâtre nature », qui leur rend la vie toujours aussi difficile.

CHAPITRE 2 : 1750-1900
Un monde à découvrir

Les grandes expéditions scientifiques qui parcourent les océans dans la deuxième moitié du XVIIIe siècle ouvrent les yeux de nos contemporains sur une réalité oubliée depuis la découverte des Amériques : la planète recèle des ressources naturelles insoupçonnées. Cette incroyable diversité, cette profusion poussent les plus entreprenants à tenter de rassembler les connaissances du moment. C'est l'esprit encyclopédique, qui révolutionne le regard de nos contemporains sur la nature.
Au même moment surgit une sensibilité nouvelle, le romantisme, dont le précurseur sera un enfant terrible de Genève, Jean-Jacques Rousseau. D'adversaire, la nature devient partenaire, complice, voire consolatrice. Sous le Second Empire, l'esthétisme l'emporte et la nature devient belle. Avec le scientisme de la Troisième République triomphante, elle devient intéressante et parfois utile. Mais elle est encore trop puissante pour qu'on se préoccupe encore de son avenir.

La formidable entreprise dans laquelle se lancent à Paris Diderot et d'Alembert pour leur *Encyclopédie* a pour aiguillon les expéditions lointaines menées par de hardis navigateurs et

leurs savants embarqués. Ces expéditions, commanditées par le Roi, bénéficient de grands moyens et rentrent généralement avec une moisson fructueuse qui fait faire à la science des avancées remarquables. Une des plus fameuses est alors l'expédition menée par Bougainville de décembre 1766 à mars 1769, soit presque deux ans et demi de circumnavigation. De ce périple, il va rapporter une collection d'échantillons prodigieuse, réunie par les soins d'un botaniste trop méconnu, Philibert de Commerson. Ce savant méticuleux constitue notamment des herbiers, dont certains conservent... des poissons, préalablement vidés et séchés. Plusieurs de ces « herbiers » sont encore visibles au Muséum d'histoire naturelle de Paris.
L'autre grande expédition, menée en Amérique du Sud de 1799 à 1804 par le baron prussien Alexandre de Humboldt, va permettre au médecin et botaniste français Aimé Bonpland de rapporter une collection de 5 800 espèces de plantes, dont 3 600 jamais décrites, ainsi que des fossiles, minéraux, coquillages et poissons. Les deux savants avaient une règle durant leur périple : « ne jamais perdre de vue l'harmonie des forces concurrentes, l'influence de l'univers inanimé sur le règne animal et végétal ». Autrement dit, ne pas se contenter d'étudier les espèces et les phénomènes un par un, mais les replacer dans leur contexte global pour mieux comprendre. C'est déjà une tournure d'esprit écologique.
Ces moissons scientifiques recueillies à travers le monde font prendre conscience que la Terre est à la fois une et diverse. « Tout se tient dans la nature », écrit Diderot en 1769, comme le constatent aujourd'hui les écologistes et les scientifiques. Y compris l'Homme, affirment les Encyclopédistes, qui s'affranchissent de la doctrine traditionnelle de l'Église, où l'Homme est une créature à part. Les voyageurs des antipodes rencontrent

partout des peuples et des civilisations différents, qu'ils décrivent dans leurs récits comme leurs savants décrivent des animaux ou des plantes exotiques. L'esprit encyclopédique démontre que la nature est encore plus riche et foisonnante qu'on le croyait, jusque dans la nature humaine.

Avec sa théorie des climats, Montesquieu introduit sans le savoir une notion nouvelle : l'influence de l'environnement sur le tempérament des hommes. Ses conclusions, souvent péremptoires, témoignent pourtant d'une incroyable naïveté : « Les peuples des pays chauds sont timides, écrit-il, ceux des pays froids sont courageux. » Sa conception de la nature, fondée sur la théorie des « humeurs » de la médecine traditionnelle, reste totalement mécaniste : « L'organisation, soit dans les plantes, soit dans les animaux, ne peut guère être autre chose que le mouvement des liqueurs dans les tuyaux. » Étonnante plomberie, qui prouve que Montesquieu est un meilleur analyste de « l'esprit des lois » humaines que des lois naturelles !

Fruit des nouvelles connaissances encyclopédiques, « l'histoire naturelle » acquiert cependant ses lettres de noblesse. Non seulement la nature ne fait plus peur aux connaisseurs, mais elle les passionne. Partout, dans les châteaux, se montent des « cabinets de curiosités », où les gentilshommes voyageurs entassent pêle-mêle leurs trouvailles. L'un d'eux, le sieur de Buffon, gentilhomme campagnard devenu intendant du Jardin du Roy, se lance en 1749 dans une entreprise aussi hardie que celle de l'*Encyclopédie* : une *Histoire naturelle générale et particulière*, qui comportera au total quarante-cinq tomes illustrés de planches gravées.

Cette œuvre monumentale, qui se propose de décrire tout le « règne animal », a l'ambition de dépasser le simple catalogue. Buffon va « tâcher de s'élever à quelque chose de plus grand et plus digne encore de nous occuper, de combiner les observations, de généraliser les faits, de les lier ensemble par la force des analogies, et tâcher d'arriver à ce haut degré de connaissance où nous pouvons juger que les effets particuliers dépendent des effets plus généraux, où nous pourrons comparer la Nature avec elle-même dans ses grandes opérations ». Autrement dit, Buffon va faire de l'écologie scientifique, en s'efforçant de montrer les liens qui unissent les différents éléments rencontrés dans la nature.

Cependant, malgré son admiration pour les merveilles de la Création, Buffon conserve les préjugés de son époque. S'il admire le chien, par exemple, il s'interroge : « Comment l'homme aurait-il pu, sans le secours du chien, conquérir, dompter, réduire en esclavage les autres animaux ? Comment pourrait-il encore aujourd'hui découvrir, chasser, détruire les bêtes sauvages et nuisibles ? Oui, l'homme a besoin du chien pour se rendre maître de l'Univers vivant. » La faune se partage encore entre animaux utiles et nuisibles, ce qui n'est guère écologique. Malgré son intitulé, l'*Histoire naturelle* de Buffon ignore tout de l'évolution historique et préhistorique. On y découvre une curieuse conception de la faune : « les espèces sont les seuls êtres de la nature ; êtres perpétuels aussi anciens, aussi permanents qu'elle. » La nature étant « permanente », il n'y a aucun souci à se faire pour son maintien. En outre, elle obéit à une hiérarchie calquée sur l'ordre social de l'époque : « De toutes ces unités, l'espèce humaine est la première ; les autres, de l'éléphant jusqu'à la mite, du cèdre jusqu'à l'hysope, sont en seconde et troisième lignes. » Autrement dit, le monde vivant est découpé suivant le modèle de la société française, avec au premier rang la noblesse (l'homme), au deuxième rang le clergé (les animaux) et au troisième rang le tiers état (les plantes). Tout est dans l'ordre pour ce savant bien-pensant qui considère que « la nature est le trône extérieur de la puissance divine ». Il est vrai que Buffon est mort un an avant la Révolution et qu'il n'a donc pas connu la révolte du tiers état. Son *Histoire naturelle* s'achève avec l'Ancien Régime.

Voltaire contre Rousseau

À l'esprit encyclopédique, supposé rationnel et méthodique, succède, à la fin du XVIIIe siècle, une sensibilité qui semble à l'opposé : le romantisme. On éprouve du vague à l'âme, on s'émeut, on pleure parfois. Les écrivains romantiques établissent des correspondances entre les mouvements du cœur et le décor naturel, entre l'état d'esprit et l'environnement.
Le premier à vraiment tomber sous le charme de la nature est ce grand fou de Rousseau. Marcheur infatigable, il n'hésite pas alors à traverser les Alpes à pied pour se rendre de Genève à Turin. Et, en plus, il trouve le paysage sublime. Avant lui, les rares contemporains à se risquer dans la montagne se plaignaient des « rocs arides », des « affreux précipices » et des « gouffres rugissants ». On évitait comme la peste ces lieux désertés par les hommes, peuplés seulement d'ours, de loups et d'aigles. On ne trouvait aucun charme aux cascades et aux torrents, trop impétueux pour être honnêtes, et l'on redoutait la neige et la glace. Rousseau, lui, adore. Comme il adorera les promenades en forêt d'Ermenonville où, avec l'oreille d'un musicien, il écoute, ravi, l'appel flûté de la fauvette et le trille du rossignol.
La nature, pour lui, est une merveille, un prodige d'invention et d'équilibre. « Un enchantement », écrit-il. Mieux, elle est la mère de toutes les vertus. Au point que, hors cet abandon à la nature vierge, point de salut. La civilisation, lorsqu'elle tourne le dos à la bonté et à la simplicité naturelles, corrompt les

hommes. D'où la supériorité du « bon sauvage ». D'où aussi les ricanements de Voltaire, l'esprit fort, qui juge ce culte de la nature débile et navrant. La nature, pour Voltaire, c'est la terre qui tremble et détruit Lisbonne (1755), ce sont « quelques arpents de neige » au Canada qui ne valent pas une guerre (1763). Quant au « bon sauvage », il le disqualifie d'emblée : « Que serait l'homme dans l'état de pure nature ? écrit-il. Un animal fort au-dessous des premiers Iroquois qu'on trouva dans le nord de l'Amérique. » Pour Voltaire, la nature, c'est, au mieux, l'inconfort, au pire la sauvagerie et la barbarie. Il soupçonne Rousseau de détourner le sens du mot : « Votre nature n'est qu'un mot inventé pour signifier l'universalité des choses », écrit-il dédaigneusement. Voltaire le Parisien et Rousseau le Genevois, que l'on associe volontiers comme philosophes révolutionnaires, ont une conception de la nature radicalement opposée.

Il n'en demeure pas moins que, dans la littérature de langue française, l'admirable prose de Rousseau tranche par cette façon de vibrer à l'unisson du décor naturel, par cet amour des beautés sans apprêt offertes spontanément par la nature. Qu'il s'agisse des *Rêveries d'un promeneur solitaire* ou des *Confessions*, on découvre un ton et une sensibilité jusqu'alors inconnus dans notre littérature. Pour la première fois dans notre histoire, un écrivain s'extasie au spectacle de la nature et en fait la condition du bonheur. Rousseau aura quelques émules, comme Bernardin de Saint-Pierre. Mais si l'auteur de *Paul et Virginie* marque un intérêt réel pour les splendeurs de la mer et des îles, il établit un lien trop fort entre la contemplation de ces splendeurs et les états d'âme de ses héros. La nature, pour lui, reste au service de l'homme, car elle a été faite à son intention. Même le melon, avec son écorce à côtes, a été conçu pour être mangé en famille !

Dans ses *Études de la nature*, cependant, Bernardin de Saint-Pierre développe une conception de l'harmonie naturelle qui retient l'attention. « L'harmonie de ce globe se détruirait en partie, écrit-il, et peut-être en entier, si on supprimait seulement le plus petit genre de plantes ; car sa destruction laisserait sans verdure un espace de terrain, et sans nourriture l'espèce d'insecte qui y trouve sa vie ; l'anéantissement de celui-ci entraînerait la perte de l'espèce d'oiseau qui en nourrit ses petits ; ainsi de suite à l'infini. » Cette description devenue classique de la chaîne alimentaire indique que Bernardin de Saint-Pierre a une conception globale de la nature, où tout est lié et interdépendant. C'est donc bien un précurseur de la conscience écologique, même si la sienne repose sur une admiration béate de la Création divine.

L'exaltation romantique

« Les romantiques sont les premiers écolos », écrit Gonzague Saint-Bris, non sans une certaine nostalgie. C'est vrai. Voyez Chateaubriand : le spectacle de la nature vierge et sauvage de l'Amérique lui donne tout simplement la chair de poule. Naturellement, l'écrivain exprime cette émotion de manière plus littéraire, en exagérant ses sensations et en décrivant avec emphase des paysages qu'il n'a parfois pas vus lui-même…

On doit tout de même lui reconnaître le mérite d'avoir chanté le Mississipi, fleuve énorme et difficile à naviguer, comme le « Père des eaux » des Indiens (Meschacébé), majestueux, puissant et nourricier. Quant aux chutes du Niagara, elles ne sont plus seulement un obstacle à la navigation mais une merveille de la nature, prodigieuse de force et de beauté. Même la forêt américaine impressionne favorablement l'enthousiaste Malouin. Alors qu'elle est encore pratiquement vierge et peuplée d'une faune méconnue, sans parler des Indiens, l'écrivain lui trouve l'imposante beauté des cathédrales. Et il a cette formule, « écologique » avant la lettre : « les forêts précèdent les peuples ; les déserts les suivent. »

Dans ses *Mémoires d'outre-tombe*, Chateaubriand évoque un souvenir significatif. Alors que, recru d'épreuves, il se trouve dans le parc du château de Montboissier, en 1817, il entend « le gazouillement d'une grive perchée sur la plus haute branche d'un bouleau ». Ce chant le ramène dans les bois de Combourg, le château de son enfance, lorsque le chant de la grive dissipait la tristesse du jeune René et le faisait toucher à la « félicité ». Oui, lorsqu'on a enduré la vilenie des hommes, le chant d'un oiseau vous réconcilie avec le monde. C'est un des premiers témoignages de la nature consolatrice que développeront ensuite tous les poètes romantiques.

Au même moment, un nommé Jean-Jacques Audubon, Français des îles devenu citoyen américain, arpente les terres du Nouveau Monde armé d'un fusil et d'un carton à dessins. C'est un artiste naturaliste, qui peint les oiseaux après les avoir traqués, observés et finalement abattus au nom de la science et de l'art. Il peint d'après nature, en s'efforçant de reconstituer l'animal dans son milieu et dans l'attitude où il l'a observé. L'art devient un moyen de faire découvrir et admirer les oiseaux du Nouveau Monde. Dès lors, la nature sauvage n'est plus hostile mais au contraire un sujet inépuisable d'inspiration. C'est pourquoi, beaucoup plus tard, les Américains feront d'Audubon le parrain des défenseurs de la nature, regroupés au sein de la Audubon Society.

Les utopies de François-Antoine Rauch

Le « père méconnu de l'écologie », selon Michel Cointat, ancien ministre de l'Agriculture, n'est ni Rousseau, ni Bernardin de

Saint-Pierre, ni même le grand agronome Duhamel du Monceau. C'est un curieux gaillard complètement oublié, redécouvert par un chercheur de l'INRA (Institut national de recherche agronomique), Raphaël Larère. L'homme s'appelle François-Antoine Rauch. Né en Moselle de langue allemande, ce contemporain de Bonaparte va faire toute sa carrière dans les Ponts et Chaussées, malgré l'hostilité qu'il suscite parfois dans cette administration conservatrice.

Ni agronome, ni forestier, ni naturaliste, cet ingénieur géomètre va développer une conception totalement nouvelle de l'aménagement du territoire, fondée sur l'équilibre des espaces cultivés et boisés. En 1792, dans une lettre au président de l'Assemblée législative qui s'apprête à vendre des forêts nationales pour les mettre en culture, il écrit que les forêts ont une « influence visible sur l'harmonie des éléments, c'est-à-dire des feuilles, des fruits qu'elles produisent, des herbes qu'elles font naître, des nuages qu'elles attirent, des sources qu'elles fécondent, des ruisseaux, des rivières qu'elles alimentent, des pâturages qu'elles favorisent, qu'elles protègent et qui, formant les plus riches couverts que la nature nous offre avec le moins de travail, mériteraient des volumes de réflexions et d'observations, toutes très dignes de l'attention et de l'intérêt du législateur ».

Cette « harmonie des éléments », c'est ce que le botaniste anglais Arthur Tansley nommera *ecosystem* en 1935, et ce qu'on appelle aujourd'hui un « écosystème en équilibre ». Rauch est le premier, en 1792, à comprendre qu'une forêt n'est pas seulement une usine à bois ou une pâture à pourceaux mais un milieu complet qui retient l'eau, adoucit les écarts de température et protège le sol de l'érosion. En 1802, il publie l'ensemble de ses réflexions sous forme d'un mémoire intitulé *Harmonie hydro-végétale et météorologique ou recherches sur les moyens de recréer avec nos forêts la force des températures et la régularité des saisons par des plantations raisonnées.* Sans rien connaître de la sylviculture, de la photosynthèse ni de la chimie de l'air, Rauch a l'intuition que les forêts sont des « châteaux d'eau » et les arbres « des siphons intermédiaires entre les nuages et la terre ». Il propose donc de reboiser partout où la terre est en friche, y compris dans les marais où l'on plantera des « arbres salubrifères » (aulnes, saules, peupliers et platanes) qui formeront au-dessus de l'eau une « prairie aérienne ».

Ne craignant pas d'aller à contre-courant, François-Antoine Rauch prend la défense des prédateurs que ses contemporains vouent aux gémonies. « Sans l'existence des loups, des corbeaux et de tous les oiseaux de proie, chargés de dévorer les chairs cadavéreuses, la terre en serait infectée », écrit-il. Constatant les dégâts commis durant les années révolutionnaires et les guerres de l'Empire, il fait en 1821 une proposition prémonitoire : « Il faut une âme centrale pour cicatriser beaucoup de plaies faites par le temps (...), d'où créer un ministère spécial qui embrasserait les parties qui se rapportent à la nature végétale serait le plus beau cadeau que la France peut recevoir dans sa situation actuelle. » Ce « ministère spécial » verra le jour... en 1971, sous le nom de « ministère de l'Environnement ».

Protéger ces pauvres animaux

C'est naturellement en Angleterre que naît en 1825 la Royal Society for the Prevention of Cruelty to Animals. Il ne s'agit certes pas encore de protéger les animaux sauvages, mais la prise de conscience que les animaux domestiques sont souvent maltraités et en souffrent tout comme nous est un premier pas. Cette conscience ne parviendra en France que vingt ans plus tard, avec la création en 1845 de la Société protectrice des

animaux (SPA), fondée par trois médecins parisiens indignés du comportement des cochers à l'égard de leurs chevaux.
Cette initiative va déboucher en 1850 sur la fameuse loi Grammont, du nom d'un général qui s'indignait lui aussi de voir maltraiter les chevaux, ces précieux auxiliaires de l'armée. La loi Grammont interdit donc officiellement les mauvais traitements infligés aux animaux. Mais son objectif avoué est de « faire disparaître peu à peu les spectacles révoltants qui familiarisent l'homme avec la vue du sang et font germer dans le cœur de l'enfant des habitudes de cruauté qui influent plus tard sur sa destinée ». Le général Grammont et les parlementaires qui examinent sa proposition de loi songent avant tout aux hommes, dont le comportement à l'égard des animaux peut déteindre sur leurs congénères. Néanmoins, les animaux en profitent, et c'est le deuxième objectif de la loi.
Cette sensibilité nouvelle, cette compassion à l'égard de « nos frères inférieurs », se retrouve chez les poètes romantiques. Lamartine, par exemple, déplore à sa manière l'abattage massif des arbres aux dépens des oiseaux :

Tout à coup, comme atteints d'une rage insensée,
Ces hommes se levant à la même pensée
Portent la hache au tronc, font crouler à leurs pieds
Ces dômes où les nids s'étaient multipliés.

Ces vers un tantinet pompiers rappellent les vers de Ronsard adressés aux bûcherons de la forêt de Gâtines, mais en plus larmoyants. On plaint les oiseaux brutalement évincés, symbole de l'exil, de l'âme souffrante. Mais le poète ne se fait aucun souci pour l'écosystème forestier !
Dans ses *Méditations*, Lamartine met la nature sur un piédestal :

Mais la nature est là qui t'invite et qui t'aime,
Plonge-toi dans son sein qu'elle t'ouvre toujours ;
Quand tout change pour toi, la nature est la même.

Étrange renversement : la « marâtre nature » du XVIe siècle devient trois siècles plus tard une mère aimante et apaisante. En réalité, cette image de la nature consolatrice est tout aussi convenue et artificielle que celle des nymphes de la Pléiade. La nature reste un décor, un cadre, un écrin, parfois. Mais on ne la perçoit qu'à travers ses états d'âme.

Inventaire du patrimoine bâti

Certains écrivains romantiques se laissent tout de même impressionner par un décor indépendamment de leur état d'âme. À cet égard, le Mont-Saint-Michel fait forte impression. C'est le « Chéops de l'Occident », écrit Victor Hugo après une visite en 1836. Il y a été précédé l'année d'avant par Prosper Mérimée, qui s'écrie à la vue du site alors : « Rien n'est plus beau, rien n'est plus sauvage ! » Pour Hugo, pour Mérimée, un décor sauvage met donc en valeur une œuvre humaine. La nature sert d'écrin à la culture. Sous le règne de Louis-Philippe, cependant, on s'attache davantage au patrimoine bâti qu'au décor naturel. Un de ses ministres particulièrement avisé, François Guizot, prend l'initiative de créer en 1840 un service chargé de dresser l'inventaire des monuments historiques à conserver ou restaurer. Il confie justement le soin de cet inventaire à Prosper Mérimée, qui donnera toute sa mesure sous le Second Empire lorsqu'il sera épaulé par le grand architecte Viollet-le-Duc.

Ce souci de préserver les richesses patrimoniales, bien dans l'esprit du temps (« Enrichissez-vous », conseille Guizot à ses compatriotes), souligne combien l'environnement naturel, alors, n'est pas encore considéré comme une richesse ni un bien à préserver. *Res nullius*, la nature n'appartient à personne et se conserve toute seule, surtout à une époque où les pratiques agricoles ne menacent guère l'équilibre du milieu rural.

La démarche, cependant, mérite d'être soulignée car c'est la première fois que les pouvoirs publics décident d'investir pour protéger des biens sans rentabilité économique. On va dépenser de l'argent, et même beaucoup d'argent parfois, pour préserver un patrimoine qui n'a qu'une valeur historique, esthétique ou sentimentale. Il faudra attendre encore un siècle pour que s'opère le saut du « bien culturel » au « bien naturel ».

Baudelaire après Voltaire

Chez nos intellectuels du XIXe siècle, la nature suscite des sentiments mêlés, partagés entre la pitié, l'effroi ou l'admiration. Hormis George Sand, la bonne dame de Nohant, qui passe à Paris pour un écrivain champêtre, et donc de seconde zone, peu d'hommes de lettres prennent leur plume pour défendre comme elle la nature. Il faut dire qu'elle l'idéalise à son point extrême : « La nature est éternellement jeune, belle et généreuse. Elle verse la poésie et la beauté à tous les êtres, à toutes les plantes qu'on laisse s'y développer », écrit-elle dans *La Mare au Diable* (1846).

Pour Victor Hugo, la nature est à l'opposé de l'homme, qui aime, se passionne et souffre (« L'impassible nature a déjà tout repris »). La nature reste un milieu dur, où le chêne symbolise la force brute, où la montagne sert de refuge aux bandits et où la mer recèle des monstres comme la pieuvre géante des *Travailleurs de la mer*. Pour le poète, romancier, dessinateur et auteur dramatique, la nature est un décor, certes parfois somptueux, mais seulement un décor, impassible (« Waterloo, morne plaine »). Pour lui, l'amour de la nature est plutôt une question de morale :

J'aime l'araignée et j'aime l'ortie, parce qu'on les hait.
Passants, faites grâce à la plante obscure, au pauvre animal.
Plaignez la laideur, plaignez la piqûre, oh, plaignez le mal !

Victor Hugo éprouve le même sentiment pour l'araignée, Quasimodo ou la Thénardier : la pitié. Il ne songe pas un instant qu'une araignée puisse être belle, utile ou admirable d'adresse. Ces pauvres petites bêtes, livrées sans défense à des hommes cruels et une nature impassible, méritent seulement un regard compatissant.

L'autre grand poète du siècle, Charles Baudelaire, n'éprouve même pas cette compassion. La forêt, par exemple, lui inspire l'effroi (« Grands bois, vous m'effrayez, comme des cathédrales »). Une frayeur qu'il partage avec Rimbaud (« dans l'horreur des grands arbres »), qui préfère marcher dans la campagne cultivée, « par les soirs bleus d'été, picoté par les blés ». Si Baudelaire exalte la mer, c'est pour ses promesses d'exotisme et de liberté, pour fuir la vieille Europe, pour découvrir les belles étrangères couvertes de parfums et de bijoux. La beauté naturelle, sans apprêt, le laisse froid.

À un correspondant peintre qui lui demande des vers sur la nature, il répond sans fard : « Vous savez bien que je suis incapable de m'attendrir sur les végétaux (...). J'ai même toujours pensé qu'il y avait dans la Nature, florissante et rajeunie, quelque chose d'impudent et d'affligeant. » Non, décidément, Baudelaire n'aime pas la nature, et encore moins les artistes qui peignent des « légumes sanctifiés ». Comme la foi religieuse, la religion de la nature l'insupporte. Voltaire, Baudelaire, même combat.

Dans le reste de la société française, l'indifférence à l'égard des milieux naturels est tout aussi manifeste. Personne, alors, n'envisage un seul instant que la nature puisse être menacée en quoi que ce soit. Lorsque le chemin de fer commence à tisser sa toile, certains protestent au nom de la santé publique (les fumées) et du risque pour les voyageurs (notamment dans les tunnels).

Mais nul ne songe à la santé des arbres ou à la défiguration des paysages... Lorsque les conservateurs des Eaux et Forêts s'inquiètent de la diminution des surfaces boisées et du mauvais état des forêts royales, ils ne songent nullement à une quelconque atteinte au milieu naturel. Ils constatent seulement une pénurie de bois qui menace la bonne santé économique du pays. La nature demeure une pourvoyeuse de matières premières, corvéable à merci, dont la protection reste purement utilitaire.

Pourquoi, d'ailleurs, s'inquiéter du sort de la nature lorsque la science apporte chaque jour la preuve qu'elle est une formidable broyeuse de vies ? Dans son *Discours sur les révolutions de la surface du globe*, publié en 1851, Georges Cuvier dresse un tableau apocalyptique des forces de la nature au cours des temps géologiques : « La vie a donc souvent été troublée sur cette Terre par des événements effroyables. Des êtres vivants sans nombre ont été victimes de ces catastrophes ; les uns, habitants de la terre sèche, se sont vus engloutis par les déluges ; les autres, qui peuplaient le sein des eaux, ont été mis à sec avec le fond des mers subitement relevé ; leurs races mêmes ont fini pour jamais et ne laissent dans le monde que quelques débris à peine reconnaissables pour le naturaliste. »

Le brillant paléontologue du Muséum est bien placé pour constater que la nature a été cruelle au cours des âges, détruisant des pans entiers de la faune marine ou terrestre. Comment, dans ces conditions, craindre l'action des hommes, arrivés en bout de chaîne après toutes sortes de cataclysmes naturels ?

La révolution esthétique du Second Empire

Il faut attendre le Second Empire pour qu'apparaissent les premiers signes d'un réel intérêt pour les milieux naturels. L'empereur Napoléon III a deux marottes : « l'extinction du paupérisme », qui est dans l'air du temps, et les parcs à l'anglaise, qu'il a connus lors de son exil à Londres. Il aime aussi les parties de campagne dans des sites privilégiés, comme les ruines du château de Pierrefonds, pas encore restauré. Il prend goût aux stations thermales comme Plombières ou Vichy, et il lance des stations balnéaires comme Arcachon ou Biarritz. La mer, grâce à ses plages, devient fréquentable. Il se prend même de passion pour le cirque de Gavarnie. Pour la première fois dans l'histoire de France, un site naturel intéresse un souverain pour sa beauté sauvage et non pour ses ressources naturelles ou son gibier.

Napoléon III n'est pas le seul à apprécier la beauté sauvage d'un site. La forêt de Fontainebleau, avec ses chaos rocheux et ses grands arbres, attire alors les premiers touristes parisiens et notamment des peintres, qui se retrouvent à Barbizon. L'un d'eux, Théodore Rousseau, adresse une supplique à l'Empereur pour que les bûcherons épargnent les arbres des gorges de Franchard, source de leur inspiration artistique. Il demande que l'on protège des espaces pour le « plaisir exclusif du promeneur et de l'artiste ». Sensible à l'argumentation, Napoléon III fait classer les gorges de Franchard sous le nom de « série artistique », en 1852. D'autres verront le jour et formeront officiellement en 1861 un réseau de « réserves artistiques ».

Ainsi, vingt ans avant la création aux États-Unis du premier parc national (Yellowstone, 1872), la France a sa première zone naturelle protégée. Comme l'indique cependant son intitulé (« réserve artistique »), il ne s'agit pas encore de protéger la faune et la flore, mais uniquement de conserver le décor naturel pour la satisfaction de l'œil. Peu importe le fonctionnement de l'écosystème, ce qui compte c'est attirer le touriste avec des aménagements appropriés comme chalets et guinguettes. Les

Américains feront la même chose à Yellowstone pour attirer le touriste au pays des geysers, perdu dans les montagnes Rocheuses : ils vont construire un chemin de fer d'accès et aménager le site pour accueillir les visiteurs dans « un domaine mis en réserve par la nation pour servir les aspirations sportives, esthétiques et culturelles de tous ses membres ». Les *rangers*, alors, sont des guides armés chargés de protéger les touristes contre l'intrusion des ours ou des loups. On ne protège pas encore la faune sauvage, mais seulement le décor et ses visiteurs. La forêt de Fontainebleau, lancée donc par les peintres de l'école de Barbizon, devient le rendez-vous incontournable des intellectuels parisiens. Jules Michelet, l'historien, succombe comme les autres à son charme. Dans *L'Insecte*, publié en 1857, il a cet aveu : « Ce petit coin, fort à part dans la France, est une énigme. (…) La vraie fée, c'est la nature ; c'est cette étrange contrée, sombre, fantastique et stérile (…). Ses grès en leurs lourdes masses, vous les croiriez invariables, et ils changent d'aspects, de couleurs, j'allais dire de formes à toute heure. (…). Ici, dans ce cercle étroit de collines, les changements sont tout extérieurs et de pure optique. » Michelet contemple la nature comme un décor féerique, un théâtre d'ombres fait pour réjouir l'œil. De la pure optique.

Alexandre Dumas, bouillant sentimental, voit encore autre chose dans les grands arbres. Alors qu'il visite le parc du château de Villers-Cotterêts, sa ville natale, il éprouve un choc en constatant que les arbres plantés par François Ier ont été abattus par Louis-Philippe. Dans *Mes mémoires*, il explose de rage : « Beaux arbres ! (…) vous aviez le droit de croire qu'un Bourbon vous respecterait : que vous vivriez votre longue vie de hêtres et de chênes ; que les oiseaux chanteraient sur vos branches vertes et feuillues ! Mais outre ce prix inestimable de poésie et de souvenirs, vous aviez malheureusement un prix matériel (...). Vous valiez cent mille écus ! Le roi de France, qui était trop pauvre pour vous conserver avec ses six millions d'écus de revenus particuliers, le roi de France vous a vendus ! »

Par cette tirade, Alexandre Dumas anticipe sur deux idées qui vont susciter un débat au siècle suivant. La première, c'est qu'un être vivant, fût-il un arbre, aurait le droit de vivre. La deuxième, tout aussi hérétique en cette période de capitalisme naissant, c'est que les beautés de la nature ont une valeur proprement « inestimable ». Certes, il s'agit en l'occurrence d'une nature artificielle devenue monument historique, mais c'est la première fois qu'un écrivain français met en balance la valeur commerciale d'un arbre et sa valeur esthétique, sentimentale ou historique.

La Société zoologique d'acclimatation

C'est aussi sous le Second Empire, en 1854, qu'Isidore Geoffroy-Saint-Hilaire crée au Muséum d'histoire naturelle de Paris la « Société zoologique d'acclimatation ». Cette société savante a pour objectif « l'introduction, l'acclimatation et la domestication des espèces animales utiles ou ornementales ». Donc, pas le moindre souci de protection de la nature au départ. On recherche seulement l'utile et l'agréable, c'est-à-dire les moyens de développer l'élevage et l'agriculture en général. Cette société attire aussitôt l'attention de Napoléon III qui, dès l'année suivante, la déclare d'utilité publique. La société comporte cinq sections, spécialisées dans les mammifères, les oiseaux, les poissons, le ver à soie et l'apiculture, et enfin les plantes. On s'intéresse surtout aux nouveautés exotiques révélées par l'aventure coloniale, qui ne fait que commencer. Mais si l'on se préoccupe par exemple du reboisement en Algérie, on s'intéresse aussi à des problèmes français comme le braconnage et les excès de la chasse, le manque de passes à poissons dans les rivières barrées et la disparition du loup. Les membres de la société savante se montrent très ouverts dans leur domaine de compétence.

Dans le grand public aussi on commence à s'intéresser aux choses de la nature. C'est ainsi que la librairie Hachette lance en 1864 un bulletin hebdomadaire où sont décrits *Les Trois Règnes de la nature* (animal, végétal et minéral), sous forme de « lectures d'histoire naturelle ». La nature y est présentée comme une mine de mystères à élucider et d'erreurs à rectifier. Ces leçons de chose imprégnées d'esprit scientiste, comme les romans de Jules Verne, ont beaucoup de succès en leur temps. Mais si elles satisfont la curiosité des lecteurs, elles continuent à transmettre une vision traditionnelle de la nature, où l'on distingue seulement deux catégories : les nuisibles et les utiles. Un seul exemple, publié en 1866 : « L'ours est forcément composé d'anomalies ; de là, ses mœurs de déclassé ; de là sa sauvagerie, son besoin de grands espaces, des solitudes ; de là sa disparition plus ou moins prochaine, mais fatale et nécessaire, des contrées civilisées. »

Le découvreur d'Angkor

Alors que l'Indochine n'a pas encore été colonisée par la France, un Français, en 1858, s'embarque pour le Siam et s'aventure jusqu'au fleuve Mékong. Henri Mouhot n'a que trente-deux ans lorsqu'il décide de rallier Londres à Bangkok afin d'explorer la jungle, seul, avec tout un matériel de savant naturaliste confié à des porteurs indigènes. Il se propose de s'enfoncer dans l'arrière-pays siamois afin d'atteindre le cours du Mékong, puis de descendre par le fleuve jusqu'au Cambodge, petit royaume encore très mystérieux.

Pendant trois ans, l'intrépide naturaliste va donc parcourir le Siam, le Cambodge et le Laos, où il meurt emporté par les fièvres à l'âge de trente-cinq ans. Mais, entre-temps, il a écrit son journal de voyage qui, édité par Hachette en 1868, connaît un grand succès de librairie. Henri Mouhot est en effet le premier Français à pénétrer sur le site d'Angkor, dont la découverte enflamme les imaginations en France. Ce journal de voyage est instructif à tous égards, et en particulier sur les sentiments que peut éprouver un naturaliste voyageur plongé dans une jungle inhospitalière. « Ces forêts sont infestées d'éléphants, de buffles, de rhinocéros, de tigres et de sangliers », écrit-il, en remarquant tout de même que ces grands fauves s'enfuient à son approche. Mais il y a pire : « Les scorpions, les centipèdes, et surtout les serpents, sont les ennemis que nous redoutons le plus », sans oublier les moustiques et les sangsues, qui sont « les plus incommodes et les plus acharnés ».

Pour constituer ses collections, le naturaliste chasse au fusil et fait sécher les dépouilles sur place. Il remplit aussi des boîtes d'insectes et se constitue un herbier, toutes activités qui lui permettent de supporter vaillamment une solitude écrasante. « Une coquille inédite, un insecte nouveau me transportaient de joie, écrit-il, et jamais je n'éprouvai autant de jouissances que dans les profondes solitudes, loin du bruit des villes et des intrigues, vivant libre au milieu de cette puissante, grandiose et imposante nature. » Curiosité scientifique, amour de la nature et sentiment de liberté loin de la société urbaine, tels sont les ingrédients d'une sensibilité préécologique assez rare dans la France de cette époque. Il est vrai qu'Henri Mouhot, natif de Montbéliard, avait d'abord passé dix ans en Russie et s'était ensuite fixé à Jersey, où il avait épousé une Écossaise. Le découvreur d'Angkor était déjà un citoyen de la planète.

Les grands reboisements

Les premiers reboisements entrepris en France avaient commencé en 1786 sous l'autorité de l'ingénieur Brémontier. Il s'agissait alors de fixer les dunes du littoral de la Gascogne, qui avaient tendance à envahir les pauvres villages de l'intérieur. Interrompus par la période révolutionnaire, ces travaux se sont poursuivis cahin-caha jusqu'à ce que Napoléon III et l'impératrice Eugénie, fréquents visiteurs d'Arcachon et Biarritz, constatent la misère des landes de Gascogne. L'Empereur décide de mettre en valeur ces landes marécageuses où ne survivent que de pauvres bergers sur échasses.

Comme, d'autre part, la guerre de Sécession qui sévit en Amérique a interrompu les importations en Europe de résine des pins de Virginie, il est décidé de drainer le marais et d'y planter des pins maritimes. On assainit donc une région marécageuse considérée comme insalubre et on offre aux habitants une ressource économique nouvelle : la résine de pin, très utilisée pour les chandelles. Devant le succès de l'opération, d'autres reboisements sont entrepris dans les marais de Sologne et, plus tard, dans les steppes de la Champagne pouilleuse que l'on appelle les « savarts ». Dans ces landes continentales, on n'utilise pas le pin maritime mais le pin sylvestre, plus résistant au froid.

C'est encore sous le Second Empire, après une série d'inondations catastrophiques de la Loire, qu'est adoptée en 1860 une loi instituant des périmètres de reboisement en montagne d'après « l'état du sol et les dangers qui en résultent pour les terrains inférieurs ». Il ne s'agit donc pas de reverdir la France mais seulement de « protéger la civilisation contre la barbarie de la nature » en rendant à la moyenne montagne son rôle d'éponge et de régulateur des pluies. François-Antoine Rauch l'avait proposé en son temps, mais on ne l'avait pas écouté.

Cette politique de reboisement va être activement poursuivie sous la Troisième République. En 1875, l'ingénieur Georges Fabre entreprend de reboiser le mont Aigoual, sommet le plus arrosé de France. Avec une ferveur quasi mystique, le forestier travaille à « rendre la vie au pays d'en haut et la sécurité à celui d'en bas ». L'adoption en 1882 de la « loi sur la conservation et la restauration des terrains de montagne » lui permet d'acquérir des milliers d'hectares dans les monts du Massif central qu'il recouvre ensuite d'un « manteau forestier continu ». L'objectif est d'amortir la brutalité des pluies cévenoles qui provoquent les crues de la Loire et même l'envasement du port de Bordeaux.

Tandis que les ingénieurs forestiers reboisent la montagne, de simples citoyens se mettent à l'arpenter pour le plaisir. C'est ainsi qu'en 1872 est créé en Alsace le Club vosgien, qui fédère des groupes de randonneurs amateurs de marche dans le massif des Vosges. Même la haute montagne attire ses premiers visiteurs. En 1874 est fondé à Grenoble le Club alpin français (CAF), qui va bientôt regrouper tous les amateurs de marche et d'escalade, aussi bien dans les Alpes que dans les Pyrénées. Les membres du Club vosgien ou du CAF ne sont certes pas des écolos avant la lettre, mais leur amour de la montagne réunit aussi bien des sportifs que des promeneurs avides de grand air, de beaux paysages et de nature encore sauvage. On verra même naître en 1898 une Société des peintres de montagne. Et les forestiers créent en 1891 une Société des amis des arbres, pour bien montrer qu'ils ne sont pas seulement des exploitants de la forêt mais des amoureux de l'arbre.

Ainsi, la boucle est bouclée : après les peintres de Barbizon, qui ont réhabilité l'image de la forêt, voici les artistes amoureux de la montagne, en attendant les peintres de « marines » qui vont essaimer sur toutes les côtes de France. L'art n'utilise plus la nature comme décor mais comme sujet même du tableau. Les ingénieurs reboisent landes et montagnes, les citoyens s'y promènent avec bonheur et les artistes en fixent les beautés sur leurs toiles. La révolution est complète depuis le XVIIe siècle !

Gloire aux machines !

Tout occupée à se tailler un empire colonial pour compenser la perte de l'Alsace-Lorraine, la Troisième République naissante connaît peu d'avancées en matière de protection de l'environnement. Le ministère de l'Agriculture, créé en 1881, ne comporte encore aucun service de protection de la nature. Il est alors chargé de moderniser et de mécaniser le monde rural, afin de rendre l'agriculture plus productive. Et, pendant ce temps, les chemins de fer tissent leur toile d'acier dans les campagnes françaises, avec des « ouvrages d'art » qui balafrent les plus beaux sites naturels. Certains de ces ouvrages, comme le viaduc de Garabit (en fer) ou le viaduc de Chaumont (en pierre) nous apparaissent aujourd'hui comme des prouesses architecturales et un patrimoine exceptionnel à conserver (comme aussi le pont du Gard, bien sûr). Mais, en se multipliant, ils participent tout de même à l'artificialisation des paysages et, parfois, à leur enlaidissement.
Pour épargner aux visiteurs du Mont-Saint-Michel les aléas de la traversée à pied ou en barque, on construit une digue d'accès entre 1877 et 1879. Et, pour que le confort soit complet, on installe une ligne de tramway à vapeur qui dépose les touristes au pied des remparts. La magie du mont en prend un coup, bien sûr, mais surtout cette digue va bloquer la circulation des eaux et accélérer l'ensablement du site, contraignant à de gros travaux de déconstruction aux siècles suivants. En 1900, les aménageurs jubilent : grâce à la digue, on compte 100 000 visiteurs par an.

Partout on applaudit aux prodiges de la technique exaltés par les romans de Jules Verne, et on les expose fièrement dans la Galerie des machines de l'Exposition universelle de 1889, à Paris. Une seule fausse note dans le concert d'applaudissements : les amoureux du vieux Paris protestent contre l'érection de la tour Eiffel. On fera taire les protestations en promettant de démonter la tour après l'exposition… Le goût du progrès technique s'insinue dans les campagnes par le biais de nouvelles publications comme le *Catalogue de la Manufacture des armes et cycles* de Saint-Étienne ou *Le Chasseur français*. Lancé en 1885, ce dernier diffuse les astuces de la tradition paysanne tout en faisant découvrir équipements et matériels nouveaux. On s'adresse à une population encore très proche de la nature, tout en lui fournissant les moyens de la soumettre.

La fin du siècle connaît un prodigieux essor des techniques qui vont bouleverser le mode de vie du siècle suivant. Des usines à gaz surgissent dans les villes pour assurer l'éclairage public. À la campagne, la fée Électricité fait construire des barrages hydroélectriques pour alimenter les usines. L'automobile, enfin, amorce sa percée, comme le téléphone et le cinématographe. À elle seule, elle transforme un loisir encore dans l'enfance : le tourisme. D'où la création en 1890 à Paris du Touring Club de France, qui s'attache d'abord à poser des panneaux indicateurs et incite les hôteliers à améliorer le confort de leurs établissements. Très vite, il va naturellement s'intéresser aussi à la protection des sites que découvrent les premiers automobilistes.

Dans cette France conquérante et acquise au progrès, rares, très rares sont ceux qui manifestent leur esprit critique ou leur inquiétude pour la planète. Lorsque le peintre Paul Gauguin annonce son intention de partir pour Tahiti afin d'y trouver « la nature vierge », on le prend évidemment pour un fou, comme avant lui Rousseau. Car la nature, alors, n'est intéressante que lorsqu'elle est utile ou exploitable, ou comme sujet pour peintres du dimanche.

Le temps des « leçons de choses »

S'il y a un homme que la nature intéresse vivement, indépendamment de toute utilité, c'est l'entomologiste Jean-Henri Fabre (1823-1915). Ancien instituteur devenu professeur de lycée, l'homme est à la fois subjugué par l'observation des insectes dans leur milieu naturel et désireux de transmettre à ses contemporains le résultat de ses observations. C'est pourquoi il va entreprendre une œuvre de vulgarisation monumentale, sous forme de *Souvenirs entomologiques* en dix volumes. Mais ce scientifique autodidacte, homme de terrain plus que de laboratoire, rencontre la méfiance des universitaires, qui lui reprochent de présenter ses observations sous forme de « leçons de choses » primaires, voire d'historiettes pour veillée des chaumières. Il en est fort dépité.

« Vous éventrez la bête et moi je l'étudie vivante, écrit-il ; vous en faites un objet d'horreur ou de pitié, et moi je la fais aimer ; vous travaillez dans un atelier de torture et de dépècement, j'observe sous le ciel bleu, au chant des cigales ; vous soumettez aux réactifs la cellule et le protoplasme, j'étudie l'instinct dans ses manifestations les plus élevées ; vous scrutez la mort, je scrute la vie. » Fasciné par l'observation du vivant, Jean-Henri Fabre s'en prend donc à ses collègues universitaires qui, dans leurs laboratoires, se livrent à des expériences qu'il juge improductives pour la diffusion du savoir. C'est déjà la critique de la biologie moléculaire qui oublie le milieu naturel au profit de connaissances parcellaires, atomisées, de plus en plus pointues et donc éloignées du vivant. L'ancien instituteur avoue qu'il préfère s'adresser aux jeunes générations, pour leur inculquer l'amour de la nature : « L'histoire naturelle, cette magnifique étude du jeune âge, à force de perfectionnements cellulaires, est devenue chose odieuse, rebutante. Or si j'écris pour les savants, pour les philosophes qui tenteront un jour de débrouiller un peu l'ardu problème de l'instinct, j'écris aussi, j'écris surtout pour les jeunes, à qui je désire faire aimer cette histoire naturelle que vous faites tant haïr. »

Ce goût des leçons de choses et de la physique amusante se retrouve chez les grands vulgarisateurs de l'époque que furent les éditeurs Camille Flammarion et Hetzel. Avec son *Astronomie populaire*, Camille Flammarion met la mécanique céleste à portée des enfants. Quant à Hetzel, il réussit à faire du romancier Jules Verne un auteur phare de ses collections « instructives ». En lisant *Vingt mille lieues sous les mers* ou *Les Enfants du capitaine Grant*, la jeunesse française s'initie à la faune et à la flore du monde entier en s'amusant.

C'est aussi l'époque où, dans les écoles rurales, on s'efforce d'apprendre aux enfants à respecter les oiseaux, en les dissuadant de dénicher ou de tirer au lance-pierres sur tout ce qui bouge. C'est ainsi que l'instituteur de Pont-de-Mauvert, en Lozère, crée dans son école une Société pour la protection des oiseaux et pour la destruction des insectes nuisibles. En 1888, on protège donc, mais c'est pour mieux détruire ! L'histoire naturelle, pour l'essentiel, en est restée aux leçons de Buffon.

La science à la pointe du harpon

Une dernière image pour cette fin de siècle : l'Institut océanographique de Paris, créé par le prince Albert de Monaco, comporte de saisissantes fresques dans son grand amphithéâtre. On y voit des matelots pieds nus, à la manœuvre sur un pont encombré de cordages, sous l'œil attentif d'officiers en grand uniforme. C'est que la recherche océanographique, à ses débuts, est assurée par les militaires, comme elle le restera encore un demi-siècle.

Au fond de la salle, une fresque représente une baleinière avec un hardi marin, harpon en main, qui s'apprête à sacrifier un cétacé pour la science. Dans les années 1900, comme du temps d'Audubon en Amérique ou de Mouhot au Siam, la découverte de la nature se fait à la pointe du fusil. Pour être connue, la faune marine doit être capturée, disséquée ou mise en bocal. Sur le pont d'un navire, alors, seul dans l'immense océan, on est à cent lieues d'imaginer que la nature puisse être fragile ou en danger. Lorsque, un siècle plus tard, la Société nationale de protection de la nature ou le Conservatoire du littoral organisent une conférence dans les locaux de l'Institut, on mesure le chemin parcouru : en 1900, on tuait les baleines pour les connaître ; en 2000, on les protège, on les observe, on les caresse même.

Chapitre 3 : 1900-1954
Les précurseurs

La France de la première moitié du XXe siècle entretient avec la nature des rapports ambivalents. Alors qu'on exalte le sport et l'effort physique, on se grise de machines et de techniques qui dispensent du moindre effort. L'automobile oblige à faire des routes, des ponts et des tunnels supplémentaires, mais elle ouvre aussi la voie à la mobilité et à la découverte de nouveaux paysages.
Les dangers d'une totale soumission au progrès technique apparaissent dans les années 1930. Mais cette crainte reste confinée à quelques intellectuels marginaux ou à des scientifiques du Muséum. Les milieux naturels sont menacés, mais la population ne s'en rend pas compte.

Excursionnistes et naturistes

Si le Touring Club de France s'efforce de faciliter le voyage des premiers automobilistes, il ne s'occupe guère des randonneurs à pied. Pourtant, ils existent et se multiplient à travers l'Hexagone. En 1896, l'année même où le baron Pierre de Coubertin réhabilite l'effort physique avec la relance des Jeux olympiques, se crée une Société des excursionnistes de Marseille, dont le grand plaisir est d'arpenter les calanques restées sauvages. Lorsque ces marcheurs apprennent en 1906 que la société chimique belge Solvay envisage d'exploiter le sable et la chaux dans la calanque de Port-Miou, c'est la mobilisation générale. Plus d'un millier d'excursionnistes manifestent contre le projet. C'est la première fois en France que des citoyens se mobilisent contre un projet industriel destructeur de l'environnement naturel. L'année d'après, c'est le Club cévenol qui proteste auprès des pouvoirs publics contre les menaces qui pèsent sur les forêts du causse.

Une première colonie naturiste voit le jour en France en 1904, un an seulement après l'Allemagne. Mais la pratique du naturisme, courante dans le monde scandinave avec le sauna, restera toujours limitée en France. Le scoutisme, en revanche, introduit en 1911, va connaître un essor étonnant, en particulier dans les familles bourgeoises où l'on estime que la vie de camp au grand air est excellente pour la santé et tout indiquée pour retrouver l'énergie amollie par le confort urbain.

Après les peintres de Barbizon, excursionnistes et amateurs d'espaces verts créent en 1907 les Amis de la forêt de Fontainebleau. Les amis de cette forêt exceptionnelle entendent protéger un espace privilégié contre les agressions de l'expansion urbaine, déjà sensible à l'époque. Et ils ne font pas totalement confiance à l'administration des Eaux et Forêts pour la gestion d'un patrimoine qu'ils se sont approprié depuis un demi-siècle. C'est la première association créée en France pour la protection d'un espace naturel.

En un temps où la fourrure reste la meilleure garantie contre le froid, les négociants s'aperçoivent que le castor local n'est plus en état de fournir son contingent de peaux. On importe donc des animaux à fourrure comme le ragondin d'Amérique du Sud ou le rat musqué d'Amérique du Nord, sans se douter qu'ils vont se répandre hors des élevages et envahir l'Europe. Pour sauver le castor national, cependant, il est décidé en 1909 de le déclarer espèce protégée. Notre vieux « bièvre » devient le premier mammifère sauvage à bénéficier d'une protection légale. Malgré sa belle fourrure, la loutre, elle, n'est pas protégée, car elle fait concurrence aux pêcheurs et est donc classée nuisible, comme tous les rapaces.

L'amour de la montagne

Les années 1900 connaissent un regain d'amour des citadins pour la montagne. Mais, comme les montagnards ont tendance à déserter les hautes vallées, on cherche un moyen de les maintenir au pays. D'où l'apparition en 1904 de l'Association pour l'aménagement des montagnes, à l'initiative de forestiers soucieux de concilier le pastoralisme et la protection des forêts. En affermant des pâturages dégradés à des éleveurs locaux et en interdisant la transhumance, l'association réussit à maintenir l'équilibre entre forêt et pâturage. C'est ainsi qu'en 1906 l'Association dauphinoise d'aménagement de la montagne loue 5 000 hectares sur la commune de Saint-Christophe-en-Oisans et les met à la disposition des éleveurs.
Mais une autre exigence se fait jour parmi les amoureux de la montagne : la création de réserves et de parcs. En 1910, la Société des alpinistes dauphinois suggère la création d'un parc national dans la Grande Chartreuse. Le Touring Club de France et le Club alpin français s'associent pour créer l'Association des parcs nationaux de France et des colonies. Du coup, Saint-Christophe-en-Oisans ne renouvelle pas le bail de ses pâtures et les cède à l'État pour la création d'un parc national, officiellement créé en 1914. Un forestier, alors, ironise sur cette initiative. Dans

L'Éclaireur de Nice du 16 mai 1914, il écrit : « Les parcs nationaux sont une variante esthétique et fleurie du système de la nationalisation du sol et de protection des plaines contre les risques de torrentialité et d'inondation (...). Des esprits entreprenants, préoccupés de fleurir de nouveaux joyaux la parure du sol métropolitain, imaginèrent d'instituer dans ces parcs nationaux une sorte de culte exclusif et pompeux de la Nature. »
La guerre va tuer dans l'œuf cette initiative. Beaucoup se méfient de ces aménageurs qui plantent des arbres en chassant les bergers et qui imposent leur conception centralisatrice de la gestion d'espaces protégés. L'amour de la montagne n'est pas le même pour le forestier, le randonneur, le malade en sanatorium ou l'éleveur des vaches laitières en estive. Il faudra encore un demi-siècle pour parvenir à un minimum de consensus sur les parcs nationaux à créer dans nos montagnes.

La science au service des colonies

En ce début du XXe siècle, la Société nationale d'acclimatation considère encore la nature comme une mine de ressources à exploiter. Elle travaille la main dans la main avec les expéditions coloniales, qui permettent de découvrir chaque jour de nouvelles espèces... et donc d'innover en matière culinaire ! Chaque année, en effet, la société organise un banquet à Paris au buffet de la gare de Lyon. En 1910, on y sert du python indien, de la tortue d'Algérie et une omelette d'œufs d'autruche. En 1911, on peut choisir, en hors-d'œuvre, entre graines de ginkgo grillées, courbine et samas (poissons) de Mauritanie, croustades de foie gras de tortue marine et artichauts farcis à la viande de soja. Pour les plats, on a le choix entre requin grillé, boucs de Madagascar à la broche et langoustes de Mauritanie à la rémoulade.

À l'époque, en effet, les savants du Muséum s'enthousiasment pour les conquêtes coloniales qui leur ouvrent des horizons nouveaux. C'est ainsi que le jeune Théodore Monod, rattaché au laboratoire des Pêches et productions coloniales, est d'abord envoyé en Mauritanie pour l'inventaire des poissons de mer, puis au Cameroun pour celui des poissons d'eau douce. L'aspect purement utilitaire de ces missions, consacrées aux « sardines à mettre en boîte », ne va d'ailleurs pas tarder à le lasser.

Néanmoins, la conscience d'un monde fini, où certaines espèces sont menacées, commence à poindre. Dans son discours de 1912, le président de la Société d'acclimatation, Edmond Perrier, observe : « Au temps de Buffon, on considérait la Terre comme une mère féconde, au sein inépuisable. On la croyait capable de pourvoir indéfiniment aux besoins et à la sécurité de toutes les créatures qu'elle portait. Si elle laissait périr les individus, elle assurait jalousement, pensait-on, la perpétuité de leur espèce. Il n'en est rien. Tout est aujourd'hui menacé par notre envahissante civilisation. » Spécialiste des invertébrés au Muséum, Edmond Perrier est un des rares chercheurs qui voient plus loin que le bout de leur microscope. Il fait en 1919 un discours prophétique : « Où prendrons-nous la force quand le charbon et le pétrole seront épuisés ? Il restera, dit-on, la houille blanche. Oui ! Mais la houille blanche réside dans les fleuves ; les fleuves prennent naissance dans les montagnes, surtout dans les montagnes boisées ; or nous sommes en train de faire disparaître leurs forêts. Certes, nous avons encore du temps devant nous. Mais il faut se mettre en face des réalités et prévoir l'avenir pour nos descendants. »

Ces propos, très modernes, sont cependant trop en avance sur leur temps pour avoir prise sur les contemporains. Ni au

Muséum, ni dans les sphères du pouvoir, ni dans la société civile, on ne s'inquiète de l'épuisement des ressources naturelles. La nature, jusque dans la statuaire, est toujours représentée comme une matrone aux formes généreuses. Elle est trop bonne fille pour qu'on s'inquiète de l'avenir.

Goudronner les routes ?

Le développement de l'automobile crée un problème d'environnement nouveau. Le passage à grande vitesse des carrosseries automobiles, beaucoup plus basses que les voitures à cheval, soulève une poussière dense qui incommode les riverains et saupoudre les cultures en bord de route. Le corps médical, lui aussi, s'en inquiète. Depuis les travaux de Pasteur, il sait que cette poussière recèle des agents infectieux qui peuvent nuire à la santé.

C'est pourquoi, en 1902, le docteur Guglielminetti fonde une association de défense qu'il appelle Ligue contre la poussière. « Dans l'inertie trompeuse de la poussière, écrit-il, vivent des myriades d'êtres tout prêts à accomplir leur œuvre de destruction. L'hygiène de la voirie en général et tout spécialement la lutte contre la poussière sont devenus un problème de la plus haute importance qui passionne non seulement les ingénieurs mais aussi les hygiénistes. » Comme il n'est pas question d'interdire l'automobile, il s'agit de trouver un moyen de fixer durablement la poussière. L'arrosage et le balayage de la chaussée ne peuvent en effet s'effectuer qu'en agglomération, et il faut multiplier les interventions en période sèche. Même avec un bon pavage, il faut arroser. Le docteur Guglielminetti se fait donc le promoteur du goudronnage, seul moyen selon lui de fixer la poussière d'une chaussée.

Lors du premier « Congrès de la route », réuni à Paris en 1908, plusieurs ingénieurs des Ponts et Chaussées signalent les inconvénients du goudronnage. L'un observe qu'il fait glisser les chevaux, un autre que les poussières de goudron font dépérir les fleurs, et donc menacent la santé des animaux et des hommes. Un troisième observe qu'au Bois de Boulogne, les alignements d'arbres non goudronnés se portent beaucoup mieux que ceux qui l'ont été. Les hommes de l'art sont donc perplexes. En 1909, le docteur Guglielminetti se réjouit dans *Les Annales de la voirie* de constater que le goudron progresse partout, et notamment à Paris, où les surfaces goudronnées ont plus que décuplé entre 1904 et 1907. À ceux qui lui objectent que le goudron nuit aux arbres et aux plantes de bord de route, il répond que « l'excès de poussière des routes non goudronnées leur est tout aussi nuisible » et suggère donc d'éloigner les plantes délicates des bords de route.

Le goudron, aujourd'hui, ne se discute plus en matière d'hygiène ni de santé des plantes. On lui reproche seulement de trop imperméabiliser, et donc d'accélérer les phénomènes de crue.

La protection des oiseaux

Le premier geste officiel en faveur des oiseaux sauvages est accompli en 1902, lorsque le Parlement français adopte la loi sur la protection des « oiseaux utiles à l'agriculture ». Cette loi a pour résultat de classer utiles un certain nombre de rapaces, et notamment les rapaces nocturnes grands prédateurs de souris, campagnols et mulots. Cette loi mettra cependant du temps à être appliquée dans les campagnes, où l'habitude a été prise de clouer les animaux « nuisibles » à la porte des granges ou de les suspendre à la branche d'un arbre. Cinquante ans après son vote, chouettes et hiboux se voyaient encore couramment mis au pilori.

La Société d'acclimatation se mobilise alors pour défendre un oiseau qui n'est pas utile à l'agriculture : le macareux moine. Appelé aussi « perroquet de mer » à cause de son bec multicolore, cet oiseau est rarissime en France puisqu'il ne niche que dans l'archipel breton des Sept-Îles, au large de Perros-Guirec. Or, chaque printemps, des chasseurs venus de Paris débarquent sur l'île de Rouzic et tirent comme à l'exercice, sans se donner le mal de ramasser leurs victimes. Car la chair du macareux moine n'est pas une délicatesse.

Indignés par cette chasse stupide, des ornithologues créent en 1912 à Paris la Ligue pour la protection des oiseaux (LPO), bien après leurs collègues anglais et leur RSPB (Royal Society for the Protection of Birds). Ils écrivent au préfet des Côtes-du-Nord qui accepte d'interdire la chasse sur l'archipel et le transforme de fait en réserve naturelle, dont la gestion est confiée à la LPO. Ainsi, pour la première fois en France, un territoire est réservé à la protection d'une espèce sauvage qui ne se chasse pas. L'archipel est si bien préservé que, en 1939, un autre oiseau rare viendra y nicher pour la première fois : le fou de Bassan.

Cette ligue pionnière a du mérite car, durant la Belle Époque, une espèce sauvage n'a d'intérêt que si on peut la chasser, la manger ou en faire des manteaux et des plumes à chapeaux. Après la Grande Guerre, les chapeaux à plumes disparaissent à la faveur des Années folles, lorsque les femmes adoptent les coiffures « à la garçonne » et n'hésitent plus à sortir « en cheveux ». Les adversaires du « port des plumes », comme le jeune Théodore Monod, n'y sont pour rien. Seule la mode en a décidé ainsi.

Une réserve en Camargue

À la même époque, la Société d'acclimatation s'intéresse pour des raisons scientifiques à une zone demi-sauvage oubliée dans le delta du Rhône : la Camargue. Ses étangs saumâtres attirent en effet toutes sortes d'oiseaux, dont le superbe flamant rose, presque aussi exceptionnel en France que le macareux moine. Mais les étangs attirent aussi hérons, canards et rapaces divers, sans parler des poissons, batraciens et reptiles qui, tous, intéressent les membres de la société savante. Ces messieurs aimeraient contrôler la gestion de cet immense domaine pour y effectuer tranquillement leurs recherches.

Il se trouve que le plus grand propriétaire de Camargue est la société qui exploite les salines, qui deviendra plus tard la Compagnie des Salins du Midi. La compagnie accepte de concéder la gestion d'une partie de son domaine et signe en 1927 un contrat de gestion avec la Société d'acclimatation. Savants et naturalistes amateurs vont pouvoir étudier et gérer un vaste territoire, qui comprend alors l'étang de Vaccarès et d'autres étangs plus petits, séparés par des marais et d'épaisses roselières. Vingt ans plus tard, un zoologiste suisse, Luc Hoffmann, rachètera à côté le domaine de la Tour du Valat et le transformera en station de recherche biologique.

Dès 1927, cependant, alors que les touristes n'ont pas commencé à déferler, la Camargue devient le lieu privilégié des naturalistes à la recherche d'horizons nouveaux. En forêt de Fontainebleau, c'est l'administration des Eaux et Forêts qui gère le domaine. En Camargue, ils ont voix au chapitre, même s'ils doivent composer avec les saliniers, les éleveurs, les chasseurs et, bientôt, les riziculteurs.

La leçon faite aux écoliers

Ces chercheurs passionnés de nature et résolus à la protéger restent cependant une infime minorité en France. Pour la plupart des gens, dans les années 1920 et 1930, la nature reste un inépuisable réservoir de bestioles utiles ou nuisibles, comme on le leur a appris à l'école. Si l'on se réfère par exemple aux *Leçons de science* du cours moyen et supérieur du certificat d'études publiées par Hachette, alors diffusé dans toutes les écoles publiques, on trouve un chapitre intitulé « L'utilité des oiseaux ». L'essentiel est naturellement consacré aux volailles de la basse-cour, mais on aborde sur la fin « les oiseaux auxiliaires de l'agriculteur », parmi lesquels l'hirondelle, l'alouette, le merle et la grive. La mésange se signale par son appétit pour les chenilles et le moineau est apprécié pour sa consommation de hannetons. En outre, les petits passereaux peuvent joindre l'agréable à l'utile : « N'oublions pas que beaucoup, parmi les oiseaux utiles, sont des chanteurs remarquables qui contribuent grandement à donner du charme à nos campagnes. »

Fait notable : est signalée l'utilité du hibou et de la chouette. « Ces deux derniers dévorent quantité de petits rongeurs, et il est donc stupide de les clouer aux portes des granges comme on le fait encore trop souvent. » Mais cet appel à la protection de rapaces trop souvent et sottement pourchassés se termine par une invitation à en éliminer d'autres, jugés nuisibles : « Il faut détruire l'aigle, le faucon, l'épervier, le grand-duc, qui dévorent beaucoup de petits oiseaux. » L'écolier français est ainsi appelé à détruire des oiseaux pour en sauver d'autres !

En fin de chapitre, toutefois, pointe une inquiétude : « Les petits oiseaux sont encore victimes de véritables massacres. Sans compter les méchants enfants qui dénichent les oisillons, il arrive encore que, par divers moyens, on fasse de véritables hécatombes d'oiseaux utiles. Dans certaines localités du Sud-Ouest de la France, on a vu prendre en un jour, au filet, des milliers de bergeronnettes ; les hirondelles mêmes, au moment de leurs migrations, sont, en certaines régions, l'objet de chasses actives et malheureusement trop fructueuses. Il est à souhaiter que les sociétés protectrices des oiseaux se multiplient chez nous comme elles l'ont fait aux États-Unis, où de nombreux États ont créé le "jour des oiseaux" en vue d'inciter les écoliers à respecter et à aimer les oiseaux. »

Pour les insectes, la leçon commence naturellement par le hanneton, « le plus terrible destructeur de nos cultures ». Parmi les insectes utiles, on ne trouve que l'abeille et le ver à soie. Tous les autres sont nuisibles, qu'ils attaquent soit les racines (ver blanc, courtilière, phylloxera), soit les tiges (scolyte, capricorne, lucane, vrillette, termite), soit les feuilles (doryphore, chenille, puceron), soit encore les fruits et les graines (bruche du pois, ortalide du cerisier, pyrale des pommes, charançon du blé). Enfin, il y a ceux qui s'en prennent directement à l'homme, comme la mouche, « l'un des plus dangereux », car il transmet la tuberculose, la fièvre typhoïde, la diarrhée des enfants, mais aussi le pou, la puce, la punaise, le moustique, et enfin les mites qui mangent nos lainages.

Ainsi, le petit Français qui prépare son certificat d'études est-il convaincu que la faune sauvage qui nous entoure compte beaucoup plus d'ennemis que d'amis.

La faune africaine menacée ?

Et ne parlons pas des « bêtes fauves » de la savane africaine, que tous les récits d'aventure présente comme de redoutables tueurs qu'il vaut mieux abattre à la première rencontre. Les grands fauves n'ont alors qu'une place appréciée : sous forme de trophées accrochés aux murs. Il faut vraiment avoir la science et la morale chevillées au corps, comme Théodore Monod, pour prendre la plume et dénoncer dans un journal (*L'Intransigeant* du 11 décembre 1932) l'inconscience et la cruauté des chasseurs de trophées en Afrique. Non seulement il est écœuré par les scènes de chasse présentées au Muséum comme un film « scientifique », mais il met en garde contre le résultat de tels massacres : « On ne s'étonnera pas, après semblable révélation, que la grande faune africaine soit menacée de disparition. »

Cette idée que la faune africaine puisse être menacée n'effleure pas l'esprit de ses contemporains. L'heure est aux expositions coloniales, où l'on glorifie la conquête, la « pacification », la « mise en valeur » et l'exploitation de richesses qui paraissent infinies. On n'imagine pas que cette exploitation, dans un continent si vaste et si peu peuplé, puisse en épuiser les ressources.

Même un homme aussi respectueux de la vie qu'Albert Schweitzer se laisse prendre par la profusion d'animaux sauvages qu'il rencontre au Gabon à son arrivée en 1913. Dans un ouvrage intitulé *Histoires de la forêt vierge*, publié en 1941, il constate que « les léopards, les éléphants, les hippopotames, les buffles, les crocodiles, les pythons, les chimpanzés et les gorilles se rencontrent aujourd'hui en aussi grand nombre qu'à cette époque-là », c'est-à-dire en 1874, lorsque a été fondée la factorerie de Lambaréné. Il attribue cette abondance à la baisse démographique des populations de l'intérieur, contaminées par les porteurs indigènes de la côte amenés par les explorateurs... Il va même jusqu'à contester ce que la presse rapporte déjà à son époque : « L'opinion, souvent reproduite dans les journaux, que les jours des éléphants et des gorilles sont comptés, ne vaut en tout cas pas pour notre région. Au Gabon, les éléphants sont tellement nombreux que les indigènes ne savent comment protéger leurs plantations contre ces géants amateurs de bananes. De même, les gorilles abondent dans nos forêts. »

Il est vrai qu'il se trouve dans une des régions les moins peuplées d'Afrique et parmi les plus riches en faune sauvage. Dans son hôpital de Lambaréné, perdu dans la forêt au bord de l'Ogooué, le bon docteur Schweitzer ne peut percevoir l'impact de la colonisation sur la grande faune africaine. Et son souci, alors, n'est pas de préserver la nature mais de sauver des vies humaines.

L'agriculture de Dumont père et fils

Dans la France rurale de l'entre-deux-guerres, on ne se pose pas de question sur les conséquences de l'exploitation agricole. Toutefois, dans certains documents d'époque, on voit poindre, sinon une inquiétude, du moins un débat. Ainsi, dans le *Mémento agricole*, « petite encyclopédie de la vie rurale » publiée par Larousse en 1923 et constamment rééditée ensuite, on peut lire un chapitre surprenant intitulé « Le meilleur engrais est le fumier ». Les auteurs écrivent : « Certains agronomes prônent inconsidérément les engrais chimiques, tandis qu'ils gardent un mutisme absolu vis-à-vis du fumier, qui est cependant l'agent essentiel de la restitution. D'autres fois, le fumier de ferme est considéré par eux comme un "mal nécessaire", un moyen de peu d'importance comparativement aux autres moyens de restitution, alors que, en réalité, il est seul capable de remplir les vides occasionnés par les récoltes, et de combler le déficit du stock de réserve. Non seulement il renferme la matière organique qui assure le fonctionnement de la nitrification échelonnée, mais il fournit l'acide phosphorique, la potasse et la chaux. »

Ainsi, l'emploi du fumier fait débat à l'époque auprès des agronomes, qui trouvent ce résidu bien vil pour enrichir la terre. Certains préfèrent déjà les engrais chimiques, dont la fabrication industrielle apparaît comme une garantie de qualité. Les auteurs anonymes de l'encyclopédie Larousse, qui se veut un manuel de haute technicité, prennent pourtant la défense de l'archaïque fumier, tout en admettant certaines difficultés : « Il peut arriver que le fumier ne soit pas produit en quantité suffisante, comme c'est le cas dans les exploitations dites de "culture intensive" (...). Pour obvier à son insuffisance, on a recours à l'emploi des boues, abondamment produites par les villes et dénommées "fumier de pavé". On récupère en outre toutes les matières organiques fournies par les exploitations rurales en les faisant décomposer en tas sous forme de compost. »

Ils préconisent donc déjà l'emploi des boues de nettoyage des villes et le compost, dont ils détaillent méticuleusement la composition : « Les composts comprennent les curures de fossés, les terres de routes, les feuilles d'arbres, les marcs, les herbes de faucardement, les feuillages et les fanes inutilisables pour le bétail, les cadavres d'animaux, les excréments humains, etc. »

Ils proposent également le recours aux engrais organiques comme le sang séché, le guano, la corne moulue, les poils, les plumes, la bourre de laine et les chiffons. Pour reconstituer la matière organique, le *Mémento* suggère ce qu'il appelle déjà les engrais verts : « Les engrais verts sont produits par les cultures dérobées de plantes à végétation rapide, notamment la moutarde, la navette, le sarrasin, la serradelle, la spergule, les lupins, les vesces et d'autres légumineuses, captant l'azote atmosphérique, et que l'on enfouit par un labour une fois qu'elles ont atteint un développement satisfaisant. »

Nitrification échelonnée, compost, engrais verts, cultures dérobées : tout ce qui revient à la mode aujourd'hui figurait déjà dans les manuels d'agriculture de nos grands-parents. Nous devons cette science à Rémy Dumont, instituteur devenu ingénieur agricole, chargé par les éditions Larousse de coordonner la première édition du *Mémento*. Son fils René, devenu ingénieur agronome, suit les mêmes intuitions écologiques. Envoyé en mission au Tonkin en 1929, il laisse de côté les plantations européennes d'hévéas, de caféiers et de théiers, cultures d'exportation qui enrichissent les colons, pour s'intéresser aux techniques traditionnelles de culture du riz. Cultures vivrières contre cultures de rente, c'était déjà un choix « écolo ».

Dans son premier ouvrage intitulé *La culture du riz dans le delta du Tonkin*, publié en 1935, il admet la sélection de variétés répondant mieux aux engrais, mais il met en garde contre « l'artificialisation du milieu » (un néologisme de son cru) et contre l'abandon de variétés ou de techniques adaptées. Il signale les « insectes et animaux utiles des rizières », en particulier les insectes carnassiers comme les coccinelles et les libellules. « Les araignées sont très utiles car elles détruisent dans les rizières toutes sortes d'insectes. » Les crapauds aussi « et, pour cette raison, il ne faut pas les détruire ».

Tout au long de cette étude, les notions contemporaines de biodiversité, d'écosystème et d'environnement apparaissent déjà en filigrane. Il fait le lien entre la terre, les hommes qui la cultivent et la société qu'ils constituent. Il étudie la technique agronomique en liaison avec le système économique et social. En ce sens, il apparaît comme un pionnier du « développement durable ».

L'adaptation du vivant selon René Dubos

Un autre agronome de la même génération, René Dubos, lui aussi passé par l'Institut d'agronomie coloniale de Nogent-sur-Marne, va à son tour apporter une contribution décisive, non seulement à la recherche médicale, mais à la prise en compte de ce qu'il appelle « l'environnement humain ». Il part pour les États-Unis en 1924 et travaille d'abord dans une station expérimentale d'agriculture du New Jersey. René Dubos est alors un spécialiste reconnu de microbiologie des sols, qu'il a étudiée comme indice de fertilité. Ce qui le passionne, ce sont les interactions entre les éléments minéraux, la microfaune et la microflore présents dans le sol. Cette démarche transversale, en soi, est déjà écologique.

Son destin bascule en 1927 lorsque, à l'initiative d'Alexis Carrel, célèbre chirurgien français établi aux États-Unis, il est recruté à l'Institut de recherche médicale Rockefeller, à New York. À partir de ses connaissances en pédologie, il réussit à extraire d'une bactérie du sol une enzyme capable de détruire *naturellement* la capsule du pneumocoque, ce redoutable vecteur de la tuberculose. C'est la percée vers les produits antibiotiques. En 1932, René Dubos découvre que les microbes développent deux sortes de ferments, les uns « constitutifs » et les autres « adaptatifs », qui permettent la réaction appelée « adaptation créatrice ». Ainsi les êtres vivants portent en eux des gènes programmés, intangibles, et d'autres qui s'adaptent à leur environnement. Cette découverte capitale, qui va bien au-delà de la simple distinction entre l'inné et l'acquis, sera « redécouverte » soixante-dix ans plus tard par la communauté internationale des biologistes (« La nouvelle plasticité du vivant », *Le Monde* du 30 août 2002). Elle va conduire à la découverte simultanée, par Dubos, de la tyrothricine et, par Fleming, de la pénicilline, tandis qu'une autre équipe de l'Institut Rockefeller découvre l'ADN. L'agronome devenu chercheur en biologie médicale peut dès lors affirmer que « la constitution génétique et l'environnement, pris dans son entier, jouent un rôle essentiel dans tous les aspects du développement humain ».

Il va en avoir une preuve cruelle en 1942 lorsque sa femme meurt… de la tuberculose ! Il est sous le choc : comment une femme ayant vécu en France à la campagne puis dans la verte banlieue de New York peut-elle être emportée par une maladie qui frappe plutôt les déshérités des ghettos ? Il comprend alors que, souffrant de savoir la France vaincue, humiliée et occupée, elle a peu à peu perdu ses défenses immunitaires. Le désespoir l'a tuée. Il le constate : l'homme est très dépendant de son environnement, qu'il soit physique ou affectif. Devenu citoyen américain installé définitivement aux États-Unis, René Dubos est oublié en France, sauf par les très rares qui le lisent (en anglais). Mais il se rappellera trente ans plus tard au bon souvenir de la communauté internationale lorsqu'il rédigera le rapport de la conférence des Nations unies sur l'environnement, réunie à Stockholm en 1972. Des années plus tard, il va résumer ainsi sa philosophie : « Il ne faut pas considérer la Terre comme un écosystème que l'on doit, à tout prix, préserver tel quel, ou encore comme une carrière exploitée à des fins égoïstes pour en tirer des profits immédiats. Il faut la regarder comme un jardin que l'on cultiverait pour le développement des potentialités qu'elle offre à l'aventure humaine. » L'agronome franco-américain souhaite, comme Voltaire, que l'on cultive son jardin. Mais, tout en s'occupant de son lopin de terre personnel (local), il faut soigner le jardin planétaire (global).

Georges Duhamel et la « civilisation mécanique »

Les années 1930 voient surgir en France une contestation de la technique qui préfigure un autre versant de la démarche écologique. Paul Valéry a cette formule crue : « L'Homme est un monstre. Toute son industrie se dépense à défendre et à exagérer sa monstruosité. Il est le roi de la création de par son pouvoir de détruire. L'Homme ne peut créer qu'aux dépens de la création. » Quant à Georges Duhamel, qui a vécu la guerre de 1914 dans les tranchées comme médecin secouriste, il ne faut plus lui parler de progrès. D'un voyage effectué aux États-Unis en 1928, il est revenu effaré. Relatant ses impressions dans *Scènes de la vie future*, il décrit les abattoirs de Chicago comme l'antichambre de l'enfer, ou plutôt des cadences infernales ridiculisées par Charlie Chaplin dans son film *Les Temps modernes*. Il craint que cette fureur de vivre à l'américaine, où se conjuguent technique, énormité et précipitation, ne gagne la France.

Dans sa *Géographie cordiale de l'Europe*, parue en 1931, il redoute donc de voir celle-ci se livrer à la « civilisation mécanique » du chemin de fer, de l'automobile et du téléphone, véritables pièges qui privilégient le confort et la vitesse aux dépens de l'effort et du soin. « Je fais mon possible, et c'est difficile parfois, pour rester le maître de ces machines et n'en pas devenir le serviteur ébloui. » Il en veut notamment à « cette auto qui diminue tout et qui nous laissera, déconfits, citoyens d'une patrie minuscule. » Même la tour Eiffel lui apparaît comme une « remarquable cage à mouches ». En 1937, l'académicien publie une plaquette (*Au chevet de la civilisation*) à la couverture suggestive : au recto, les colonnes de marbre du Parthénon ; au verso, les silos et les tuyauteries d'une usine, qui forment une éloquente symétrie avec le temple grec. Il y dénonce déjà la société de consommation (« L'industrie moderne semble n'avoir pour dessein que de forcer l'acheteur à sans cesse acheter »), l'illusion du progrès (« La civilisation n'est pas un phénomène de caractère fatalement progressif ») et le capitalisme débridé (« le monstre, celui des affaires géantes, des conseils d'administration, du jeu, du boum et du krach, celui du mensonge et du bluff »). Contemporain d'un monde en pleine mutation, Georges Duhamel ne refuse pas le progrès en bloc, mais il veut qu'on le maîtrise. « Pour séduisantes qu'elles soient, écrit-il, les inventions techniques doivent, comme toutes choses dans l'ordre social, faire l'objet d'un contrôle. » Mais, dans ses moments de pessimisme foncier, l'écrivain craint « un monde promis à de vertigineuses décadences » et « les métamorphoses d'une société délirante » qui s'uniformise en faisant toujours plus grand, plus haut et plus cher. Un altermondialiste avant la lettre.

La « révolution naturiste » de Bernard Charbonneau

Une contestation du même ordre surgit bientôt du côté de Bordeaux, chez deux universitaires proches du personnalisme chrétien. Le premier, historiquement, est Bernard Charbonneau (1910-1996). Fils d'un pharmacien bordelais, l'enfant a été très tôt émerveillé par la nature quasiment vierge qui entoure la ville, avec son immense forêt jusqu'à la mer. « Pour un enfant, une Polynésie à découvrir au terminus du tramway », se rappelle-t-il. Le garçon passe donc son temps à explorer la campagne à vélo, à escalader les Pyrénées sac au dos et à pêcher la truite dans les gaves. Lorsqu'il prépare l'agrégation d'histoire et de géographie, la nature est son oxygène, sa respiration et surtout sa liberté.

À l'université de Bordeaux, il fait la connaissance d'un étudiant en droit de deux ans son cadet, Jacques Ellul (1912-1994). Né protestant à la suite d'une ascendance multiple, partiellement juive convertie (une grand-mère serbe, un grand-père italien, un grand-père portugais et un père autrichien... devenu citoyen britannique !), Jacques Ellul n'a pas l'enracinement local de Bernard Charbonneau. Il ne ressent pas non plus ce besoin physique de nature qu'éprouve depuis toujours le fils du pharmacien. Mais tous les deux ont un goût prononcé pour l'histoire et veulent changer la société. En 1932, Bernard Charbonneau participe à la création du mouvement et de la revue *Esprit*, dirigée à Paris par Emmanuel Mounier. Bien que sa foi catholique se soit pratiquement éteinte, il se sent en accord avec le « personnalisme chrétien » qui défend deux idées qui lui sont chères : le primat de la personne sur le collectif, alors exalté par les foules nazies et les manifestations communistes ; la résistance au culte du progrès technique, qui sévit aussi bien sous les régimes fascistes et communistes que dans les démocraties. Le personnaliste s'oppose à tout ce qui broie la personne, fascisme, communisme ou capitalisme. Attaché aux vieilles valeurs rurales, Bernard Charbonneau redoute lui aussi les dangereux emballements collectifs qui emportent une partie de ses contemporains.

Jacques Ellul ne suit pas du tout le même parcours. En 1934, il devient communiste. « J'aimais les meetings et les foules », explique-t-il, à la différence de Bernard Charbonneau. C'est donc comme militant révolutionnaire qu'il aide les Républicains espagnols à établir une filière d'armes du côté de Tarbes. Après deux ans de militantisme « rouge » cependant, il retrouve soudain la foi chrétienne et se plonge avec une ardeur renouvelée dans la théologie. Ce qui l'amène à retrouver Bernard Charbonneau autour de la revue *Esprit* et du personnalisme chrétien. Les deux hommes, totalement en accord, créent des « groupes personnalistes du Sud-Ouest » à Bordeaux, Bayonne, Pau et Toulouse. Mais Bernard Charbonneau est resté un Gascon amoureux de la nature, du terroir, de la pêche, de la chasse, du vin et de la bonne chère. Il n'est pas tant amateur de nature vierge ou sauvage que d'une campagne soigneusement façonnée par l'homme. Comme Charles-Ferdinand Ramuz en Suisse, comme Henri Pourrat en Auvergne, comme Jean Giono en Haute-Provence, comme Maurice Genevoix en Sologne, Bernard Charbonneau ne se sent bien qu'à la campagne ou dans ses montagnes, au sein d'une société rurale qu'il craint de voir disparaître.

En 1937, le jeune professeur en poste à Bayonne publie dans le *Journal intérieur des groupes personnalistes du Sud-Ouest* un article intitulé « Le sentiment de la nature, force révolutionnaire ». Ce manifeste peut être considéré comme la première réflexion écologique jamais publiée en France. Il émane d'un homme qui ressent « un sentiment tragique antagoniste de la vie quotidienne que nous menons » et qui compte sur la « révolution personnaliste » pour le libérer. Comme Ellul, il déplore que « certains progrès de cette civilisation entrent en conflit avec nos besoins essentiels » et il affirme que l'homme « ne peut vivre qu'en continuant contre elle (cette civilisation) l'antique combat livré contre la nature ». Le bouillant Gascon rêve d'une révolution qui dépasse le scoutisme bien-pensant, le naturisme intégriste, le retour à la terre prôné par la droite et l'esprit « auberge de jeunesse » chéri par la gauche. Il constate que « le sentiment de la nature attend encore la pointe doctrinale qui le transformera en mouvement d'action », et il compte sur le mouvement personnaliste pour y arriver. Joignant le geste à la parole, Bernard Charbonneau emmène ses élèves et ses collègues dans la montagne pyrénéenne, où il organise des séminaires de réflexion. En immergeant des intellectuels de la ville en pleine nature, il espère former cette « pointe doctrinale » d'un mouvement capable de déclencher la « révolution naturiste ». Pour cette révolution d'un type nouveau, le sentiment de la nature jouera le même rôle que la conscience de classe chez les communistes.

Cet activisme naturiste va l'éloigner du personnalisme de la revue *Esprit*, qui s'efforce avant tout d'attirer à gauche l'intelligentsia catholique. Bernard Charbonneau ne penche pas à gauche et se méfie autant du socialisme collectiviste que de la droite affairiste et des puissances d'argent. En 1939, il est réformé pour sa myopie et n'est donc pas mobilisé, à la différence de Jacques Ellul qui, très vite, entrera en résistance. Comme Giono, l'écrivain pacifiste retiré sous sa tente en Haute-Provence, Charbonneau adopte une ligne attentiste. Car il ne veut ni la victoire du nazisme, ni celle du bolchevisme, ni celle du capitalisme anglo-saxon. D'où sa très grande solitude durant les années de guerre, qu'il occupe à rédiger un essai intitulé *Le Pan se meurt*. Achevé en 1945, le manuscrit est refusé par les éditeurs et ne trouvera un public qu'en 1969 sous un nouveau titre : *Le Jardin de Babylone*. D'où aussi son nouvel espoir lorsque, après la Libération, il retrouve Jacques Ellul, devenu professeur de droit à l'université et maire adjoint de Bordeaux. Comme lui, Jacques Ellul dénonce le « totalitarisme technologique ». Les deux hommes ressentent toujours une complicité intellectuelle profonde.

Ils envisagent de fonder ensemble une « École de Bordeaux » où se retrouveraient tous ceux qui luttent contre la « scientisation » du monde. Mais ce projet avortera car le milieu universitaire, à cette époque, est imprégné de marxisme. Contester le progrès technique après les années de plomb de l'Occupation apparaît comme un combat réactionnaire. L'heure est à la reconstruction, à la production, et non à la « révolution naturiste ».

Le coup d'œil de Robert Hainard

Réactionnaire, Robert Hainard l'est certainement. Cet artiste genevois qui pratique la peinture, la gravure et la sculpture n'a qu'une passion : observer la faune sauvage. En Suisse, il passe des nuits à l'affût du lynx, du blaireau ou du hibou grand-duc, afin de reproduire la scène sur du bois qu'il grave, puis sur papier qu'il peint. Dans les Carpates, il traque l'ours et le loup, et les croque sur place, avec un œil acéré qui capte chaque mouvement.

À la différence de Théodore Monod, Bernard Charbonneau et Jacques Ellul, nourris de foi chrétienne, Robert Hainard est un païen. Pour lui, Dieu est partout ou nulle part. Il récuse les trois grandes religions monothéistes qui placent l'homme au centre de la Création. Il fait sienne la philosophie bouddhiste ou la religion hindoue qui mettent tous les êtres vivants à égalité. En 1943, tandis que la guerre fait rage et qu'il reste confiné en Suisse, il prend la plume et se met à philosopher. Ce premier livre, *Et la nature ?*, est publié à Genève dans l'indifférence générale. Les Européens, il est vrai, ont alors d'autres soucis que la protection de la nature ou les dégâts du progrès. Mais Robert Hainard vit sur son nuage d'artiste et de naturaliste en pays neutre. Il se sent investi d'une mission. « Les actuels "protecteurs de la nature", écrit-il, jouent peut-être vis-à-vis de la plupart des hommes le rôle de sentinelles avancées, de guetteurs d'antennes. Ils se lamentent de la disparition des ours, des vastes marais, de la nature dans sa grandeur (...). Il viendra un moment où les exigences du progrès seront pour chacun intolérables. » Certains de ses lecteurs regrettent que l'incomparable artiste animalier se soit mis à philosopher, au lieu de se cantonner à peindre et à sculpter. Ses propos, en effet, apparaissent totalement décalés par rapport aux préoccupations du moment. Mais il se défend : « Je ne crois pas la nature meilleure que l'homme (...). Si je veux protéger la nature, ce n'est pas pour elle-même, mais pour les joies qu'elle donne à l'homme (...). La nature a pour moi d'autant plus de valeur qu'elle est mêlée à ma vie de civilisé. »

Robert Hainard récidive en 1946 en publiant *Nature et mécanisme*. Il y décrit l'opposition irréductible entre deux modes de pensée et d'action, que sont la nature et la technique, ou le naturisme et le mécanisme. L'incomparable peintre des loutres et des blaireaux manifeste là sa détestation des destructions de la nature commises au nom du développement économique. Toute sa vie durant, il cultivera cet amour de la vie sauvage et son mépris pour les destructeurs du « miracle d'être », titre de son dernier livre (1986).

Le béton libérateur

Prenant le relais du Genevois, le directeur du Muséum, Roger Heim, publie en 1952 à Paris un livre au titre provocateur : *L'Homme contre la nature*. Il y dénonce les excès de la reconstruction et de la modernisation à tout va, qui détruit notre patrimoine naturel. Mais personne ne l'écoute. La presse, alors, préfère les ingénieurs qui construisent aux savants qui se lamentent. Cette année-là, on inaugure en grande pompe le « colossal ouvrage » du barrage de Donzère-Mondragon, sur le Rhône, en présence du président de la République et du chef du gouvernement. L'année d'après, Vincent Auriol inaugure « le plus haut barrage d'Europe » à Tignes, en haute Tarentaise. Un barrage qui a noyé un village, derrière un mur en béton de 180 mètres de haut. Le reporter du *Monde* qui couvre l'événement s'émerveille de l'ouvrage qui « offre une ligne extrêmement harmonieuse » et constate ingénument que « le site n'en souffre pas ».

Même le bétonnage de la côte d'Azur apparaît comme une perspective radieuse. Lors d'un congrès réuni à Aix-en-Provence en 1953, les professionnels du thermalisme lancent un appel pour que soit relancé le tourisme de cure. Le correspondant du *Monde* découvre alors « l'existence d'un trésor national très ancien, mais encore inexploité ». La côte d'Azur, découverte par les Anglais et fréquentée jadis par les Russes, est ignorée de nos compatriotes. « Le tourisme français, écrit-il, devrait en avoir conscience et faire connaître au monde sans plus tarder qu'il y a quelque part chez nous, sous la forme d'un paradis balsamique et ensoleillé, planté de thym, de romarin, de cyprès, de pins et baigné de mer bleue, un atelier de réparation incomparable pour les machines humaines fatiguées. » Moins de vingt ans plus tard, on se lamentera sur « la côte d'Azur assassinée ». Les appels à découvrir le « paradis balsamique » ont été entendus, et même bien au-delà. Non seulement on viendra y soigner les douleurs de l'âge, mais beaucoup s'y installeront à demeure pour jouir de la vue sur la mer. Quant aux vacanciers, ils envahiront chaque été un littoral que l'on bétonne toujours plus à leur intention.

L'enjeu du siècle selon Jacques Ellul

Deux ans après *L'Homme contre la nature* sort chez le même éditeur, Armand Colin, un ouvrage lui aussi dérangeant : *La technique ou l'enjeu du siècle*. Son auteur, Jacques Ellul, explique que, depuis le néolithique jusqu'à la fin du XVIIe siècle, l'homme utilisait des outils et des techniques comme moyens de lutte contre la nature. Aujourd'hui, la civilisation où nous baignons ne se borne plus à accumuler des machines et des outils. Elle est devenue un milieu autonome, qui nous conditionne et dicte nos décisions. Les « choix » que nous faisons sont imposés par la technique et, comme une technique en appelle une autre, on assiste à un accroissement tentaculaire qui débouche sur la concentration urbaine, la machinerie bureaucratique et, au pire, l'État policier. Car l'invention technique échappe toujours à son auteur, qu'il s'agisse du téléphone, de l'automobile ou de la bombe atomique. Concepteur de nouveaux outils, l'homme croit les maîtriser mais il en devient souvent esclave, lui ou ses descendants. Si le XXe siècle a enfanté de formidables « avancées » techniques, cela ne l'a pas empêché de connaître les guerres mondiales, plus meurtrières que jamais, le totalitarisme, les camps d'extermination et toutes les abominations que l'on croyait révolues ou limitées aux peuples primitifs. Donc, ne pas croire que la technique, en soi, fait progresser le genre humain. Jacques Ellul montre que le progrès technique engendre une société intégrée, qui contrôle peu à peu tous les secteurs de l'existence individuelle et collective. Dans une « société technicienne », l'individu a sans doute de plus en plus de confort, mais il a de moins en moins de pouvoir, de moins en moins d'autonomie. Méfiance donc. Pour le théologien protestant, pas de doute : le vrai progrès ne peut être que spirituel et individuel. Professeur d'histoire des institutions à la faculté de droit de Bordeaux, Jacques Ellul va avoir une influence directe sur ses étudiants, tel Noël Mamère. Mais, grâce notamment à l'écrivain anglais Aldous Huxley, il aura une influence encore plus grande dans les universités anglo-saxonnes, qui l'invitent très souvent. Interrogé lors d'une conférence à Genève, en 1966, il résumera ainsi sa pensée : « Je ne crois pas du tout que la technique soit regrettable, je crois qu'elle n'est pas elle-même un progrès, mais exige de l'homme un progrès. »

*

Il faut en convenir : dans la première moitié du XXe siècle, déchiré par deux conflits planétaires, très peu de scientifiques ou d'intellectuels en France ont perçu la menace qui pèse à terme sur notre bonne vieille Terre. Ceux qui l'ont perçue ont crié dans le désert, au risque de passer pour des Cassandre, des rabat-joie ou, pis, pour les tenants d'une idéologie réactionnaire refusant en bloc le progrès technique et les acquis de la science. Dans une Europe enfin débarrassée de la barbarie nazie, la mobilisation pour la protection de la nature ne rencontre aucun écho. C'est pourquoi les appels au sursaut ont quelque chose de dérisoire et pathétique. Ce qui n'enlève rien à leur côté prophétique, et en fin de compte bien sympathique.

Chapitre 4 : 1954-1967
Aménagement et Nature

Dopée par le plan Marshall, la reconstruction de la France bat son plein dans les années 1950, sans souci particulier d'aménagement du territoire. C'est durant ces « Trente Glorieuses » que des hauts fonctionnaires éclairés vont s'efforcer de soustraire certains espaces naturels aux appétits des promoteurs et des urbanistes, alors même que l'opinion reste indifférente au sort de la nature. Après les philosophes et les scientifiques, les pouvoirs publics découvrent que la nature est fragile et qu'il serait opportun de créer des réserves naturelles et des parcs nationaux. Certains penseurs de pointe suggèrent même que le patrimoine naturel est une richesse.
Les années 1960 vont voir éclore les premières associations locales de protection de la nature, ainsi que divers groupes ou clubs de réflexion préoccupés d'aménagement du territoire et de prospective. Désormais, on ne construira plus aveuglément. On s'efforcera même de ménager la ressource.

Une autoroute dans Paris ?

L'année même où Jacques Ellul met ses compatriotes en garde contre l'illusion technique, deux décisions majeures sont prises par le gouvernement : feu vert à la recherche atomique pour la bombe (et accessoirement les centrales nucléaires, comme les Anglais) ; relance de la construction d'autoroutes, pratiquement arrêtées depuis la guerre. La seule « autostrade » construite en France, commencée en 1934 pour relier Saint-Cloud à Orgeval, ne sera achevée qu'en 1946 (premier tronçon de l'autoroute de l'Ouest).

En 1954, le conseil municipal de Paris est saisi d'un dossier qui va diviser l'assemblée pendant trois ans : il est question de prolonger l'autoroute du Sud, encore à l'état d'ébauche, jusqu'au centre de Paris. Certains refusent tout net, d'autres l'acceptent et plusieurs proposent comme alternative la traversée de Paris en souterrain. En raison de ces désaccords et des retards dans les travaux, le dossier traîne pendant deux ans. En 1956, le conseil de Paris est de nouveau saisi du projet, qui prévoit de faire déboucher l'autoroute du Sud... place Denfert-Rochereau ! Perplexité des élus parisiens, qui tergiversent. Mais l'attention se porte alors sur le tracé de l'autoroute, qui doit traverser la forêt de Fontainebleau. Les ingénieurs de l'Équipement répètent l'erreur commise vingt ans plus tôt lorsqu'ils ont coupé en deux la forêt de Marly pour faire passer l'autoroute de l'Ouest.

Fontainebleau ? Comme en 1851, comme en 1907, les Amis de la forêt se mobilisent. S'il est un nom, en France, qui peut déclencher à l'époque une passion écologique, c'est bien celui-là. Pour se montrer constructifs, ils proposent le contournement du massif des Trois Pignons par l'ouest, soit une rallonge de 7 kilomètres. Le journal *Le Monde* monte au créneau et fait paraître plusieurs articles contre le projet. Le 15 mars 1957, il publie une libre opinion consternée : « Il est triste de penser que l'autorité réunie des naturalistes, des artistes, des sociétés savantes est impuissante contre le vandalisme. » Mais que pèsent quelques artistes et professeurs du Muséum contre les ingénieurs et les élus ? Les étudiants de la Cité universitaire, premiers touchés par ce projet, ne peuvent que se livrer à un monôme en criant : « Déroutez l'autoroute ! »

Devant les atermoiements du conseil de Paris concernant le débouché à Denfert-Rochereau, c'est finalement le ministre des Transports, Édouard Bonnefous, qui tranchera contre toute pénétration d'autoroute dans Paris *intra muros.* Reste l'épineux problème de Fontainebleau. Un comité de défense s'organise au sein de la Société nationale de protection de la nature (SNPN), qui a succédé en 1960 à la Société d'acclimatation. On y retrouve Roger Heim, le directeur du Muséum, l'ornithologue Jean Dorst, le botaniste Roger de Vilmorin, le docteur François Bourlière et un journaliste scientifique de l'AFP, Nicolas Strotsky, qui va faire une active campagne de presse contre l'autoroute dans la forêt.

Cette campagne de presse, couronnée en 1961 par un pamphlet de Nicolas Strotsky intitulé *Alerte à l'homme*, décide les ingénieurs à modifier leur tracé. L'autoroute du soleil passera en lisière de la forêt domaniale, à l'endroit où les boisements deviennent privés (les Trois Pignons). Si les Amis de la forêt et la SNPN n'obtiennent pas satisfaction totale, ils ont quand même remporté une victoire sur les aménageurs. Une première en France.

Cousteau et *Le Monde du silence*

En 1956, la palme d'or du festival de Cannes est attribuée pour la première fois à un film documentaire, *Le Monde du silence.* Stupeur parmi les festivaliers et les starlettes : on a récompensé un film sans acteurs, où l'on ne voit que des poissons et des coraux. En réalité, *Le Monde du silence* présente des acteurs, à commencer par Jojo le mérou, un poisson particulièrement cabotin, et le commandant Cousteau qui, déjà, crève l'écran. Le film a aussi un réalisateur, Louis Malle, qui fera ensuite carrière dans le cinéma avec un grand C. *Le Monde du silence* a plu parce qu'il raconte une histoire, filmée dans un décor encore jamais vu à l'écran, avec des couleurs époustouflantes, et aussi une bonne dose d'humour. Mais ce n'est pas un prêche écologique, loin de là !

Cette découverte du monde sous-marin sera un véritable électrochoc pour nombre de spectateurs qui n'ont jamais eu la chance de plonger sous l'eau. Beaucoup découvrent alors que la vie sous-marine est largement aussi riche, sinon plus riche que la vie sur terre, où la sauvagerie se cache. Fort de son premier succès, le commandant Cousteau tourne donc une suite appelée *Le Monde sans soleil*, où il lève un voile sur le mystère des profondeurs. Mais l'heure de l'alarme écologique n'a pas encore sonné : il imagine la colonisation de l'espace sous-marin par l'homme en installant des « maisons sous la mer » pour exploiter le fond des océans… Jusqu'à sa nomination en 1957 à la tête du Musée océanographique de Monaco, le commandant Cousteau reste un officier de marine qui s'intéresse plus à la navigation et aux prises de vues sous-marines qu'au sort de la grande bleue.

Les Racines du ciel de Romain Gary

Une autre récompense est attribuée en 1956 à une œuvre exaltant la beauté sauvage de la nature. Romain Gary reçoit en effet le prix Goncourt pour *Les Racines du ciel*. Le héros du roman, Morel, ancien résistant passé par la terrible épreuve des camps de concentration, se réconcilie avec l'humanité en contemplant les éléphants qui parcourent librement les savanes et les forêts

de l'Afrique équatoriale française. Ces grands troupeaux qui ne connaissent pas de frontières lui apparaissent comme le symbole même de la force tranquille et de la liberté. « Le temps de l'orgueil est fini (...). Nous devons nous tourner avec beaucoup plus d'humilité et de compréhension vers les autres espèces animales, différentes mais non inférieures. » C'est pourquoi Morel sillonne l'Afrique équatoriale française entre Fort-Lamy et Bangui, le fusil à la main, en faisant la chasse aux amateurs de trophées et aux trafiquants d'ivoire.
Que les indigènes tuent l'éléphant pour protéger leurs plantations et manger sa viande, Romain Gary estime cela parfaitement légitime. Ce prélèvement « naturel » ne menace pas la survie du pachyderme. Mais l'homme blanc, lui, se déshonore en tuant un magnifique animal « pour fournir des boules de billard et des coupe-papier » avec son ivoire, et même des porte-parapluies ou des cache-pot avec ses pieds coupés. Il doit donc laisser les éléphants parcourir la savane en toute liberté, « liberté géante, maladroite et magnifique », que le Coran appelle « les racines du ciel ». En défendant l'existence et la liberté de mouvement des pachydermes, l'homme défend sa propre liberté. Il défend aussi une certaine forme de civilisation : « Comment pouvons-nous parler de progrès, écrit-il, alors que nous détruisons encore autour de nous les plus belles et les plus nobles manifestations de la vie ? (...) Est-ce que nous sommes vraiment capables de respecter la nature, la liberté vivante, sans utilité, sans autre objet que de se laisser entrevoir de temps en temps ? »
Romain Gary compare la protection des éléphants d'Afrique à l'action d'un naturaliste danois qui, depuis le début du siècle, se bat contre la chasse à la baleine : comme l'éléphant, elle est chassée pour des futilités du genre baleines de corset ou graisse de margarine. Il dresse un portrait insolite du savant danois, qui

« a été mêlé à toutes les luttes écologiques ». Il écrit : « Il n'avait jamais transigé avec sa tâche de naturaliste et de conservateur des espèces. Sa campagne contre le massacre des phoques et des baleines, contre la pollution chimique des terres, de l'ozone et des océans, s'était heurtée, en 1950, à l'indifférence complète. » Le Danois condamne « les actes contre nature, les expériences atomiques, les camps de travail forcé, les régimes totalitaires, la barbarie raciste et toutes les autres souillures qui menaçaient les beautés de la terre et risquaient de tarir les sources mêmes de la vie ».

Étonnant précurseur, Romain Gary décrit un combat écologique tous azimuts qui, dans l'Europe des années 1950, ne trouve aucun écho dans le public. Il s'en prend à la bombe atomique, « cette saloperie nucléaire », et il pressent « la menace sournoise, déjà prévisible, des déchets de piles atomiques lentement accumulées sur la terre, dans l'air, au fond des mers ». À une époque où les termes d'environnement et d'écologie ne figurent même pas dans les dictionnaires, il écrit cette phrase de style célinien : « L'environnement, l'écologie, tout ça : empêcher l'homme de nuire, les amis de la vie, ils appellent ça. » Pour lui, l'écologie commence par une exigence élémentaire : « traiter la nature avec respect ». Malheureusement, « la protection de la nature, ce n'est pas ce qui préoccupe les politiciens en ce moment », constate-t-il avec dépit. Pourtant, s'il est légitime de distinguer l'espèce humaine et la nature, on s'aperçoit finalement que, « lorsqu'on défend l'une, on défend l'autre ». Les jurés Goncourt ont sans doute été plus sensibles à la remarquable construction du récit des *Racines du ciel* qu'à sa leçon d'écologie. Grâce à eux, cependant, et grâce à Romain Gary, l'écologie a fait une percée inattendue dans la littérature française. Elle entre même cette année-là dans le Petit Larousse.

Des « réserves naturelles » et des parcs nationaux

Conformément à son engagement de 1946, le gouvernement soumet au Parlement son projet de loi sur les réserves naturelles... en 1956. En fait, il s'agit seulement d'ajouter un article à la loi de 1930 qui organise « la protection des sites de caractère artistique, historique, scientifique, légendaire ou pittoresque ». On avait alors oublié « naturel », on le rajoute donc. Le rapporteur du texte fait un exposé révélateur : « Il ne s'agit pas tant de conserver certaines espèces animales et végétales dans les conditions les plus naturelles que de procéder à l'étude minutieuse de l'influence du milieu sur les espèces. » Et il cite en exemple « les études faites en Camargue sur l'influence de la culture du riz sur l'eau et les effets de ce nouveau milieu, notamment sur les oiseaux ». Milieu : le mot est lâché. Les sénateurs découvrent que la vie des oiseaux dépend de leur environnement, c'est-à-dire à la fois de leur habitat et des activités humaines alentour.

Le texte sur les réserves naturelles est adopté sans débat en 1957. La députée qui le présente a des mots qui révèlent une prise de conscience nouvelle : « Le prodigieux essor des techniques a fourni à l'homme des moyens de destruction d'une puissance et d'une rapidité incroyables. Pour ne parler que des animaux supérieurs, une quarantaine d'espèces ont disparu depuis cinquante ans et près de 600 sont en danger de disparaître. » Elle conclut à « l'inéluctable nécessité de ne toucher aux ressources naturelles qu'avec prudence et circonspection ». Abordant le thème des parcs nationaux, la députée observe : « Nos savants se plaignent que la France soit un des rares grands pays qui n'ait pas encore un parc national ou même plusieurs parcs nationaux réservés aux hommes de science, pour l'étude des phénomènes naturels. » Et elle remarque que les parcs nationaux qui existent à l'étranger permettent aux scientifiques « l'étude patiente de l'influence du milieu sur l'évolution des espèces ». La démarche est écologique, sans aucun doute, mais alors réservée aux savants.

La préparation des parcs nationaux à la française va être confiée à Yves Bétolaud, un ingénieur du Génie rural, des Eaux et Forêts (IGREF) placé à la tête de la direction générale des Eaux et Forêts en 1957. Cet ingénieur général se met vaillamment à la tâche, qui n'est pas simple dans un pays où la propriété foncière est sacro-sainte et le territoire habité jusque dans les vallées les plus reculées. Mais il s'obstine, avec le soutien du gouvernement et de la majorité des parlementaires. Son travail aboutira à la loi de 1960 créant les parcs nationaux. L'objectif, cette fois, n'est pas seulement de fournir un terrain d'étude aux savants mais de réserver pour le grand public un espace de nature à la fois ouvert et protégé.

Les Futuribles de Bertrand de Jouvenel

En cette même année 1957, un intellectuel original, Bertrand de Jouvenel, écrit dans le recueil *Arcadie* un article intitulé « L'économie politique de la gratuité », où apparaît pour la première fois la formulation qui fera fureur des années plus tard, « l'écologie politique ». Journaliste devenu économiste, il plaide pour que l'on passe de « l'économie politique » à « l'écologie politique », c'est-à-dire que l'on prenne en compte tous les biens et services gratuits fournis par la nature. Bertrand de Jouvenel est le premier à avoir deviné l'importance, dans l'économie, de ce qu'on appelle aujourd'hui « l'externalité des coûts », lorsqu'on crée des richesses aux dépens du milieu naturel considéré comme *res nullius*, un bien n'appartenant à personne.

Afin de partager sa réflexion avec d'autres, il crée en 1960 le club des « Futuribles », une audacieuse contraction pour « Futurs possibles ». Il s'agit pour ses membres d'envisager tous les futurs possibles, c'est-à-dire l'avenir qui nous attend selon que l'on fait une chose ou une autre… ou rien. Le club va d'abord éditer des cahiers thématiques, très épisodiques, puis, à l'initiative du fils, Hugues de Jouvenel, la revue périodique intitulée *Futuribles*, lancée en 1975. Celle-ci maintiendra une ligne parfaitement fidèle à celle de son inspirateur : être un carrefour de tous ceux, sans exclusive, qui se préoccupent de l'avenir de la planète.

Fragile agriculture biologique

En pleine révolution agricole, qui voit la mécanisation s'imposer partout en France, un cultivateur original, Jean Boucher, fonde en 1958 le Groupement d'agriculture biologique de l'Ouest. Ce groupuscule local, qui fait figure de secte dans un monde agricole livré aux industriels de l'agroalimentaire, va déboucher en 1961 sur un réseau national qui prend le nom d'Association française d'agriculture biologique. Mais ce réseau confidentiel n'influe guère sur les pratiques agricoles en cours, d'autant plus que les agriculteurs « bio » sont des individualistes forcenés, qui s'épuisent en querelles d'école. Tant et si bien que, en 1964, des dissidents du réseau, André Louis et Mateo Tavera, créent l'association Nature et Progrès, davantage tournée vers la santé, les médecines douces et toutes sortes de pratiques alternatives.

Après la mort accidentelle de ces deux pionniers, c'est un ingénieur agronome, Claude Aubert, qui reprend le flambeau. Il a découvert la communauté de l'Arche de Lanza del Vasto, qui mêle spiritualité, pacifisme et retour à la terre. En 1965, il s'installe comme maraîcher biologique en région parisienne avec des membres de Nature et Progrès. C'est le début d'une aventure qui le conduira jusqu'à la lutte qu'il mène aujourd'hui contre les OGM.

De son côté, un Algérien né en France, Pierre Rahbi, va suivre le même chemin, mais en solitaire. Manutentionnaire en banlieue parisienne, il décide en 1960 de retourner à la terre et se fixe en Ardèche avec sa famille. D'abord ouvrier agricole, il découvre des paysans qui s'échinent à produire toujours plus, au détriment des équilibres naturels. Il s'installe alors à son compte pour élever des chèvres et pratiquer une agriculture « respectueuse de l'environnement ». En même temps, il lit et écrit beaucoup, et prêche la bonne parole avec éloquence. Sa ferme va devenir un véritable centre de formation à l'agriculture biologique, avec une filiale au Burkina-Faso. L'influence de Pierre Rahbi, essentiellement spiritualiste, mettra quarante ans à déboucher sur la scène nationale, lorsqu'un comité se formera en 2002 pour proposer sa candidature… à la présidence de la République !

À l'école des oiseaux

Dans les années 1950, comme déjà au début du siècle, c'est par l'étude ou l'observation des oiseaux que de nouvelles générations acquièrent une conscience écologique. C'est ainsi qu'un ancien professeur de musique, Michel-Hervé Julien, se prend de passion pour l'ornithologie et organise dans l'île d'Ouessant des camps d'été de baguage d'oiseaux. Les résultats des opérations de baguage sont transmis au Muséum, dont Michel-Hervé Julien est devenu assistant.

Un jour de 1955, il est contacté par un étudiant en biologie de Bordeaux, Pierre Davant, qui lui envoie des bagues d'oiseaux qu'il a tués à la chasse. Michel-Hervé Julien l'invite à venir baguer à Ouessant. Les deux hommes vont faire désormais cause commune pour l'étude des oiseaux et de leurs migrations, et aussi pour la protection de la nature en général. Michel-Hervé Julien s'inquiète de voir disparaître son cher bocage breton au fil des remembrements. Il s'en ouvre aux pouvoirs publics et, en 1960, il est reçu par Olivier Guichard, alors conseiller technique à l'Élysée. Il lui suggère l'idée de créer des parcs naturels régionaux, seul moyen selon lui de protéger un milieu très habité comme la Bretagne. L'idée fera bientôt son chemin dans les allées du pouvoir… En attendant, il s'associe à un autre universitaire, Albert Lucas, pour créer en 1963 la Société pour l'étude et la protection de la nature en Bretagne (SEPNB). Ainsi, les « professeurs » seront mieux armés pour alerter la population contre les atteintes à leur patrimoine naturel, qu'il s'agisse du bocage ou du littoral, menacé par le bétonnage et les marées noires. La SEPNB est la première d'un grand réseau d'associations de protection de la nature qui se multiplieront après 1968. De son côté, Pierre Davant se désole de ne pouvoir protéger les sternes qui viennent chaque printemps nicher sur le banc d'Arguin, un banc de sable du bassin d'Arcachon. Au printemps 1966, il invite Michel-Hervé Julien à venir les observer. L'ornithologue breton, enthousiaste, lui conseille alors de fonder une association du type SEPNB. Ce sera en 1969 la Société pour l'étude, la protection et l'aménagement de la nature du Sud-Ouest (SEPANSO), où le mot « aménagement » fait son apparition à côté du mot « nature ».

Pendant ce temps, à Paris, deux élèves de l'École normale supérieure se lient d'amitié par leur goût de l'ornithologie. Michel Lacoste est le fils du champion de tennis inventeur de la marque au crocodile. Antoine Reille, élevé dans un château de

Touraine, a appris la nature par la chasse à courre. Michel Lacoste invite Antoine Reille à baguer des oiseaux dans sa propriété de famille au pays basque, puis ils sont invités à des opérations de baguage en Espagne dans le delta du Guadalquivir. En 1964, lorsque le prince Paul Murat meurt, et qu'il faut lui trouver un successeur pour diriger la Ligue pour la protection des oiseaux (LPO) – un petit club qui ne dépasse pas alors trois cent membres –, on en confie le secrétariat général à Michel Lacoste et Antoine Reille, conjointement. Professeur agrégé de physique, Antoine Reille assure d'abord ses cours mais oriente bientôt ses recherches sur l'ornithologie et devient de fait ornithologue professionnel, très impliqué dans la protection de la nature. En région lyonnaise existe aussi un groupe d'ornithologues passionnés qui ont fondé le Centre ornithologique Rhône-Alpes (CORA). Vers 1961-1962 s'y retrouvent de jeunes universitaires comme Philippe Lebreton et Jean Untermaier, qui passent leur temps libre à « miroiser » (l'équivalent québécois du *bird-watching*) dans la Dombes et ses étangs. Philippe Lebreton deviendra l'un des leaders de l'écologie politique en France et Jean Untermaier, devenu juriste, se lancera en 1967 dans une thèse dont le sujet est totalement nouveau : « La conservation de la nature et le droit public. »

Ainsi l'étude et la protection des oiseaux amènent-elles une partie de l'intelligentsia universitaire à la protection de l'environnement et à une prise de conscience écologique universelle. Il est à cet égard significatif que la Poste, qui a toujours privilégié les grands hommes, les monuments prestigieux et les prouesses techniques, émette en 1960 une première série de timbres consacrés à la protection de la nature, avec quatre vignettes représentant des oiseaux sauvages (vanneau huppé, macareux moine, canard colvert et guêpier). Reflet fidèle de la société civile, la Poste s'ouvre à son tour à l'écologie.

Le *Courrier de la Nature*

Après un siècle d'existence, la Société zoologique d'acclimatation change de nom et devient en 1960 la Société nationale de protection de la nature et d'acclimatation en France (SNPN). Le terme d'acclimatation est conservé officiellement pour faire le lien avec la maison mère, mais il tombera vite en désuétude pour laisser toute sa place à cette appellation nouvelle de « protection de la nature ». Pour tenter de populariser un combat jusque-là réservé à une société savante, la SNPN crée en 1961 une revue intitulée *Courrier de la Nature*. Des reportages sur le terrain, illustrés de photos en couleurs, permettent d'attirer un plus large public. La SNPN atteint deux mille cinq cents membres en 1969 et sept mille en 1971. Mais elle plafonne ensuite (huit mille adhérents en 1984), car les préoccupations environnementales prennent le pas sur les sciences naturelles.

Les naturalistes, en effet, se retrouvent coincés entre deux tendances nouvelles qui les écartèlent. Les avancées de la science, d'une part, éloignent du vivant et de son milieu au profit de la biologie moléculaire, de la biochimie et de la génétique. La prise de conscience écologique, d'autre part, oriente les préoccupations vers le cadre de vie, la consommation, la pollution et des domaines qui dépassent largement la connaissance du milieu naturel. Le directeur de la rédaction, Christian Jouanin, en est bien conscient, lui qui est à la fois ornithologue et pharmacien. Le *Courrier de la Nature* va donc faire tous les deux mois le catalogue des menaces qui pèsent sur un site naturel et recenser les points noirs de la conservation. À la SNPN et dans sa presse, on broie du noir, car les nouvelles du monde sont rarement bonnes.

Bombard et Cousteau au secours de la Méditerranée

En France, c'est alors la grande aventure nucléaire. On inaugure à Toulouse la première unité de fabrication d'eau lourde et l'on construit la première centrale nucléaire de production électrique à Chinon. Le gouvernement multiplie les projets nucléaires (Brennilis, Marcoule, Cadarache, Chooz, La Hague) et achève la mise au point de sa première bombe atomique à Reggane, au cœur du Sahara algérien. Malgré les mises en garde du physicien Alfred Kastler, une première bombe explose le 13 février 1960.

Faute de pouvoir se rendre sur les lieux du tir, les opposants organisent une manifestation silencieuse devant la centrale militaire d'Arpajon. À l'époque, les antinucléaires ne sont pas des écolos mais des pacifistes comme les pasteurs Trocmé et Roser, le non-violent Lanza del Vasto, le physicien Alfred Kastler et le dissident socialiste Claude Bourdet. Le chroniqueur scientifique du *Monde*, pour sa part, explique que l'explosion de Reggane (quatre fois Hiroshima) aura des effets « négligeables » en Europe.

En mars 1960, à Barcelone, le commandant Cousteau est élu président de la Fédération internationale de plongée sous-marine. Dans son discours de remerciement, le directeur du Musée océanographique de Monaco fait inopinément une sortie contre le projet des militaires français d'immerger des fûts de plutonium dans la mer Méditerranée. Il demande un moratoire de dix ans pour étudier les effets de la radioactivité au fond des mers. Son appel est alors entendu par quelques citoyens motivés du Midi, qui se couchent sur les rails pour bloquer le convoi transportant les déchets de Marcoule à Marseille.

Le commandant est alors rejoint par un autre défenseur de la Méditerranée, Alain Bombard. Les deux hommes n'ont pourtant rien en commun. Alain Bombard est un musicien fourvoyé dans la médecine, avec un exploit à son actif : la traversée de l'Atlantique sur un canot pneumatique en 1952, seul, sans vivres, pour prouver qu'un naufragé peut survivre des semaines en mer en mangeant seulement du poisson cru et de la soupe de plancton. Depuis cet exploit, il s'est pris de passion pour la mer et multiplie les missions à bord de son voilier laboratoire. Il étudie notamment la radioactivité de l'eau de mer dans l'Atlantique après l'immersion des déchets nucléaires anglais. Il découvre alors que du tritium déversé en mer d'Irlande se retrouve dans la chair du thon pêché à Madère, à 2 000 milles nautiques de là ! L'appel de Cousteau contre l'immersion du plutonium en Méditerranée le mobilise donc aussitôt. Pour la défense de la mer, le protestant hérétique, compagnon de route des communistes, rejoint alors l'officier de marine comblé d'honneurs.

Les déchets nucléaires dans l'Atlantique

À défaut de pouvoir immerger discrètement les déchets nucléaires en Méditerranée, à mi-chemin entre la production (Marcoule) et les expérimentations (Sahara), le gouvernement se résout à faire comme les Anglais : les fûts seront immergés dans l'Atlantique. À l'époque, personne n'élève d'objection, ni en France ni dans le monde, car Greenpeace n'existe pas encore. Et l'opinion française, dans sa masse, ne redoute absolument pas les activités nucléaires. Non seulement l'atome ne fait pas peur, mais il fascine. Dans *Le Monde* du 17 août 1961 paraît un article édifiant qui s'inscrit dans la série « Nouveaux paysages de vacances ». Le reporter, enthousiaste, écrit : « Pour voir Marcoule, ville atomique, les visiteurs accourent par milliers. » Le centre serait même « un des sites industriels les plus visités de France ».

Changement de perspective lorsque, dans la rubrique médicale du 25 octobre 1961, *Le Monde* publie un article intitulé « Les retombées radioactives des explosions nucléaires présentent pour l'avenir de l'humanité un risque incontrôlable ». Le grand journal du soir serait-il devenu antinucléaire ? Non. C'est seulement parce que l'URSS vient de faire exploser une bombe de 50 mégatonnes. Même Louis Leprince-Ringuet, fervent partisan de l'énergie nucléaire, signe l'appel des huit cents physiciens pour la paix… L'opinion française est si peu préoccupée par le nucléaire que la presse peut décrire complaisamment le nouveau centre de Cadarache (Var) comme une nouvelle prouesse de la science et de la technologie. On apprend que, pour faire fonctionner le réacteur à neutrons rapides, on a installé deux mille chercheurs et techniciens sur 1 600 hectares de forêts et garrigues. Personne ne s'est dressé pour défendre son mas provençal ou sa propriété de famille. Il faudra attendre encore dix ans pour que paraisse *La Côte d'Azur assassinée*, le livre manifeste rédigé par deux associations… et préfacé par Louis Leprince-Ringuet, le défenseur de l'atome !

Jean Rostand s'engage

L'aventure nucléaire, Jean Rostand va être un des rares savants français à s'y opposer au nom de la santé et de la protection de l'environnement. Biologiste, il fait ses expériences sur des grenouilles et constate les effets tératogènes de certaines manipulations en laboratoire, à commencer par l'exposition aux rayonnements ionisants. Dans un article publié par *Le Monde* du 20 octobre 1962, il met en garde contre ce qu'il appelle la « banqueroute des chromosomes ». Il explique : « Toute exposition aux rayonnements, si légère soit-elle, augmente le taux de mutation qui, dans 99 % des cas, est synonyme de mutation à

caractère monstrueux ou maladif. » Le savant marque son opposition à tout usage de l'atome, qu'il s'agisse de la bombe, bien sûr, mais aussi des centrales électriques et même de la médecine nucléaire pour les radiographies.
Il crée peu après le Mouvement contre l'armement atomique, auquel adhèrent les antinucléaires déclarés comme Théodore Monod, René Dumont, Claude Bourdet et Georges Montaron, journaliste à *Témoignage chrétien.* Mais le « mouvement » restera sans troupes et périclitera faute de combattants. Jean Rostand souffre de ne pas être suivi dans son combat. Il écrit : « Défendre la nature sur tous les fronts est une chose malaisée car on se heurte à l'indifférence, à l'ignorance, au scepticisme, et surtout l'on a contre soi, plus ou moins ouvertement, tous ceux qui donnent aux convoitises personnelles le pas sur l'intérêt commun, tous ceux qui, prêts à compromettre le futur pour un avantage immédiat, ne font pas objection au déluge pourvu qu'ils ne soient plus là pour y assister. » Paroles prophétiques, qui anticipent de trente ans les formules aujourd'hui rebattues sur les générations futures et le développement durable. Mais, dans le contexte de l'époque, Jean Rostand fait figure de savant Cosinus ronchon, de Cassandre rabat-joie, bref d'empêcheur de développer en rond.

Le parc national de la Vanoise

La France a adopté le principe du parc national en 1960, mais son institution sur le terrain traîne en longueur. Pourtant, voilà des années que la Savoie a été proposée pour compléter la protection du bouquetin et du chamois assurée côté italien par le parc national du Grand Paradis (1922). Un chirurgien de Grenoble, le docteur Couturier, grand chasseur de chamois, se démène depuis des années pour y obtenir la création d'un parc.

Il a rédigé en 1943 le « Projet d'un parc national à bouquetins en France », première initiative qui a débouché en 1955 sur un « comité d'étude pour un parc national en Savoie ».
Le docteur Couturier reçoit alors le renfort d'une personnalité originale, Gilbert André, un citadin tombé amoureux de la montagne qui, depuis 1956, est maire d'un village situé à 1 800 mètres d'altitude, Bonneval-sur-Arc. Le chasseur et le maire protecteur vont puissamment contribuer à la création du premier parc français. Mais il faudra attendre 1963 pour que soit définitivement adoptée la délimitation du parc et annoncée officiellement sa création. La mise en place des gardes et des structures d'accueil prendra encore deux ans, de sorte que l'inauguration officielle du parc national de la Vanoise n'aura lieu qu'en 1965. Dix ans de gestation : c'est le temps nécessaire en France pour imposer la protection de l'État sur des terres appartenant à des collectivités et à des particuliers. Cinquante ans après la Suisse, quarante ans après l'Italie, la France a donc son premier parc national.

Serge Antoine et l'aménagement du territoire

Les atermoiements suscités par l'autoroute du Sud, les déchets nucléaires et même la délimitation d'un parc national irritent le général de Gaulle et le gouvernement de Michel Debré, qui n'aiment pas voir bafouer l'autorité de l'État. Ce qu'il faut, pense-t-on en haut lieu, c'est reprendre la main et donc prévoir globalement l'aménagement du territoire et planifier les travaux, plutôt que de laisser les ingénieurs soumettre leurs projets dans le désordre, selon les seuls critères techniques.
La tâche est confiée à un énarque atypique de la Cour des comptes, Serge Antoine, auteur en 1952 d'un *Traité d'écologie urbaine* avec l'ingénieur agronome Jean Chombard de Lauwe. Serge Antoine est convaincu qu'il faut découper la France en

régions, la seule unité géographique qui permette selon lui de planifier « large » tout en restant près du terrain. Il crée donc en 1963 la Délégation à l'aménagement du territoire et à l'action régionale (DATAR), directement rattachée au Premier ministre. Le premier délégué de cette DATAR sera Olivier Guichard, grand commis de l'État qui, comme Jérôme Monod, veut « aménager la France ». Il a compris que « la protection de la nature est devenue un problème politique » et que, faute d'initiative locale, c'est à l'État de prendre les choses en main. La DATAR joue donc à l'époque une partie du rôle qui sera dévolu au ministère de l'Environnement. On va essayer de planifier, d'organiser et de répartir les travaux d'aménagement en prenant soin de maintenir l'équilibre entre les régions.
En 1964, Olivier Guichard et Edgar Pisani, le ministre de l'Agriculture, envoient une mission en Allemagne pour voir ce que font nos voisins à cet égard. Le rapport de cette mission propose, au choix, la formule « parc naturel » ou « parc régional ». Sans trancher encore, Georges Pompidou confie à Olivier Guichard le soin de mener l'étude à son terme. On est alors dans l'incertitude, comme toujours lorsqu'on regarde loin. « C'est l'inquiétude qui est le terreau de la prospective, dit Serge Antoine, et non la certitude. La préoccupation de l'environnement naît chez les inquiets. »

Agences financières de bassin

Elle naît parfois aussi chez des gens sereins et sûrs d'eux, mais lucides. C'est le cas de Jean-François Saglio, jeune ingénieur des mines envoyé en 1961 dans l'arrondissement de Metz. Très vite, il comprend que la pollution de l'eau est un problème majeur, auquel doit s'atteler l'État avant que les dégâts soient trop coûteux à réparer. Il a lu un économiste américain qui

préconise la gestion des ressources naturelles par la redevance, plutôt que par l'autorisation ou l'interdiction. Pour le jeune ingénieur fonctionnaire, c'est la découverte du principe « pollueur payeur ».
Mais qui faire payer, et comment ? Jean-François Saglio a sous les yeux, dans la Ruhr voisine, l'exemple allemand d'une gestion des cours d'eau par bassin versant. C'est cela qu'il faut faire : au lieu de se caler sur des limites administratives qui n'ont pas de sens en matière d'eau courante, il faut réunir les pollueurs d'un bassin versant et les faire payer en fonction de leur consommation et de leurs rejets. S'agissant d'un nouveau découpage du territoire, Jean-François Saglio prend contact à la DATAR avec l'homme chargé des problèmes de l'eau, Yvan Cheretkowski, dit « Chéret ». Les deux hommes vont préparer en deux ans un projet de loi sur l'eau en tous points révolutionnaire, qui sera adopté en décembre 1964. Il faudra encore quatre ans pour créer les six « agences financières de bassin » et instituer une redevance payable par les collectivités et les industriels pollueurs. Ce découpage de la France en six territoires « naturels », où seront prélevées des taxes non votées par le Parlement, est un monstre au regard de l'administration. Mais Olivier Guichard, le patron de la DATAR, a l'oreille de Pompidou, et Serge Antoine appuie totalement le duo Saglio-Chéret dans son entreprise hors normes.

La montagne de Roland Bechmann

Serge Antoine fait aussi la connaissance d'un architecte qui a le goût de l'aménagement, Roland Bechmann. Cet architecte parisien est tombé amoureux de la montagne dès sa prime jeunesse, et il vient de concourir pour aménager la vallée de Saint-Martin-de-Belleville, en Savoie, près du parc de la Vanoise en cours de constitution. Mais Roland Bechmann n'a pas procédé comme les autres, en se contentant de soumettre ses plans. Avant de faire le moindre relevé, il a constitué une équipe pluridisciplinaire, qui comprend des architectes, des urbanistes et un ingénieur agronome. Cette équipe parcourt le terrain à pied, survole la vallée en avion, étudie les sols et la géologie, consulte les documents historiques et rencontre les habitants et leurs élus. Le projet d'aménagement qui en résulte surprend par son ampleur « multifonctionnelle ». Mais, s'il séduit le représentant du ministère de l'Agriculture, Paul Harvois, il est finalement rejeté au profit d'un projet plus classique de « Sarcelles des neiges ».

Cependant, Paul Harvois tient à ce que son ministre, Edgard Pisani, rencontre Roland Bechmann, l'architecte qui aménage en fonction du terrain et des hommes. Edgard Pisani est lui aussi un ministre original qui veut moderniser la machine France, rationaliser sa production et abandonner les institutions périmées comme la commune, qui « n'est pas adaptée aux problèmes de notre temps ». Ouvert au débat et à toutes les idées nouvelles, préoccupé de l'avenir et soucieux de l'environnement, Edgard Pisani reçoit donc Roland Bechmann et lui dit : « Vous devriez faire une association car, dans les ministères, on n'a pas le temps de réfléchir. » L'architecte prend le ministre au mot et lui demande aussitôt une subvention pour organiser la réunion constitutive de l'association.

Le groupe Aménagement et Nature

Roland Bechmann prend contact avec les associations qui existent, comme la SNPN à Paris ou la SEPNB en Bretagne. L'idée serait de fédérer tous ceux qui se préoccupent d'aménagement du territoire et de protection de la nature. Mais le mot

« aménagement » fait encore peur aux protecteurs, qui se récusent pour la plupart. L'architecte se contente donc de réunir chez lui une soixantaine d'architectes, urbanistes, professeurs, médecins et professionnels divers soucieux de réfléchir à l'avenir. La journée (28 juin 1964), intitulée « Nature et Développement », est présidée par Eugène Claudius-Petit, ancien ministre de la Construction. Parmi les participants, on retrouve bien sûr Serge Antoine, Paul Harvois, mais aussi Pierre Joxe, commissaire au Plan, Pierre Cot, ancien ministre et conseiller général de Savoie, des professeurs de la Sorbonne et un seul vrai militant pour la protection de la nature, Jean-Baptiste de Vilmorin, directeur de la SNPN.

Le groupe adopte un nom qu'il va garder jusqu'en 1979 : Association pour les espaces naturels et les parcs nationaux. Il se fixe quatre objectifs : promouvoir l'inventaire général du patrimoine naturel, des sites à préserver et des vocations des sols ; mettre en ordre, moderniser, harmoniser, compléter les textes visant à la protection de la nature et du cadre de vie ; faire inclure dans tous les projets d'aménagement une véritable étude des facteurs naturels, à la base de tout plan et de toute prévision, ainsi que des conséquences prévisibles des aménagements envisagés ; introduire dans l'éducation, dans l'enseignement, dans la formation, à tous les niveaux, les notions concernant ces problèmes. Nous avons là tous les éléments d'une politique de protection de l'environnement, qui seront repris plusieurs années après lorsqu'il s'agira de définir les missions du ministère de l'Environnement. Pour Roland Bechmann, il s'agit alors de faire de l'« entrisme » dans les corps constitués, afin de leur instiller une dose de préoccupation environnementale.

Dès cette année 1964, l'association publie un bulletin de liaison, que Roland Bechmann intitule *Aménagement et Nature.*

Ce titre a le don d'irriter les naturalistes et les (futurs) écologistes, qui ne voient pas de compatibilité entre la protection de la nature et les problèmes de construction, d'équipement et d'urbanisme. Il lui est aussi reproché de donner la parole aux personnalités en responsabilité et aux institutions, plutôt qu'aux gens de terrain, à ceux « d'en bas », comme on ne disait pas encore. Roland Bechmann et ses amis n'en ont cure. Il se trouve qu'*Aménagement et Nature* est de fait la première publication généraliste entièrement consacrée à la protection de l'environnement. À la différence des publications naturalistes spécialisées, qui ne s'intéressent qu'à la faune et à la flore, la nouvelle revue traite chaque fois un thème différent, sur un mode pluridisciplinaire (les zones côtières, les résidences secondaires, industrie et paysage rural, les études d'impact, etc.).

Pour nourrir sa réflexion et élargir son recrutement (soixante-dix adhérents), l'association organise des journées à thème et des colloques de réflexion. Pour son premier anniversaire, en juin 1965, elle organise à l'ancienne abbaye de Royaumont deux journées d'étude sur « L'homme et la nature ». Les participants y entendent notamment Bertrand de Jouvenel demander que l'on fasse entrer la nature dans la comptabilité nationale, une revendication totalement nouvelle à une époque où l'on ne parlait pas encore de « fiscalité verte » ni de « taxe écologique ». Une autre communication est consacrée à la pollution marine. Un biologiste décrit alors ce phénomène nouveau : « La pollution par les hydrocarbures se caractérise par un liséré brunâtre, adhérant, s'étendant au niveau de la laisse de haute mer. Elle s'agglomère aux paquets d'algues et s'accompagne d'une destruction de la faune littorale (crabes, patelles, moules) et de la vie végétale et animale dans les mares laissées par les grandes marées. Elle crée aussi une infection chimique des crustacés et des coquillages sur les côtes rocheuses parcourues par les estivants. » Ayant ainsi décrit les effets de ce qu'on appellera bientôt une « marée noire », le biologiste conclut : « Nous avons le devoir le plus absolu de prendre dès maintenant conscience des agressions dirigées par la civilisation contre le milieu marin, et d'agir dans la mesure de nos moyens auprès des pouvoirs publics pour que des mesures soient prises à l'échelon planétaire. » Deux ans avant le naufrage du *Torrey Canyon*, le groupe réuni par *Aménagement et Nature* est prévenu. Mais qui, en 1965, se souciait de l'avenir des océans et de la pollution du littoral ? Pratiquement personne puisque même Cousteau, à ce moment-là, ne s'intéressait qu'à ses « maisons sous la mer », qui devaient permettre de travailler sous l'eau et d'exploiter les fonds marins.

Antoine Waechter, l'ami des animaux

Du côté de Mulhouse, où l'on côtoie l'Allemagne et la Suisse, on aime la nature. C'est notamment le cas d'Antoine Waechter, un adolescent qui, chaque fois qu'il le peut, s'échappe de la boucherie paternelle pour observer la faune sauvage. Il n'a que seize ans en 1965, lorsqu'il fonde le Club des jeunes amis des animaux. Il rencontre alors Michel et Solange Fernex, eux aussi mulhousiens. Michel est professeur de médecine tropicale, imprégné de la morale protestante de son maître Albert Schweitzer, et en même temps naturaliste passionné. Solange est aussi une protestante engagée, qui milite pour la paix et le désarmement dans un mouvement appelé la Réconciliation. Mais elle défend aussi la nature et tous deux fondent l'Association fédérative régionale de protection de la nature (AFRPN). Après la SEPNB, en Bretagne, l'AFRPN est la deuxième association régionale de protection de la nature créée en France.

Tout en animant son club de jeunes et l'association régionale, Antoine Waechter prépare une thèse de troisième cycle sur la fouine. Il tient à réhabiliter un animal classé non seulement comme nuisible pour ses dégâts dans les poulaillers, mais aussi « puant » par sa mauvaise habitude d'investir les greniers et d'y accumuler crottes et urine. Il met un point d'honneur à défendre la fouine et tous les « puants », ainsi que le grand hamster pourchassé par les cultivateurs alsaciens. Il aime aussi le castor, qui a disparu des bords du Rhin. Avec ses jeunes amis des animaux, il va en capturer dans les gorges de l'Ardèche pour le réintroduire en Alsace. C'est en France le premier acte de réintroduction d'une espèce sauvage qui ne soit pas gibier (le mouflon de Corse a été introduit dans le Massif central pour la chasse). Les autres opérations de ce type viendront plus tard : le gypaète barbu dans les Alpes en 1973, le castor dans la Loire en 1979, le vautour fauve dans les Cévennes en 1981 et le lynx dans les Vosges en 1983.

Philippe Saint-Marc et la côte aquitaine

Au sein du groupe Aménagement et Nature, Serge Antoine, fervent défenseur de la vallée de la Bièvre, s'entend au mieux avec son camarade énarque Philippe Saint-Marc qui, lui, défend sa chère vallée de Chevreuse. Philippe Saint-Marc est horrifié par le projet de villes nouvelles conçu par l'aménageur de la région parisienne, Paul Delouvrier, qui s'apprête à « déverser le béton » autour de la capitale pour accueillir 14 millions d'habitants. Dès 1964, donc, il a créé le Comité de sauvegarde de la haute vallée de Chevreuse, menacée par la ville nouvelle de Saint-Quentin-en-Yvelines. Il rejoint la DATAR en 1966 et se voit chargé d'aménager la côte aquitaine, alors encore sauvage. « Deux cents kilomètres de littoral vierge, j'étais séduit », se souvient-il. Pour le gouvernement, sa mission consiste à faire dans les Landes ce que Philippe Lamour a fait dans le Languedoc. Mais Philippe Saint-Marc ne veut pas faire de « Sarcelles-sur-mer, comme à La Grande-Motte », en laissant un arrière-pays vide. « L'écologie, pour moi, consistait à conserver un équilibre entre population et territoire, » dit-il. Il prévoit donc un aménagement en profondeur, sans barres ni tours, en épargnant le domaine public maritime.

Il s'efforce d'abord de préserver le littoral et l'accès à la forêt, puis il entreprend de revivifier les villages de l'intérieur. Il rétablit la navigation sur la Leyre, crée le premier écomusée de France à Marquèze et prône un tourisme populaire avec « une piscine dans chaque commune » et des événements culturels sur les lieux de vacances. Il ne veut pas que les touristes, dans les Landes, « bronzent idiots » comme sur la côte d'Azur ou à La Grande-Motte. En mars 1967, Philippe Saint-Marc résume son action et sa réflexion dans un article publié par la revue jésuite *Études*, intitulé « Socialisation ou destruction de la nature ». Alors que ses compatriotes sont persuadés des bienfaits de la société de consommation, il écrit : « L'Occident n'est pas en marche vers la "société d'abondance", mais vers une ère de grande pénurie. La rareté de l'espace, constamment accrue par la rapidité de la croissance démographique et de l'urbanisation, pose un problème d'une extrême gravité pour l'avenir. »

Dénonçant « l'accaparement de l'espace naturel » et « la dégradation spectaculaire des paysages », il constate une « néo-paupérisation » du fait que l'espace, le silence et la verdure deviennent un luxe inaccessible au plus grand nombre. D'où son idée de « socialiser la nature », qui consiste à « faire porter à ceux qui la dégradent la responsabilité financière d'une prévention, d'une réparation ou d'une compensation ». Il plaide donc pour une administration unique chargée d'aménager le territoire en protégeant la nature, « tâche nationale ». Et il conclut : « Protéger la nature, en sorte que tous puissent en bénéficier, est l'une des exigences modernes les plus immédiates, et les plus négligées, de la charité collective. Plus qu'une politique, la "socialisation de la Nature" est avant tout un impératif moral. »

Le Club de Rome d'Aurelio Peccei

Au même moment se tient à Nice un congrès international de chimie auquel participent notamment un Britannique, Alexander King, un Suisse, Hugo Thiemann, et un Français, Pierre Piganiol. Les trois hommes, assis au bord de la mer, se disent qu'il faut « faire quelque chose pour l'environnement ». Pierre Piganiol, physicien et chimiste formé à l'École normale supérieure, a été ébranlé à la lecture d'un ingénieur américain qui, en 1960, a découvert que les capacités d'électricité installées aux États-Unis dépassent pour la première fois l'énergie naturelle terrestre (vents, marées, etc.). Il a calculé que si l'on fait la somme de l'énergie produite par les vagues de l'Atlantique et du Pacifique sur les côtes américaines, on obtient une énergie tout juste suffisante pour alimenter une ville comme Boston. L'artificiel dépasse donc très largement le naturel. Pour la première fois de son histoire, l'homme prédomine sur les éléments naturels, hormis l'énergie solaire. En affinant ses études, il constate que « 90 % des travaux d'aménagement urbain ont un résultat contraire aux objectifs » et il conclut que, si l'on fait des projections à partir de la production et de la consommation effectives, « on va à la catastrophe ».

C'est aussi ce que pense un entrepreneur italien pétri d'humanisme et d'idéalisme, Aurelio Peccei, alors directeur de Fiat Argentine. Avec Pierre Piganiol, Alexander King, Gaston

Berger, Jean Saint-Geours et Bertrand de Jouvenel, il entretient une correspondance suivie et organise des rencontres informelles où l'on discute de prospective et d'avenir de la planète. De retour à Rome, il réunit ses amis à l'académie des Lincei, et c'est ainsi que naît, le 8 avril 1968, le Club de Rome, alors composé d'une vingtaine de membres. Le club a un objectif : « étudier l'activité de l'humanité envisagée comme un système global ». Sa philosophie se résume en une formule : « Pas d'opposition aveugle au progrès, mais une opposition au progrès aveugle. » Aux membres fondateurs du club vont bientôt s'adjoindre de nouvelles personnalités comme Edgar Pisani, ancien préfet et ministre, puis Jacques Lesourne et Thierry de Montbrial, polytechniciens férus d'économie et de prospective. Tous vont s'efforcer de faire ce qu'on peut nommer de l'écologie scientifique, afin d'aboutir à une bonne « gouvernance » de la planète. C'est à l'époque tout nouveau et très ambitieux. Par ses études prospectives, le Club de Rome réussira à secouer la torpeur de la communauté internationale qui, jusqu'alors, ne s'est jamais souciée du gaspillage des ressources, de la consommation énergétique ou des limites de la croissance. Certes, le club ne réunit que des personnalités éminentes, bien installées dans le système, comme en France le groupe Aménagement et Nature. Ce ne sont pas des « écolos », mais des acteurs engagés qui pensent à l'avenir et aux conséquences des activités humaines.

Remue-méninges au colloque de Lurs

En septembre 1966, la DATAR décide de réunir le ban et l'arrière-ban des protecteurs, aménageurs et intellectuels concernés pour se pencher pendant cinq jours sur les parcs naturels régionaux. Voilà déjà plusieurs années que leur création suscite des interrogations en haut lieu. Il faut en finir.

Le colloque est réuni dans un site privilégié des Basses-Alpes, à Lurs. Parmi les nouveaux participants, on note Louis Badré, de l'Office national des forêts, Yves Bétolaud, l'IGREF des parcs nationaux, Michel Brosselin, ingénieur agricole de la SEPNB, Philippe Lamour, l'aménageur du Languedoc, Henri Lefebvre, professeur de sociologie à l'université de Nanterre, Philippe Saint-Marc, l'aménageur des Landes, Georges Tendron, du Muséum, Philippe Vianney, le fondateur des Glénans et l'urbaniste Paul Virilio. Un grand absent : Michel-Hervé Julien, l'ornithologue fondateur de la SEPNB, mort la veille de l'ouverture du colloque et salué comme « l'un des plus éminents défenseurs de la nature ».

Sur les quelque cent quarante personnes réunies à Lurs se trouvent des préfets, des maires, des directeurs d'administration, des hauts fonctionnaires et des personnalités qui n'ont jamais cogité sur la protection de la nature. Certains doivent s'étonner d'entendre Olivier Guichard, « baron du gaullisme », dire que « la nature doit être prise au sérieux » et que « la protection, la recréation de la nature sont maintenant à considérer, au même titre que les autres équipements, l'adduction d'eau, la création des routes, la mise à la disposition de l'électricité ». Olivier Guichard juge même la nature « parfois plus importante que d'autres biens, car il s'agit de notre équilibre biologique ».

Pour la première fois en France, après deux décennies d'équipement à marches forcées, l'État a organisé un débat sur la protection de la nature et l'aménagement du territoire. Les Français, réputés cartésiens, réfléchissent souvent « après »...

Christian Garnier le cadet

Parmi les personnalités présentes à Lurs, un jeune inconnu de vingt-quatre ans, Christian Garnier, milite pour la protection de la nature depuis déjà plusieurs années. Fils d'un ingénieur des chemins de fer, il a partagé son temps entre Paris, où il habite, et les Cévennes, où il a ses racines huguenotes. Christian Garnier a pour la nature l'amour du citadin qui a la chance, plusieurs mois par an, de se livrer à la pêche, à la chasse aux moineaux et à la conduite du tracteur de son oncle. Pour cet enfant de la ville, la nature est un formidable espace de liberté, et il entend bien la défendre. Militant au sein de l'Union chrétienne de jeunes gens (UCJG), dans sa paroisse de l'Oratoire, à Paris, il ne réussit pas à intéresser ses camarades à la défense de la nature, pas plus que ses collègues de maths sup et maths spé où il prépare les concours d'ingénieur. Après des vacances en Allemagne où il découvre la sensibilité germanique à la nature sauvage, il s'engage en 1961 comme bénévole à la SNPN. Le directeur, Jean-Baptiste de Vilmorin, lui confie une mission à l'été 1963 : l'étude des parcs nationaux américains. Reçu à l'École centrale, il bifurque ensuite vers Sciences Po où il s'inscrit à la section Économie publique. Et il multiplie les articles contre les pesticides en agriculture et pour la protection de l'environnement.

C'est donc comme militant, ingénieur et toujours étudiant qu'il assiste au colloque de Lurs organisé par la DATAR. Pour lui, c'est la première université d'été consacrée à ses domaines de prédilection : la protection de la nature et l'aménagement du territoire. Il écoute avec attention Philippe Lamour, l'aménageur du Languedoc, qui avance une idée nouvelle : la création d'« abcès de fixation » pour éviter le mitage de l'espace et l'émiettement du milieu naturel. Il approuve Samivel qui prend la défense de la vallée des Merveilles, dans les Alpes-Maritimes, qui sera plus tard au cœur du parc national du Mercantour. Et il admire la présentation de l'Allemand Alfred Töpfer, qui décrit le réseau des trente-trois parcs naturels créés depuis 1956 en Allemagne de l'Ouest, pays pourtant plus densément peuplé et plus industrialisé que la France.

Au lendemain du colloque de Lurs, une mission conduite par Michel Parent sillonne la France pour repérer les sites propices à la création de parcs régionaux. D'autres « missionnaires » vont parcourir l'Europe, le Japon et l'Amérique du Nord pour voir ce qui se fait en la matière chez nos voisins industrialisés. Ces missions et leurs rapports débouchent le 1er mars 1967 sur le décret créant les parcs naturels régionaux.

La surprise du *Torrey Canyon*

Le 18 mars 1967, le pétrolier libérien *Torrey Canyon* fait naufrage dans la Manche. Le pétrole qui s'échappe des soutes souille les côtes anglaises et françaises, ce qu'on n'avait encore jamais vu à cette échelle. Si, en Angleterre, on se mobilise pour sauver les oiseaux mazoutés, l'opinion française est plus longue à s'émouvoir. La presse met plusieurs jours à réaliser qu'il se passe quelque chose de nouveau, qui mérite reportages et commentaires. Maurice Denuzière, grand reporter au *Monde*, ne va sur place que début avril, tandis que la Ligue pour la protection des oiseaux se contente d'un communiqué publié trois semaines après le naufrage. La SNPN, pour sa part, ne réagit qu'un mois après, par un communiqué laconique. Elle a oublié que, lors d'un congrès au Muséum en 1923, les délégués de la Royal Society for the Protection of Birds avaient mis leurs collègues en garde contre le danger des « huiles » dérivant à la surface des mers.

Et c'est alors seulement que l'expression « marée noire » entre dans la nomenclature. Le journal *Le Monde*, qui commence à prendre la mesure des dégâts, publie le 21 avril à la une un bulletin intitulé « Les dangers du progrès ». Mais très vite, on se rassure. Son envoyé spécial Étienne Mallet explique que « la pollution des plages n'a rien d'alarmant » et, en juin, le secrétaire d'État au tourisme, Pierre Dumas, se baigne à Trégastel pour montrer que tout est rentré dans l'ordre. La marée noire du *Torrey Canyon* est venue trop tôt pour émouvoir l'opinion et mobiliser les énergies de la protestation. Même quand on lui montre un guillemot englué de mazout.

Les éléphants de Pierre Pfeffer

À la nature souillée, aux oiseaux mazoutés, les téléspectateurs français préfèrent l'exotisme animalier. Sur la première chaîne, il n'y aura longtemps que « La vie des animaux », produit par Frédéric Rossif et commenté de manière distanciée par Claude Darget. Une émission purement documentaire, qui n'aborde pratiquement jamais les menaces qui pèsent sur la faune sauvage. Dans son émission « Caméra au poing », Christian Zuber joint l'aventure à l'exotisme animalier, en partageant avec le spectateur les émotions du tournage. Souvent, l'émotion prime sur l'information. La télévision n'offre pas encore de leçon d'écologie.

En 1967, une nouvelle émission animalière est créée par deux journalistes de la première chaîne, François de la Grange et Louis-Roland Neil. Pour la présenter, ils font appel à un scientifique du Muséum, Pierre Pfeffer. À quarante ans, Pierre Pfeffer a déjà une carrière bien remplie. Baroudeur dans les Forces françaises libres où il s'est engagé à dix-sept ans, il est ensuite devenu baroudeur professionnel en Afrique, où il a troqué le fusil de guerre contre le fusil de chasse. On l'appelle parfois pour abattre un éléphant qui fait des dégâts dans une plantation. À l'époque, Pierre Pfeffer ne ressent aucune gêne à le faire, même si, comme beaucoup de chasseurs, il éprouve du respect pour le gibier qu'il traque. Rentré en France, il se lance sur le tard dans des études de sciences naturelles à la Sorbonne. Il veut tout connaître de cette faune exotique qu'il a fréquentée sur le terrain, mais cette fois sans fusil. Devenu assistant de biologie en 1957, il part étudier le varan de Komodo en Indonésie. Il entre ensuite au Muséum, d'abord dans le laboratoire de Théodore Monod, puis dans celui de Jean Dorst, qui l'initient tous deux à l'écologie. Sa thèse de doctorat, en 1966, portera sur l'écologie du mouflon en Corse.

Avec Théodore Monod et Jean Dorst, Pierre Pfeffer sera l'un des rares chercheurs du Muséum à s'engager dans la cause environnementale avant 1968. Il participe en 1967 à la création de la section française du World Wildlife Fund (WWF), fondé en 1961 près de Lausanne. Comme l'UICN (Union internationale pour la conservation de la nature) créée à Fontainebleau, en terre francophone, le WWF va très vite être accaparé par les Anglo-Saxons, qui maîtrisent la langue des relations internationales et se préoccupent davantage de protection de la nature.

Cette situation irrite le général de Gaulle, qui s'emploie à tenir la dragée haute aux Anglo-Saxons. Il souhaite que la France tienne son « rang » dans les organisations internationales, fussent-elles dévouées à une cause qui lui importe peu. Il a donc demandé à Jean Sainteny, ancien gouverneur de l'Indochine, ancien ministre et grand amateur de chasse, de prendre la direction du WWF France. Ce qui cependant ne réussit pas à attirer les fonds, car les Français ne pratiquent pas encore le mécénat écologique.

*

Ainsi, durant les années 1960, la préoccupation environnementale est restée confinée dans certains cercles scientifiques et a été presque toujours prise en charge par l'État, considéré comme le garant des intérêts à long terme et de l'utilité générale. La protection de la nature reste une affaire de spécialistes, l'aménagement du territoire une mission des pouvoirs publics, et la population française dans son ensemble en est tenue à l'écart. L'année 1968 va complètement bouleverser cette approche des problèmes et faire naître une nouvelle attitude dans la génération du « baby-boom » arrivée à l'âge adulte : la contestation de l'ordre existant, le refus de la société de consommation, la revendication de l'autonomie et la recherche d'une autre qualité de vie.

Chapitre 5 : 1968-1971

Mai 1968 : le grand accoucheur

Dans la brève histoire de l'écologie politique en France, les événements de 1968 marquent le tournant majeur. Avant cette date, les alertes à la destruction de la nature sont le fait d'intellectuels bien installés dans le système et d'agents de l'État en responsabilité. Il n'était alors question que d'aménager le territoire en respectant la nature.

Après 1968, la revendication écologique est influencée par les contestataires de base et une certaine forme de gauchisme. Ces contestataires, très actifs sur tous les fronts, vont pousser une partie de la société française à protester et à manifester à son tour pour la protection de la nature et de l'environnement.

Enragés et contestataires

La vague de contestation qui déferle au printemps 1968 sur le tout nouveau campus de Nanterre et l'antique Sorbonne n'a rien d'écologique. Daniel Cohn-Bendit, le meneur des « enragés » de Nanterre, est surnommé « Dany le Rouge », tant pour la couleur de ses cheveux que pour son positionnement politique. Il ne rejoindra les Verts que beaucoup plus tard, via les *Grünen* allemands. Même les lecteurs de *Hara-Kiri*, journal satirique très lu dans les universités et les lycées depuis 1960, ignorent tout de l'écologie, de l'environnement ou de la protection de la nature. Des dessinateurs comme Cabu et Reiser se contentent de ridiculiser la société de consommation. Seul Pierre Fournier commence à écrire des articles et à publier des dessins à forte tonalité « écolo », mais il est pratiquement le seul dans l'équipe d'origine. Dans les facultés, l'heure n'est pas à la révolution verte, mais plutôt à la préparation du « grand soir » et aux drapeaux rouges. On exalte la révolution en Amérique latine animée par le « Che » Guevara. On fait la quête dans les amphis pour soutenir les maquisards vietnamiens en lutte contre « l'impérialisme américain ». On distribue le « petit livre rouge » de Mao qui, depuis 1966, a déclenché la « révolution culturelle » dans son propre pays. On lit Franz Fanon, qui prône « la révolution dans la révolution ». Pour les étudiants les plus motivés, l'horizon est rouge.

Au fur et à mesure que la « révolution de mai » se déroule à Paris apparaissent cependant des signes précurseurs. À la lutte incertaine contre le capitalisme ou l'impérialisme, concepts abstraits, beaucoup préfèrent le combat contre des adversaires tangibles comme la société de consommation, l'autoritarisme, le centralisme et tout ce qui impose un carcan à la société. Cela préfigure déjà un aspect du combat écologique futur. En brûlant les voitures et en abattant les panneaux publicitaires pour faire des barricades, certains ont le sentiment de participer à une croisade contre cette société de consommation qu'ils vomissent, même s'ils en profitent parfois sans vergogne ! Le merveilleux « Sous les pavés, la plage », à lui seul, donne le ton d'une révolution qui cherche un bonheur simple par un retour à la nature. Mais ce slogan poétique sera vite étouffé par l'action des « enragés » qui brisent les vitrines, détruisent le mobilier urbain, brûlent des pneus et abattent des platanes à la tronçonneuse, au mépris des principes élémentaires de l'écologie urbaine. Sans oublier l'infantilisme de ceux qui barbouillent les fresques de la Sorbonne, au nom d'une révolution culturelle qui n'a rien d'écologique. Mais il faut dépasser les barricades, les occupations et les violences pour examiner ce qu'elles ont finalement contribué à faire émerger. En libérant la parole, en abolissant, même temporairement, l'obéissance et les contraintes, en fustigeant tous les maux d'une société à la fois emballée et bloquée, les enragés de mai ont déroulé un tapis rouge sous les pas des futurs écologistes. En s'appropriant la rage du gauchisme, les libertés de l'anarchisme et l'énergie des manifestations, les écologistes en herbe ont appris à défier le pouvoir, à clamer bruyamment leurs convictions et à ignorer les sarcasmes des spectateurs non engagés. Au contact, parfois, des idéologues les plus fumeux et des révolutionnaires les plus outranciers, ils ont appris à protester, à manifester, à contester. C'est dans les amphis enfumés de la Sorbonne, sous le regard des statues peintes en rouge, que l'étudiant Brice Lalonde a appris à prendre la parole, à inventer des slogans, à diffuser des tracts.

Cette découverte du « coup de gueule » et de la « manif » peut sembler naïve aux vétérans des piquets de grève et des défilés syndicaux. Mais il faut comprendre que, jusqu'en 1968, jamais un chercheur du Muséum ou un défenseur des oiseaux n'aurait osé descendre dans la rue pour appuyer ses revendications. Sans le vouloir, les enragés de Nanterre et les contestataires de la Sorbonne leur ont appris à s'affirmer et à braver les vieux interdits.

Naissance de la FFSPN

Les associations de protection de la nature n'avaient pas attendu 1968 pour vouloir unir leurs faibles forces, mais elles n'ont pu le faire qu'après les événements. Une conférence de presse est donc organisée au Muséum pour présenter le projet de fédération, en présence de Christian Garnier, l'initiateur, Christian Jouanin, secrétaire général de la SNPN, Antoine Reille, secrétaire général de la LPO, François Lapoix, chercheur et président d'association, et Pierre Aguesse, professeur d'écologie appliquée à l'université d'Orléans.

Pierre Aguesse est l'un des rares professeurs d'université qui mettront en place un enseignement moderne de l'écologie. Pour lui, « il paraît vain d'étudier les interactions entre les êtres vivants et le milieu si l'on exclut l'homme ». Et comme l'action de l'homme devient prépondérante dans l'environnement, il faut que l'écologie ne se limite pas à une science de « naturaliste » mais s'intéresse aussi au droit, à l'économie, à la sociologie et à beaucoup d'autres disciplines.

Le regroupement des associations existantes, officialisé au début de 1969, prendra le nom de Fédération française des sociétés de protection de la nature (FFSPN). Pierre Aguesse en devient président et François Lapoix trésorier. Désormais, toute association ou groupe de défense local peut adhérer à la fédération nationale et accéder ainsi à l'information sur les actions entreprises dans l'Hexagone. La SNPN, société savante plus que centenaire, et la LPO, exclusivement dédiée aux oiseaux, ont ainsi mis le pied à l'étrier aux militants de terrain qui n'auront plus peur « d'ouvrir leur gueule » et de défiler derrière des pancartes.

Les journalistes qui ont assisté à cette naissance décident à leur tour de créer une association pour s'entraider. Le métier de chroniqueur « Nature » ou « Environnement », dans les publications généralistes, est alors un combat permanent, presque un apostolat. Les quelques rares qui s'y risquent se font regarder avec commisération par leurs confrères. Journaliste « écolo » ne fait pas sérieux. Ils décident donc de créer l'Association des journalistes et écrivains pour la protection de la nature (AJEPN), dont la présidence est confiée à un vétéran du reportage animalier, l'écrivain journaliste Pierre Pellerin. En 1972, l'association rajoutera « Environnement » à son sigle, avant de s'appeler finalement Association des journalistes et écrivains pour la nature et l'écologie, sous le sigle simplifié de JNE.

La FFSPN va aussi parrainer l'association « Jeunes et Nature », qui regroupe les clubs nature apparus dans les lycées durant les années 1960. C'est dans ces clubs lycéens que sont nées des vocations comme celles de Brice Lalonde, Antoine Waechter, Jean-François Noblet, Roland de Miller ou Philippe Barbeau. La présidence en est confiée à Jean-Patrick Le Duc, qui entrera plus tard au Muséum, deviendra un pilier de la FFSPN et fera toute sa carrière dans la protection de la nature.

Les scientifiques se rebiffent

En janvier 1969 se réunit la première assemblée générale de la Société d'écologie, créée quelques mois plus tôt par des chercheurs et des universitaires. Le mot « écologie », forgé en 1866 par le biologiste allemand Ernst Haeckel, ne fait plus peur à la communauté scientifique. Il est vrai qu'il figure dans le Petit Larousse depuis 1956 (mais le sulfureux « écologiste » n'y apparaîtra qu'en 1976 !). Les scientifiques vont donc s'enrôler dans les associations ou en créer de nouvelles pour faire de l'écologie de terrain. L'an 1969 voit ainsi naître la SEPANSO à Bordeaux, le CREPAN (Comité régional pour l'aménagement et la protection de la nature) à Caen et, pour les insectes, l'OPIE (Office d'information éco-entomologique) en région parisienne. Dans les associations plus anciennes, comme la SEPNB en Bretagne et l'AFRPN en Alsace, 1968 joue le rôle d'électrochoc. De paisibles adhérents vont « percer l'armure » et devenir des militants de choc.

Avant 1968, Jean-Claude Lefeuvre emmenait ses étudiants en forêt de Brocéliande pour étudier les écosystèmes, mais il ne militait pas. En 1969, il adhère à la SEPNB et, audace extrême pour un scientifique universitaire, il organise une exposition sur l'environnement à la maison de l'ORTF de Rennes. Le chercheur sort de son labo et se risque à la communication vers le grand public ! Il en sera de même à Brest avec Maurice Le Démézet, à Lyon avec Philippe Lebreton et Monique Coulet, à Orsay avec François Ramade, à Caen avec Josette Bénard, à Lille avec Émile Vivier, à Strasbourg avec Roland Carbiener, etc. À Metz, le botaniste et pharmacien Jean-Marie Pelt fonde un Institut européen d'écologie où il forme des militants de… l'écologie urbaine ! À Nantes, le spécialiste des insectes piqueurs de sève, Jean-Claude Demaure, crée la section de la SEPNB de Loire-Atlantique et l'installe dans un squatt !

L'écologie fait aussi son apparition dans les cursus universitaires. Un DEA d'étho-écologie est créé à Rennes (Jean-Claude Lefeuvre), un département « Étude du milieu » puis « Environnement » à Paris-VII (Jacques Vigneron), à Paris-VI (Jean-Pierre Raffin) et à Tours (Vincent Labeyrie). Toutefois, cette discipline reste encore embryonnaire au sein de l'Université et ne recrute guère de chercheurs prêts à militer. « Sur les centaines de chercheurs de l'université de Lyon, seuls trois ou quatre sont prêts à s'engager », observe tristement Philippe Lebreton. À l'université « alternative » de Vincennes, créée dans la foulée des événements de 1968, on s'intéresse plus aux sciences humaines qu'aux sciences exactes ou naturelles. C'est pourquoi il faudra attendre 1982 pour que l'Institut de géographie, sous l'impulsion d'Yves Lacoste et d'Alain Bué, crée une filière préparant au « diplôme d'écologie humaine et appliquée ».

Timide percée dans l'enseignement agricole

Dans l'enseignement agricole, axé sur la modernisation des exploitations, la production intensive et les rendements, les préoccupations écologiques n'ont pas leur place avant 1968. Et c'est seulement un concours de circonstances fortuit qui débouche alors sur une innovation en ce domaine. Le lycée agricole de Neuvic, près d'Ussel, en Corrèze, est sur le point de fermer ses portes en 1969 après la suppression d'une section BTS. Cette perspective fait bondir le nouveau député de la circonscription, Jacques Chirac, qui a conquis de haute lutte un siège détenu depuis la guerre par les communistes. Pas question, pour lui, de voir disparaître un lycée dans sa circonscription.

C'est le sous-préfet d'Ussel, Lucien Chabason, un jeune énarque féru de randonnées dans les Cévennes, qui lui donne la solution. Pourquoi ne pas créer un BTS « Protection de la nature », puisque le ministère de l'Agriculture lui-même vient de se doter d'une direction de la Protection de la nature ? En proposant ainsi une filière unique en France, le lycée de Neuvic va pouvoir recruter dans tout l'Hexagone et sauver l'établissement. À la rentrée 1970, on lance donc le BTS « Protection de la nature » au lycée agricole de Neuvic où, en deux ans, seront formés chaque année trente techniciens pour gérer les parcs nationaux et régionaux. La plupart des diplômés deviendront en fait « animateurs nature » pour le compte de l'Éducation natio-

nale, lorsque le ministère créera les « classes vertes », puis les Centres permanents d'initiation à l'environnement (CPIE).
Dans l'enseignement général, en revanche, le ministère de l'Éducation nationale ne veut pas entendre parler d'écologie, que les inspecteurs pédagogiques considèrent comme un dangereux mélange de politique et de religion, incompatible avec la sacro-sainte laïcité. Chez les administrateurs du « Mammouth », l'écologie fait figure de secte et le *Bulletin officiel* de l'Éducation nationale met en garde les enseignants contre un engouement jugé suspect !

Les éleveurs de chèvres

Il est vrai que le retour à la terre prôné par certains « soixante-huitards » va susciter des vocations étonnantes. Issu d'une famille bourgeoise traditionnelle, Guy Bastianelli, marié, père de famille et agent des Phares et Balises de Marseille, décide de rompre avec la vie bourgeoise après la grève des dockers de juin 1968. Il va d'abord vivre dans une communauté du côté d'Aix-en-Provence, puis en Lozère, où il élève des chèvres. Il passe ensuite à la brebis laitière et, aujourd'hui encore, il vend ses fromages bio au marché de Saint-Jean-du-Gard.
Le destin va aussi basculer pour Alain Riesel, fils de pieds-noirs communistes qui attrape la « rage » sur le campus de Nanterre en mars 1968. Du coup, il s'installe comme éleveur de moutons dans les Pyrénées-Orientales, puis en Lozère, où il devient un pilier de la Confédération paysanne. Avec José Bové, il va prendre la tête du mouvement contre les OGM et sera lui aussi incarcéré. L'Alsacien André Bucher, lui, n'a pas fait d'agitation politique. Simplement, à vingt-huit ans, il a décidé de s'installer avec sa famille dans la Drôme pour y faire de l'élevage et de la culture « bio ». Travailleur acharné, André Bucher met en

culture 30 de ses 200 hectares et replante une forêt de vingt mille arbres. Il crée une foire « bio » qui dure encore aujourd'hui, même s'il a arrêté l'élevage pour se consacrer l'hiver à l'écriture. Si Guy Bastianelli, José Bové, René Riesel et André Bucher sont restés à la terre, la plupart des « établis au champ » ont craqué et sont revenus à la ville. Surtout ceux qui ont expérimenté la vie communautaire où l'on partage tout, y compris femmes, enfants et problèmes quotidiens. Seuls sont restés les néoruraux qui ont fait le choix de pratiquer l'agriculture en famille et se sont insérés dans la vie locale en la rénovant.

La presse s'en mêle

À son tour, la presse commence à s'intéresser au phénomène appelé tantôt « écologie », tantôt « environnement ». C'est à partir de 1969 que le journal *Le Monde* ouvre un dossier « Environnement » au service de documentation. Mais il n'a toujours pas de journaliste spécialisé.

À l'hebdomadaire *L'Express*, où l'on s'intéresse beaucoup à la science, à l'innovation et aux nouveautés venues d'outre-Atlantique, on aborde maintenant les grandes questions d'environnement. En 1969, *L'Express* publie un entretien avec Jean Dorst, où le professeur du Muséum tient des propos prémonitoires : « Un fait est certain : l'augmentation constante du taux de gaz carbonique dans l'air. Si la tendance actuelle continue, l'humanité en a pour trois siècles... D'où un réchauffement de l'air. D'où une modification des climats. D'où la fonte des glaciers... Contre la combustion du charbon et du pétrole, je ne vois guère de palliatif. Toute notre civilisation technique est en question. »

En 1969 débarque à *L'Aurore* un journaliste chevelu et barbu du nom de Claude-Marie Vadrot. Il est engagé comme reporter car il a déjà roulé sa bosse comme routard en Laponie, en Amérique du Sud et à Cuba, où il a pris goût à l'enthousiasme révolutionnaire, un temps retrouvé sur les barricades de 1968. Lecteur du *Printemps silencieux* de l'Américaine Rachel Carson, Claude-Marie Vadrot demande à faire une chronique sur l'environnement, qui lui est accordée sur une demi-page hebdomadaire, mais à condition qu'il prenne un pseudonyme. Il ne faudrait pas que la mouche écolo porte ombrage au coche du grand reportage !

Cette même année 1969, le promoteur Pierre Schnebelen envisage d'équiper un glacier du parc national de la Vanoise pour faire la liaison avec la station de ski de Val-Thorens. Ainsi donc, quelques années seulement après sa création, le premier parc national français est menacé au nom de l'« or blanc ». Le directeur des informations de Radio Luxembourg, Jean Carlier, prend le micro et dénonce cette manœuvre sournoise contre le parc national. Jean Carlier n'est pas encore écolo mais seulement amateur de randonnées équestres, dans les Cévennes ou en Camargue. Mais il n'accepte pas que l'on sacrifie le patrimoine naturel du pays au bénéfice de promoteurs peu scrupuleux. Et il le dit sur une radio très écoutée en France, avec l'indulgence de sa hiérarchie.

Le journaliste ne se contente pas du micro. Avec François Bourlière, François Lapoix et Théodore Monod, il part en campagne à travers la France pour « sauver la Vanoise ». Au contact de ces militants de l'écologie, il bascule à son tour et devient le pourfendeur des bétonneurs qui s'en prennent aux plus beaux espaces. Il deviendra bientôt un militant antinucléaire résolu. De simple amateur de randonnée avant 1968, Jean Carlier s'est transformé en pilier de l'écologie militante. Le virus touche maintenant la grande presse.

Cette sensibilité nouvelle va faire aussi capoter un projet de l'armée de l'air qui a besoin d'un relais hertzien pour faire la liaison entre le mont Ventoux (Vaucluse) et le mont Saint-Agel (Alpes-Maritimes). Les aviateurs ont choisi pour cela le sommet du massif de la Sainte-Baume, une superbe forêt feuillue à la limite des Bouches-du-Rhône et du Var. Protégée depuis Saint-Louis, cette forêt n'a jamais été pâturée ni brûlée, ce qui est exceptionnel en Provence. Lorsque l'on apprend que les militaires vont y tailler une route pour ériger une antenne de 45 mètres au sommet, la presse locale proteste. Cependant, malgré l'avis défavorable de la commission des sites, les bulldozers de l'armée entament les travaux en 1969. Erreur d'appréciation. Mai 1968 est passé par là et, un beau matin, on trouve un camion et un bulldozer plastiqués. Le chantier ne peut se poursuivre que sous la garde de la gendarmerie, comme trente ans plus tard au tunnel du Somport. Relayée par la grande presse, la protestation enfle tellement que le président Pompidou ordonne une suspension des travaux pour le réexamen du dossier. C'est la première fois que les armes le cèdent, sinon à la toge, du moins à la pression des civils. Mais ce n'est pas la dernière…

Les éditeurs s'ouvrent

L'an 1969 marque un tournant dans le monde de l'édition. Jusque-là réservés à l'égard des lubies écologistes, les éditeurs français commencent à accepter des textes qui dénoncent la société de consommation et exaltent le combat écologique. Bernard Charbonneau, longtemps boudé par les éditeurs parisiens, sort de son purgatoire en 1969 avec la publication chez Gallimard de son maître ouvrage, *Le Jardin de Babylone*. Le texte de Bertrand de Jouvenel publié en 1968 dans la revue *Futuribles* sous le titre « Arcadie, essais sur le mieux-vivre », est édité en

1969 sous forme de livre. Tout le monde, désormais, peut se le procurer en librairie.

René Dubos, largement publié aux États-Unis, sa nouvelle patrie, commence lui aussi à percer sur sa terre d'origine. Avant 1969, ses ouvrages n'étaient pas traduits en français, sinon avec beaucoup de décalage. Mais *Human and Animal*, publié en 1968 à New York, est immédiatement traduit et publié en France sous le titre *Cet animal si humain.* Même le brûlot de l'écologiste franco-britannique Edward Goldsmith trouve à Paris un éditeur qui le publie en 1969 sous le titre *Changer ou disparaître.* S'engouffrant dans la brèche, le sénateur Édouard Bonnefous profite de la sensibilité nouvelle pour faire entendre la voix d'un homme politique qui n'a rien d'un écologiste mais souhaite rappeler que, parmi les premiers dans le monde politique français, il a défendu la cause verte. Et cela donne *L'Homme ou la Nature.* Même l'intellectuel devenu le porte-parole du courant « contre-révolutionnaire », Raymond Aron peut alors faire part d'une constatation que vont bientôt faire tous les écolos : le progrès perpétuel annoncé par les marxistes selon la formule du « sens de l'histoire » n'est qu'une illusion. D'où son ouvrage *Les Désillusions du progrès.*

Intellectuel de l'autre bord, plutôt libertaire, Serge Moscovici développe après Mai 1968 une philosophie originale qui va le propulser à la tête de l'écologisme « de gauche ». Il propose un retour à la nature bien particulier, qui consiste à se libérer de la société de « domestication » et à laisser libre cours à ses pulsions naturelles. Il veut « ensauvager la vie » et « réenchanter le monde ». Son « naturalisme subversif », en phase parfaite avec l'esprit soixante-huitard, débouche sur une réhabilitation des minorités, un espoir de « nouvelles communautés ethniques » échappant au moule de la civilisation de masse. Il livre sa pensée dans un ouvrage qui fera date dans la « génération écologie », *La Société contre nature*, la nouvelle bible de ceux qui veulent « changer la vie ».

Survivre et vivre

La secousse de Mai 1968 va même ébranler un bastion de la science qui semblait bien étanche à l'égard des bruits du monde : la faculté des sciences d'Orsay, que l'on a exilée sur le plateau de Saclay. Curieusement, c'est un groupe de mathématiciens, adeptes d'une science « pure et dure », qui est atteint par la contestation. Le premier à craquer est Alexandre Grothendieck, titulaire de la médaille Fields (l'équivalent du prix Nobel pour les mathématiques). En 1968, l'honorable professeur se déclare subitement pacifiste et refuse les crédits qui font vivre son institut. Il donne sa démission et fonde en 1970 le groupe Survivre, dont l'objectif est de mobiliser les savants contre la bombe atomique, l'énergie nucléaire et les dérives de la science en général. Il est alors rejoint par un autre mathématicien spécialiste de géométrie algébrique, Pierre Samuel, qui revient d'un séjour à Harvard où ses lectures américaines lui ont ouvert les yeux sur le « complexe militaro-industriel ». Avec quelques autres scientifiques de la faculté d'Orsay, les deux amis vont éditer un bulletin intitulé *Survivre et vivre*, pour tenter d'élargir le cercle des contestataires. Le bulletin, édité par le fils de Pierre Samuel, le journaliste Laurent Samuel, a quelques abonnés dans le milieu universitaire, dont notamment Yves Cochet, étudiant en mathématiques à Rennes qui milite à l'UNEF.

Le mouvement Survivre, cependant, ne dépassera jamais la taille du groupuscule. Le bulletin *Survivre et vivre*, tenu à bout de bras par Laurent Samuel, réussira à publier vingt-cinq numéros, mais il ne résistera pas au départ en 1973 des Samuel père et fils, inquiets de la « dérive gauchiste » du mouvement. C'est en effet la maladie infantile de l'écologisme naissant.

Naissance de la FRAPNA

Philippe Lebreton aurait pu faire partie du groupe Survivre. Ingénieur chimiste d'origine stéphanoise, il a fait un stage au centre d'études nucléaires de Saclay et à l'Institut du radium de Paris avant de travailler dans l'industrie chimique. Mais la production industrielle ne le passionne pas et, dès 1958, il s'oriente vers une carrière universitaire. De la biochimie, il passe aux sciences naturelles et devient professeur de biologie végétale. Âgé de trente-trois ans en 1963, Philippe Lebreton n'est alors ni contestataire ni écolo. Il se contente de faire un peu de botanique et d'ornithologie dans la Dombes avec le CORA (Centre ornithologique Rhône-Alpes) et il rencontre le Genevois Robert Hainard, son voisin, qui lui ouvre les yeux sur la dégradation du milieu en vallée du Rhône.

Dès 1967, avec sa collègue hydrobiologiste Monique Coulet, très inquiète de la gestion des fleuves en France, il crée un Comité des sites du Lyonnais. Il s'agit alors d'opposer des arguments scientifiques aux aménageurs. La contestation de 1968 va le libérer de ses dernières pudeurs. Il se bat ouvertement pour défendre la Vanoise et, ulcéré par une caricature antiécologiste publiée par EDF, il publie dans *Hara-Kiri Hebdo* un article vengeur. L'élève des bons pères amateur de nature est devenu contestataire.

Pour mener le combat, Philippe Lebreton et Monique Coulet créent en 1971 à Lyon la Fédération Rhône-Alpes de protection de la nature (FRAPNA), qui aura bientôt des antennes dans chaque département de la région, et notamment à Grenoble, en 1972. Par un étonnant revirement, l'ancien de la chimie nucléaire mène le combat contre les centrales nucléaires du Bugey et de Creys-Malville. Et quoiqu'il se méfie beaucoup du monde politique, il entre finalement à son tour dans l'arène.

Les Amis de la Terre

En 1969 aux États-Unis, un membre du Sierra Club, vénérable association de protection de la nature, crée un mouvement dissident appelé Friends of the Earth, les « Amis de la Terre ». Comme son nom l'indique, le nouveau mouvement a pour vocation de défendre la Terre entière, et des antennes se créent à Londres, puis à Paris. L'association des Amis de la Terre est déclarée le 11 juillet 1970 par un avocat américain installé à Paris et un journaliste de trente-huit ans, Alain Hervé.

Né à Granville, Alain Hervé a toujours aimé la mer et les voyages, qu'il a d'abord racontés sur papier glacé dans la revue *Réalités*. En 1965, il a quitté le magazine pour « flâner » trois ans autour du monde sur un voilier, comme vont bientôt le faire aussi Bernard Moitessier et le chanteur Antoine avec ses cheveux longs. La voile, pour beaucoup de Français aventureux, est alors une invitation à l'écologie. Alain Hervé se retrouve donc responsable d'un petit groupe dont la tête est à San Francisco et les militants dispersés dans le monde anglo-saxon. En juillet 1971 sort le premier bulletin de l'association appelé *Le Courrier de la baleine*, titre imposé par les militants américains qui se battent pour elle dans le Pacifique. On relève dans ce premier numéro un article de René Dubos sur « Les limites de l'adaptabilité », un éloge du vélo, le lancement d'une campagne de boycottage de la fourrure, un appui aux Alsaciens qui luttent contre la centrale nucléaire de Fessenheim, une alerte à la pollution du diesel, etc.

Le comité de parrainage des Amis de la Terre en impose. Parmi les personnalités françaises, on note Jean Dorst, Pierre Gascar, Claude Lévi-Strauss, Bernard Moitessier, Théodore Monod et Jean Rostand. À l'époque, cependant, le réseau des « AT » n'est encore qu'un groupuscule parisien, avec quelques relais en province, comme Philippe Lebreton à Lyon. De cette petite cellule naîtra pourtant un mouvement très actif, par lequel passeront presque tous les militants écologistes engagés dans le combat politique de terrain. Le RAT (réseau des Amis de la Terre), d'inspiration anglo-saxonne, sera la matrice de l'écologie politique en France.

Un ministère de l'Environnement

Dans les cercles du pouvoir aussi, on s'agite pour l'environnement. À la DATAR, Serge Antoine est chargé d'élaborer un programme gouvernemental et de jeter les bases d'un futur ministère de l'Environnement. Il s'entoure pour cela d'une équipe de hauts fonctionnaires savamment dosée : Philippe Saint-Marc, l'énarque qui a fait ses preuves sur le terrain, Jean-François Saglio, l'ingénieur des Mines de la loi sur l'eau, Yves Bétolaud, l'ingénieur des Eaux et Forêts chargé des parcs nationaux, et Alain Baquet, un fonctionnaire de l'Équipement qui s'intéresse à l'architecture.

Leur mission : dépecer leur administration d'origine pour en attribuer chacun des morceaux à une nouvelle appelée ministère de l'Environnement. Rude tâche, qui rencontre de fortes résistances au sein du ministère de l'Industrie, privé de ses missions de contrôle, et du ministère de l'Agriculture, qui perd la tutelle de la pêche, de la chasse et de l'eau. En fait, le ministère de l'Industrie conservera une cotutelle sur les DRIR (directions régionales chargées de la lutte antipollution et des contrôles industriels) et le ministère de l'Agriculture conservera la tutelle des forêts et de la pêche en mer. Quant à la gestion de l'eau, elle va rester longtemps encore partagée entre l'Agriculture, l'Industrie, la Santé et l'Environnement.

Pendant ce temps, un certain Louis Armand, ancien patron de la SNCF et grand remueur d'idées, va trouver le premier ministre, Jacques Chaban-Delmas, et lui suggère la rédaction d'un « Livre blanc sur l'environnement », « une des grandes affaires du monde moderne ». Chaban, qui est déjà convaincu, confie donc à Louis Armand et à la DATAR, conjointement, la mission d'établir un programme d'action. Une seule condition : que ce programme n'excède pas les crédits affectés aux administrations concernées. Les deux équipes se mettent donc au travail dès la fin de 1969. Louis Armand a recruté deux jeunes gens qu'il juge prometteurs, Christian Garnier, encore lui, et Jean-Philippe Barde, un économiste que l'on retrouvera plus tard à l'OCDE. Les deux se connaissent bien puisqu'ils sont de la même paroisse protestante et ont fait leur communion ensemble. À la DATAR, on fait la tournée des ministères pour tâter le terrain. C'est le ministre de l'Équipement, André Bettencourt, qui a la meilleure idée. Il suggère de reprendre la formule des « Cent fleurs » chère à Mao et de proposer « Cent mesures pour l'environnement ».

Le 11 mai 1970, Louis Armand remet au Premier ministre le Livre blanc préparé avec son équipe et, le 10 juin suivant, André Bettencourt présente au Conseil des ministres les « Cent mesures pour l'environnement ». Mais il n'est toujours pas question d'un ministère de l'Environnement chargé d'appliquer ce programme. C'est à l'occasion d'un remaniement ministériel, le 17 janvier 1971, que Robert Poujade se voit nommer ministre de la Protection de la nature et de l'Environnement.

Surprise totale, aussi bien dans le microcosme politique que dans les milieux écolos. On a du mal à réaliser que la France, véritable cancre écologique, soit le premier État du monde à se doter d'un tel ministère de plein exercice !

Le président de la République, Georges Pompidou, n'a pas la fibre spécialement verte et préfère industrialiser la France. Mais il aime la modernité et il sent bien que la préoccupation de l'environnement est un sujet d'avenir. Il en aurait été convaincu par deux proches collaborateurs : Michel Jobert, alors président de l'Office national des forêts, et son ami Pierre Juillet, éleveur de moutons dans le Cantal et grand amateur de chasse. Si le principe d'un ministère de l'Environnement a donc séduit le président et son Premier ministre, porteur d'une « nouvelle société », restait à trouver la personne capable de tenir le poste. On avait d'abord pensé à Jean Sainteny, le président du WWF France choisi par le général de Gaulle. Mais l'ancien ministre est alors trop âgé pour se lancer dans une mission qui relève de l'opération commando. On pense donc à un autre chasseur, François Sommer, un industriel du textile qui s'est pris de passion pour l'Afrique et sa grande faune, mais qui est aussi un grand résistant adoubé par de Gaulle et un aviateur ami de Malraux. François Sommer, trop pris par ses affaires, décline l'offre.

Le ministère revient finalement à Robert Poujade, qui a refusé le portefeuille de l'Éducation nationale en 1968 et qui rêvait de succéder à Malraux au ministère de la Culture. Georges Pompidou a toute confiance en ce camarade normalien, ancien secrétaire général de l'UDR, « le parti du général », et c'est pourquoi il lui confie la tâche de créer une administration entièrement nouvelle, un ministère de mission. « Mission impossible », comme Robert Poujade titrera son livre de souvenirs publié en 1975.

Mais mission accomplie, grâce à un travail de bûcheur obstiné et au soutien du président de la République. Grâce aussi au patient travail et à la force de persuasion de Serge Antoine, « le Français qui a le mieux senti dès l'origine les problèmes de l'environnement », dira Robert Poujade après ses trois années passées au ministère. Grâce enfin à la complicité de quelques hauts fonctionnaires assez clairvoyants pour comprendre que l'environnement sera un des grands enjeux du siècle à venir.

Chapitre 6 : 1971-1973
L'ère de la contestation

La contestation va se focaliser contre deux projets du gouvernement d'alors : la construction de centrales nucléaires et l'extension du camp militaire du Larzac. Deux hommes vont jeter des passerelles entre le « gauchisme » et l'« environnementalisme » : Pierre Fournier, le fondateur de La Gueule ouverte, *et Brice Lalonde, qui anime la branche française des Amis de la Terre. Désormais, protection de la nature, qualité de la vie et démocratie sont des exigences qui se rejoignent dans l'idéal « écolo ».*
C'est alors que surgissent les nouveaux titres d'une presse écologique qui se cherche, sans toujours se trouver.

Le déclencheur de Fessenheim

Jusqu'en 1970, EDF n'a rencontré aucune résistance pour implanter ses centrales nucléaires. Que ce soit dans le val de Loire (Chinon, Saint-Laurent-des-Eaux), dans les Ardennes (Chooz) ou en Bretagne (Brennilis), le béton a pu couler et les réacteurs diverger sans le moindre mouvement d'opinion. Le nucléaire civil semble échapper à la malédiction du nucléaire militaire. Seule l'usine de retraitement de La Hague, qui produit du plutonium à partir du combustible irradié, a suscité en 1967 une protestation des élus du Cotentin. Car il s'agit de « déchets » radioactifs, et le plutonium fait peur. En revanche, quand les déchets sont immergés dans l'Atlantique (11 000 tonnes à l'été 1967 et encore autant à l'été 1969), personne ne proteste. La seule manifestation enregistrée alors, en novembre 1969, proteste contre… des licenciements au centre de recherches de Saclay ! Hormis les quelques mathématiciens antimilitaristes groupés autour de *Survivre et vivre*, les écolos n'ont pas encore découvert le formidable levier que deviendra la contestation antinucléaire.

C'est en Alsace que tout démarre. Au contact des pacifistes allemands et de Robert Hainard, le naturaliste suisse, les Alsaciens ont une conscience écolo-pacifiste bien particulière, qui fera tache d'huile dans le reste de la France. En octobre 1970, une brochure intitulée « Fessenheim, vie ou mort de l'Alsace » est distribuée à tous les maires du secteur. Elle émane d'un petit groupe de Mulhouse qui s'est constitué en « comité pour la sauvegarde de Fessenheim et de la plaine du Rhin », et où l'on trouve deux femmes décidées : Esther Davis, épouse de Gary Davis, un pacifiste américain qui se proclame « citoyen du monde », et Solange Fernex, une protestante du Mouvement de la Réconciliation. Elles prennent pour mot d'ordre un slogan lancé en 1965 par Théodore Monod : « Inactifs aujourd'hui, radioactifs demain ! »

Les manifestations contre la centrale nucléaire de Fessenheim vont se multiplier les années suivantes, avec près de dix mille personnes réunies le 8 mai 1972. Les contestataires ne sont plus seuls, mais ils sont encore trop minoritaires pour empêcher la centrale de se faire.

Pierre Fournier au Bugey

Le relais va être pris en région lyonnaise par un personnage qui jouera un rôle clé dans la prise de conscience écologique en France : Pierre Fournier. Dessinateur et chroniqueur à *Hara-Kiri Hebdo*, Pierre Fournier partage son temps entre la rue Pierre-Charon, à Paris, et un village du Bugey, dans l'Ain, où il s'est mis au vert après le « grand éclat de rire libérateur » de Mai 1968. Dans le numéro du 28 avril 1969, l'écologiste sort du bois et, pour la première fois, ose « parler d'écologie à des gauchistes ». Il écrit : « Pendant qu'on nous amuse avec des guerres et des révolutions qui s'engendrent les unes les autres en répétant toujours la même chose, l'homme est en train, à force d'exploitation technologique incontrôlée, de rendre la Terre inhabitable. » Ainsi Pierre Fournier se moque des braillards qui manifestent rituellement contre la guerre au Vietnam et les invite à imaginer plutôt comment survivre dans un monde livré aux technocrates. Il plaide pour « une nouvelle gauche écologique » débarrassée des ritournelles gauchistes.

Il va donc prendre la tête d'un nouveau combat, chez lui : la lutte contre « l'usine atomique de Saint-Vulbas », appelée Bugey 1 par EDF. Dans le journal *Charlie Hebdo*, qui a succédé *à Hara-Kiri Hebdo*, interdit en 1970, il appelle à « une grande marche pacifique non-violente et joyeuse » et c'est le miracle : le 10 juillet 1971, plus de dix mille personnes se retrouvent devant les grilles de l'usine prête à démarrer, avant de s'installer pour un *sit-in* qui va durer six semaines. Philippe Lebreton, le fondateur de la FRAPNA, n'a jamais vu tant d'écologistes réunis. Il jubile : « Le nucléaire focalise tout ce qu'on déteste : le béton, les technocrates, la patrie, l'indépendance nationale, etc. » Par son caractère bon enfant et ludique, la marche donne confiance à tous ceux qui sont venus sans trop savoir où ils mettaient les pieds. Même la presse est impressionnée par l'ampleur du mouvement suscité par ce dessinateur timide et réservé qui devient malgré lui un leader. Pierre Fournier, en effet, fait des émules dans son entourage immédiat, à *Charlie Hebdo*. Il est rejoint par ses confrères dessinateurs Jean-Maurice Cabut, dit Cabu, et Jean-Marc Reiser, dit Reiser. Le trio forme une équipe de choc : Cabu, avec son personnage du grand Duduche, ridiculise l'armée de l'adjudant Kronenbourg et les CRS qui protègent les centrales. Reiser, avec ses dessins cruels, caricature le bourgeois « bête et méchant », tout en faisant la promotion de l'énergie solaire, son dada. Avec eux, *Charlie Hebdo* devient le porte-voix insolent des « écolos » contestataires.

Les chiens aboient, mais la caravane nucléaire passe. En dix ans, la part du nucléaire a doublé dans la production d'électricité en France. EDF prévoit de lui consacrer la moitié de ses dépenses dans le Ve Plan (1970-1975) et 80 % dans le VIe (1975-1980). Et pourtant, le pétrole coule toujours à flot, puisque le premier « choc » est à venir... Les protestations demeurent locales. Après l'immersion de nouveaux déchets dans le golfe de Gascogne, en juillet 1972, ce sont les ostréiculteurs du bassin d'Arcachon qui protestent le plus, avec le soutien de la SEPANSO, des enseignants et même des communistes pronucléaires. Tandis qu'EDF annonce son intention de construire dans le val de Loire huit tours de refroidissement de 140 mètres de haut et deux de 120 mètres, un paysagiste oublié depuis ose affirmer que les centrales nucléaires seront « les châteaux de la Loire du XXe siècle » !

La France défigurée

Cette perspective de voir la France défigurée émeut tout de même certains cercles proches du pouvoir. C'est notamment le cas d'un certain Michel Péricard, journaliste de l'ORTF qui, en 1971, fait appel à Louis Bériot, journaliste à *France-Soir*, pour s'occuper d'une émission appelée « La France défigurée ». L'ORTF avait lancé naguère « Chefs-d'œuvre en péril », qui privilégiait les abbayes, les églises et les châteaux. La nouvelle émission, plus hardie, devra mettre le doigt où les gens font mal.

Louis Bériot prépare donc deux émissions consacrées l'une à l'affichage sauvage et l'autre aux châteaux d'eau, deux spécialités bien françaises. La première émission de la télévision à tonalité écologique est ainsi diffusée en juin 1971, un dimanche à 17 heures. Comme l'émission est hebdomadaire, Louis Bériot recrute Anne Gaillard, la pasionaria de France Inter, et Noël Mamère, un jeune journaliste monté de Bordeaux. Cette équipe assez pugnace réussit à lever quelques lièvres, qui déplaisent en haut lieu. L'émission, qui parvenait à 30 % d'écoute, est donc déplacée le samedi à midi, puis réduite à un quart d'heure tous les quinze jours et enfin supprimée au bout de trois ans. Exit la défense de l'environnement sur le petit écran.

Cependant, d'autres s'inquiètent de voir la France défigurée. C'est notamment le cas de René Richard, ingénieur à la retraite sur la côte d'Azur, qui a fondé l'URVN (Union régionale Vie et Nature), une association régionale de défense de l'environnement qui revendique soixante mille adhérents. En 1971, René Richard publie un livre au titre choc, *La Côte d'Azur assassinée*, préfacé par Louis Leprince-Ringuet, professeur de physique à l'École polytechnique. Ainsi, d'honorables personnalités n'hésitent plus à se dresser contre le massacre du littoral méditerranéen, déjà très prononcé. René Richard va rencontrer Philippe Saint-Marc, le défenseur de la côte aquitaine, qui vient de publier *La Socialisation de la nature*, son maître ouvrage. Tous deux tombent d'accord pour penser qu'il est temps de rédiger une

« Charte de la nature » à soumettre aux politiques avant les élections législatives de 1973. Philippe Saint-Marc se met au travail, avec les représentants des associations, et le 14 novembre 1972 il présente sa charte en dix points. Le premier article donne le ton : « Le droit à la Nature doit être un des fondements de toute civilisation ; il est une des conditions de sa survie et de son progrès. L'homme a le devoir de respecter toutes les formes de la vie. Dans son usage du milieu naturel, il doit préserver l'avenir de l'humanité et transmettre aux générations futures le patrimoine physique et esthétique nécessaire à leur existence et à leur épanouissement. »

Cette pétition de principe, bien qu'un peu grandiloquente, contient des notions prophétiques. Elle demande notamment des compensations pour les agriculteurs gardiens du paysage, la participation des associations aux décisions publiques et un inventaire des richesses naturelles du pays, toutes choses qui seront mises en œuvre des années plus tard.

L'initiation à l'environnement

Philippe Saint-Marc rêve aussi de « maisons de la nature », sur le modèle des « maisons de la culture » de Malraux. Il s'en ouvre à Jean-Baptiste de Vilmorin, qui est alors chargé de la conservation de la nature au Muséum d'histoire naturelle et, au ministère, de l'éducation à l'environnement. Jean-Baptiste de Vilmorin consulte différents ministères (Éducation nationale, Jeunesse et Sports, Agriculture) et l'accord se fait en 1972 sur la création des Centres permanents d'initiation à l'environnement ou CPIE, envisagés comme des points d'appui aux parcs nationaux et régionaux.

Discrètement, les CPIE vont faire leur chemin, devenant à la fois des lieux d'initiation à la nature et des foyers d'animation ruraux, où l'on fait revivre les métiers traditionnels et la culture d'un « pays ». Les scolaires y défilent durant leurs « classes vertes » et des « animateurs nature » les initient aux secrets de la flore et de la faune locales, et de tout ce qu'on ne leur apprend pas à l'école dans le cadre du programme.

On compte aujourd'hui une soixantaine de ces centres où les petits Français devenus citadins peuvent découvrir les merveilles de la nature et les ressources cachées d'un terroir. Les CPIE, avec leurs faibles moyens, suppléent aux carences de l'institution scolaire, toujours bloquée sur ses disciplines et ses programmes académiques.

Gardarem lo Larzac !

En février 1971, Michel Debré, ministre de la Défense nationale, confirme la décision du gouvernement d'agrandir le camp militaire installé sur le causse du Larzac, dans l'Aveyron. Après l'acquisition de 35 000 hectares dans le Var à Canjuers, l'armée de terre se propose de multiplier par six le camp du Larzac. Plus de soixante-dix exploitations agricoles sont concernées. Cette décision suscite naturellement des protestations chez les éleveurs de brebis du causse, mais aussi dans les milieux pacifistes où l'on ne comprend pas cette volonté des militaires de s'étendre alors que la guerre d'Algérie est finie et que les menaces sur le territoire français sont inexistantes. Les paysans caussenards refusent de se sacrifier pour l'entraînement des armées européennes et ils seront cent trois à faire le serment de ne pas vendre leurs terres.

Les éleveurs reçoivent d'abord le renfort des pacifistes comme Lanza del Vasto, animateur de la communauté non violente de l'Arche, Théodore Monod, l'abbé Jean Toulat et, bientôt, les évêques de France. Lorsque surviennent les premiers « hippies », les paysans caussenards se méfient. Mais, en juin 1973, les écologistes participent activement à la construction de la bergerie de la Blaquière, dressée comme un défi à l'armée devant l'entrée du camp.

En août 1973, c'est le premier grand rendez-vous alternatif sur le causse, avec soixante mille opposants qui multiplient les formules insolentes : « Les moutons vaincront ! », « Faites labour, pas la guerre ! » et le mot occitan qui restera le cri de ralliement : « *Gardarem lo Larzac !* » Les cent trois ne sont plus seuls. Ils se sentent même portés par cette foule amicale et débraillée qui, chaque été, sera plus nombreuse à les soutenir. Le Larzac, à son tour, devient un foyer de prise de conscience pour générations mêlées.

Brice Lalonde à vélo

Au printemps 1972, le président Pompidou donne son feu vert à la voie express rive gauche, qui doit livrer une berge de la Seine à la circulation automobile. Sacrilège ! Les Amis de la Terre publient une affiche qui montre Notre-Dame de Paris traversée par un flot de voitures, avec comme légende « Défense de klaxonner pendant les offices ! » C'est après avoir vu cette affiche à la vitrine d'un magasin que Brice Lalonde se présente au local des Amis de la Terre, alors situé dans des combles du quai Voltaire prêtés par Teddy Goldsmith. Il remplit aussitôt un bulletin d'adhésion sans savoir que, pour lui, une nouvelle vie commence.

Après 1968, qui lui a permis d'acquérir les techniques du militant politique dans une Sorbonne en pleine effervescence, il s'est inscrit au PSU, le seul parti qui ait soutenu la contestation étudiante. Il s'avoue cependant plus attiré par le mot « autogestionnaire » que par le mot « socialisme ». Ce fils de la grande bourgeoisie, élevé dans le confort et la liberté, se méfie autant du dogmatisme marxiste que de la rhétorique gauchiste. Ce qu'il veut, ce n'est pas renverser le régime ni bouleverser la société, mais rendre la vie quotidienne non seulement plus vivable, mais agréable, et notamment en ville où la « bagnole » est en train de tout dévorer. C'est donc en militant « de base » que Brice Lalonde participe en mai 1972 à la « grande manif à vélo », qui voit défiler plusieurs milliers de cyclistes contre le projet de voie sur berge. Cette manifestation, conduite par Alain Hervé, permet aux Amis de la Terre de se faire connaître en région parisienne. Outre Brice Lalonde, l'association recrute alors ses futurs piliers parisiens comme Laurent Samuel, Nicolas Desplats et Henri Fabre-Luce, l'avocat qui va animer sa commission juridique. Très vite, Brice Lalonde prend le pas sur Alain Hervé, trop rêveur et poète. Son expérience de 1968 lui a appris à parler à la tribune, à tenir une réunion houleuse, à tirer des tracts. Il sait aussi dessiner et peut donc illustrer *Le Courrier de la baleine* et faire lui-même les affiches qui font connaître les « AT ». En diffusant ces affiches sur tous les lieux de la contestation, les Amis de la Terre recrutent aussi en régions et essaiment dans toute la France ou presque.

Grâce à son anglais (sa mère est écossaise), Brice Lalonde correspond directement avec les réseaux de Friends of the Earth, qui apportent une aide logistique importante à la « petite sœur » de Paris. Il est comme un poisson dans l'eau dans l'organisation et, à la manière anglo-saxonne, il lance des campagnes et des actions sur le terrain qui font appel à l'humour et à l'esprit pratique. Aux Amis de la Terre, on ne récrimine pas contre l'adversaire, on ne morigène pas ses concitoyens, on s'efforce de séduire et de convaincre en amusant.

Pierre Déom et sa *Hulotte*

Instituteur solitaire et taciturne, mais passionné de nature, Pierre Déom enseigne dans un village des Ardennes où, dès 1970, il diffuse un plan de nourrissoir à fabriquer soi-même pour aider les oiseaux à passer l'hiver. Deux ans plus tard, il décide de publier un bulletin d'initiation à la nature à l'usage des écoliers (et des maîtres) de son département. Le premier numéro de *La Hulotte des Ardennes*, ronéoté à quatre cents exemplaires, est tout de suite épuisé. Le public aime sa manière imagée de présenter la faune et la flore, il apprécie son humour, et il répond avec ferveur à ses appels pour recueillir des informations de terrain sur le milan royal ou la chouette effraie.

Dès le numéro 6, en novembre 1972, le bulletin a mille abonnés. Pierre Déom ne peut plus tout faire lui-même, textes, dessins, fabrication, diffusion. Il fait imprimer *La Hulotte* à deux mille exemplaires, mais les numéros les plus demandés, comme celui sur les arbres, doivent être retirés plusieurs fois tant a de succès « le journal qui ne confond pas les pissenlits et les sapins ». Pierre Déom a un secret : pour un prix ridiculement bas, il fait une BD écologique de haute tenue, remarquablement illustrée et documentée, et toujours drôle. À l'information scientifique, irréprochable, il joint l'humour, la légèreté et les clins d'œil du grand frère qui s'adresse familièrement à ses cadets. Sous sa plume, l'animal ou la plante s'épanche à la première personne, livre ses états d'âme et sollicite gentiment la complicité des enfants pour l'aider à vivre.

Revue naturaliste qu'il qualifie lui-même de « grand quotidien d'information paraissant tous les mois ou presque », *La Hulotte* est aussi un organe militant. Non content de diffuser des astuces pour aider les oiseaux ou de constituer des dossiers sur la fouine ou la libellule, Pierre Déom demande à ses abonnés, petits ou grands, de constituer partout des Clubs pour la protection de la nature (CPN) et de faire remonter à la revue les informations recueillies sur le terrain. *La Hulotte* devient ainsi le bulletin de liaison d'un réseau de curieux de nature qui s'enrichissent mutuellement.

La Hulotte des Ardennes finira par s'appeler *La Hulotte* tout court, mais Pierre Déom ne quittera pas les Ardennes. Installé à Boult-aux-Bois, où il a aussi créé un Centre d'initiation à la nature, il continue aujourd'hui encore à diffuser « le journal le plus lu dans les terriers », dont il est l'unique rédacteur et dessinateur, mais qui est distribué à des milliers d'exemplaires à travers le monde. Pierre Déom est resté un artisan, amoureux de la belle ouvrage et d'une nature qu'il continue à expliquer méthodiquement aux enfants que nous sommes tous.

Une agence de presse écologique

Quelques semaines après l'apparition de *La Hulotte des Ardennes* naît du côté de Montargis (Loiret) la première agence de presse « écolo » baptisée APRE (Agence de presse Réhabilitation écologique). Son premier bulletin ronéoté sort en avril 1972. Il est rédigé et fabriqué par Jean-Luc Burgunder, un jeune affichiste titulaire d'un CAP de peintre en bâtiment et de peintre en lettres, dont le maître en écologie est Pierre Fournier. Les informations qu'il diffuse chaque semaine lui sont fournies pour l'essentiel par un copain militant de la Mayenne du réseau Pollution non. Ce réseau, créé en 1970 à Montargis, collecte une multitude d'échos recueillis sur le terrain par les militants et donne aussi des conseils pratiques pour l'action. Comme à Paris l'agence de presse Libération, qui débouche aussi sur un journal du même nom.

Ce bulletin fourre-tout est très vite critiqué par les « pros » de la presse alternative comme *Charlie Hebdo*, rodés par dix ans de métier. « Ce n'est pas du journalisme, lui dit Arthur (Montant), c'est n'importe quoi. » Mais Fournier l'encourage et le bulletin se diffuse bien, car les militants sont friands de nouvelles, même incontrôlées, confuses, ou erronées. De toute façon, ils n'ont guère le choix. L'APRE est la seule feuille hebdomadaire à donner des informations qui intéressent les écolos. Au bout de quelques mois, Jean-Luc Burgunder se lance dans la fabrication d'un bulletin un peu moins amateur, *APRE Hebdo*, dont le premier numéro sort en janvier 1973. À travers mille vicissitudes et plusieurs changements de titre (*Écologie Hebdo*, *Écologie Infos*), le journal tiendra jusqu'en 1992.

Pour faire pièce aux organes d'information incontrôlables, les associations professionnelles de céréaliers et betteraviers créent en 1972 à Paris leur propre agence de presse, qui édite *Agrapress*, *Urbapress* et le bulletin *Presse environnement*. Excédés par la circulation d'informations qui donnent d'eux une mauvaise image, les professionnels de l'agroalimentaire contre-attaquent. Au même moment, mais c'est pure coïncidence, se crée l'Association des journalistes de l'environnement (AJE), autour d'un noyau de la presse technique ou économique. Parmi eux figurent Michel Chevalet, alors journaliste à *La Croix*, et Yvonne Rebeyrol, journaliste au *Monde*. Les journalistes qui couvrent l'actualité environnementale ont désormais le choix entre une association « militante », l'AJEPNE, qui ferraille contre les pollueurs et les destructeurs de la nature, et une association « professionnelle », « responsable », soucieuse de donner le point de vue des industriels, des scientifiques et des acteurs considérés comme crédibles.

Le cri de *La Gueule ouverte*

En novembre 1972 apparaît dans les kiosques un nouveau « mensuel écologique », *La Gueule ouverte*, qui se présente comme « le journal qui annonce la fin du monde ». Encouragé par le succès de ses chroniques de *Charlie Hebdo*, Pierre Fournier a décidé de franchir le Rubicon en créant son propre organe, son « gueulophone ». Avec le soutien logistique à Paris des francs-tireurs de l'équipe *Hara-Kiri*, et l'appui sur place de son ami instituteur Émile Prémilieu, il installe la rédaction dans une mairie de village désaffectée près d'Ugine, en Savoie. Lui-même établi avec femme et enfants dans une vieille maison qu'il restaure, Pierre Fournier tient à ce que son journal « gueule » depuis le terroir profond.

Dès le premier numéro, tous les thèmes qui feront les beaux jours du combat écologique sont abordés. Après l'éditorial antinucléaire de Fournier, qui évoque avec émotion la « grande fête » du Bugey et affiche en lettres capitales le slogan « CHANGER LA VIE », c'est Arthur qui monte au créneau pour dénoncer les pétroliers : « La pétrochimie est le secteur industriel le plus puissant du monde, écrit-il. La société de consommation repose à 85 % sur les dérivés du pétrole (...). Le tiers monde, en fermant le robinet, ferait pratiquement s'écrouler la civilisation industrielle (...). Les compagnies pétrolières représentent le véritable gouvernement mondial. » Un an après, c'était le premier choc pétrolier...

Dans le même numéro, Jean Mabille dénonce « l'État jacobin, policier et militariste » qui veut mettre la main sur le Larzac ; Reiser montre en quelques dessins que « le soleil est le moyen de chauffage le plus efficace », et Edward Goldsmith constate que « nous sommes tous des drogués du progrès » et que « la marche arrière, c'est notre seule chance ». Dans la rubrique « Les marginaux » est brossé le portrait d'un vieux paysan savoyard qui cuit son pain avec sa farine, prépare lui-même sa tomme et son cidre, cultive ses pommes de terre et fait sa lessive à la cendre. Le rêve écolo fait homme ! Quant au professeur Mollo-Mollo (Philippe Lebreton), il dénonce l'avion supersonique Concorde comme un jouet inutile, coûteux et polluant. Enfin Isabelle Cabut, la femme du dessinateur, plaide pour son introuvable école parallèle.

Très vite, le ton badin et enjoué employé pour dénoncer les ravages de la société de consommation déclenche de vives réactions parmi les lecteurs, et aussi parmi les rédacteurs et contributeurs de la revue. Certains déplorent les outrances, d'autres veulent au contraire plus de mordant. On en débat constamment au comité de rédaction. Pierre Fournier a bien du mal à maintenir une ligne médiane, ouverte, non dogmatique. Mais il n'aura pas le temps de l'imposer : il meurt d'une crise cardiaque le 15 février 1973, à l'âge de trente-cinq ans. Fauché dans la fleur de l'âge, comme naguère Michel-André Julien, il laisse une équipe désemparée et des lecteurs sur leur faim. En guise de testament, il a livré cette réflexion : « La révolution est d'abord spirituelle, individuelle, personnelle, affective, etc., et c'est en vous libérant que vous donnerez aux autres l'envie d'en faire autant. » Ce dessinateur satirique devenu chroniqueur puis « écolo » et même « pape de l'écologie », que certains accusent d'être « au fond, de droite », laissera un grand vide dans les rangs déjà clairsemés de l'écologie. Après sa mort, *La Gueule ouverte* quitte la Savoie et s'installe à Paris, sous la houlette d'Émile Prémilieu et d'Isabelle Cabut. Mais le porteur de projet n'est plus là et il manquera terriblement en 1974, lorsque les écologistes se chercheront un homme et un programme pour l'élection présidentielle.

Les enfants de Stockholm

Pour la communauté internationale, 1972 est un grand cru en matière d'environnement. C'est en effet cette année-là qu'est réunie à Stockholm, du 5 au 16 juin, la première conférence des Nations unies « pour l'homme et son environnement » (*for Human Environment*). La France aurait pu s'y présenter la tête haute avec son ministère de l'Environnement de plein exercice, mais les circonstances en ont décidé autrement. Le gouvernement a en effet programmé une série de tirs dans l'atmosphère du Pacifique Sud pour tester une nouvelle génération de bombes. Les protestations montent au Japon, en Nouvelle-Zélande et en Australie, où les services postaux décident de boycotter la France.

La toute jeune organisation de Greenpeace, fondée l'année d'avant à Vancouver, au Canada, décide pour sa part d'envoyer un bateau dans la zone des essais français afin d'essayer de les empêcher, comme elle vient de le faire au large de l'Alaska contre des essais américains. Lors d'une escale aux îles Samoa du *Green Peace III*, le chef de la campagne écolo-pacifiste, Bob Metcalfe, quitte le bateau pour se rendre à la conférence de Stockholm. Mais il a la mauvaise idée de passer par Paris, où il est arrêté en pleine rue et expulsé ! Pendant ce temps, le navire de Greenpeace est éperonné par la marine française et son équipage renvoyé en Australie. À Stockholm, la délégation française rase les murs. Ni la Suède, neutraliste, ni Indira Gandhi, seul chef d'État étranger présent, ne peuvent décemment prendre la défense de la France en cette occurrence. Quant à René Dubos, coprésident de la conférence, il ne peut pas non plus venir au secours de son pays natal lorsqu'il heurte de front la communauté internationale.

Cette irruption de « l'environnement » sur la scène mondiale contraint la rédaction du *Monde* à créer une rubrique sous ce nom. Brice Lalonde, qui s'avouera toujours « enfant de Stockholm », adopte aussitôt la formule du rapport préliminaire rédigé par

René Dubos et Barbara Ward qui fera fureur ensuite chez les Amis de la Terre et au-delà : « *Think global, act local* » (« Penser globalement, agir localement »). Tout un programme.

Lalonde sur le *Fri*

Malgré l'humiliation de Stockholm et les protestations des riverains du Pacifique Sud, la France ne change pas de cap. Le président Pompidou et son Premier ministre, Pierre Messmer, qui se veulent les héritiers directs du général de Gaulle et de sa « force de frappe », programment une deuxième série de tirs pour l'été 1973. Il est aussi annoncé qu'un surgénérateur capable de brûler le plutonium de la bombe sera construit à Creys-Malville, dans l'Isère. Défié par la communauté internationale, le coq gaulois monte sur ses ergots et lance ses cocoricos les plus sonores.

En Nouvelle-Zélande, c'est le branle-bas de combat. Une flottille se prépare et les antinucléaires demandent du renfort de France. L'appel est entendu par les Amis de la Terre qui vont déléguer Brice Lalonde pour les représenter sur place. Mais c'est aussi l'époque où le directeur de *L'Express*, Jean-Jacques Servan-Schreiber, est entré en politique sous l'étiquette « réformateur », ce qui lui vaut le sobriquet de « turlupin » de la part de François Mauriac. Le turlupin va s'associer à Brice Lalonde et trois pacifistes reconnus, le général de Bollardière, l'abbé Jean Toulat et l'écrivain Jean-Marie Muller, afin de porter témoignage aux antipodes du pacifisme de citoyens français. Les cinq hommes s'envolent donc pour la Nouvelle-Zélande, où on les embarque directement sur le *Fri*, un rafiot en bois sans confort pourvu d'un équipage de marginaux pittoresques. Même Brice Lalonde, qui connaît bien le milieu, est surpris de l'atmosphère « délirante » qui règne à bord… La délégation française arrive sur l'atoll de Hoao, où elle est aussitôt interceptée par les gendarmes et transférée à Papeete. JJSS se retrouve en photo dans le journal à Paris. Médiatiquement, pour lui comme pour Brice Lalonde et les Amis de la Terre, l'opération est réussie. Il ne sera pas dit que seuls les Néo-Zélandais et Greenpeace luttent contre les explosions atomiques.

Cette année 1973 est déterminante pour l'ancrage en France des Amis de la Terre. Épaulée par le syndicat CFDT de l'Énergie atomique et des militants du groupe Diogène, animé à Lyon par Philippe Lebreton, la branche française de Friends of the Earth devient très ferrée sur le dossier nucléaire. Elle avait déjà avec Pierre Samuel un scientifique chevronné. Elle reçoit alors le renfort d'Yves Lenoir, un jeune ingénieur de recherche qui travaille au Centre d'automatique de l'École des Mines, à Fontainebleau, et d'Yves Cochet, qui vient de décrocher un DEA d'informatique après une thèse sur les « grammaires formelles » à l'université de Rennes. Ainsi flanqué de scientifiques de bon niveau, Brice Lalonde peut désormais tenir la dragée haute au CEA, à EDF et aux pouvoirs publics.

Premiers écolos candidats

Dans la plaine d'Alsace, la flamme allumée par la lutte contre Fessenheim continue de brûler, année après année, entretenue par le groupe Écologie et survie. Un de ses foyers est Biederthal, le village près de Mulhouse où habitent Michel et Solange Fernex. À l'occasion des élections législatives de mars 1973, leur maison abrite une réunion politique qui va déboucher sur la première candidature écologiste à des élections générales en France.

Le candidat désigné par Écologie et survie s'appelle Henri Jenn. Ornithologue amateur, membre de la LPO, futur directeur de la petite Camargue alsacienne, c'est un naturaliste engagé qui veut faire de la protection de la nature un enjeu politique. Sa suppléante est Solange Fernex, toujours discrète et prête à s'effacer, mais néanmoins elle aussi assez engagée pour mettre son nom sur une affiche électorale. L'organisation de la campagne est confiée à Antoine Waechter, le jeune protecteur de la fouine et du castor.

Le tandem écolo-pacifiste va recueillir 2,7 % des voix, ce qui n'est pas négligeable pour une élection législative, d'autant que le PSU, parti installé depuis des années, ne fait pas mieux dans cette circonscription de Mulhouse, où il est distancé de... cinq voix ! C'est donc en Alsace que la prise de conscience écologique se montre la plus précoce. Même Brice Lalonde, embarqué pour la lointaine Polynésie, s'est fait doubler !

Le Sauvage d'Alain Hervé

Fondateur de la branche française des Amis de la Terre, Alain Hervé se voit peu à peu dépossédé de son enfant par l'entreprenant Brice Lalonde, qui a l'art de tirer la couverture médiatique à lui. La rédaction du *Courrier de la baleine*, l'organe du mouvement, bulletin de liaison seulement destiné aux militants, ne suffit pas à ce dernier. Lui aussi voudrait effectuer une percée sur la scène médiatique, à la manière de *La Gueule ouverte*, aujourd'hui orpheline de Fournier.

S'inspirant du titre provocateur de Fournier, il a l'idée, en avril 1973, de lancer une revue mensuelle appelée *Le Sauvage*. Il vend l'idée à Claude Perdriel, le patron du *Nouvel Observateur*, qui voit là une place à prendre depuis le succès inattendu d'un numéro spécial consacré à la pollution, publié en 1972. L'équipe du *Sauvage* est donc accueillie dans les combles inoccupés de l'immeuble du *Nouvel Observateur*. Une équipe réduite, au demeurant, qui, outre son rédacteur en chef, Alain Hervé, ne comprend pratiquement que… Brice Lalonde, à la fois éditorialiste, chroniqueur scientifique et correcteur. Parmi les pigistes, on retrouve Cédric Philibert, le Grenoblois qui a abandonné ses études de sciences politiques pour militer aux Amis de la Terre contre Creys-Malville et le nucléaire, et bientôt après Laurent Samuel, de plus en plus décidé à devenir journaliste mais déçu par le nouveau « gauchisme » de *La Gueule ouverte.* Pour tous les jeunes écologistes, le militantisme passe par la plume.

Malgré son titre provocateur, *Le Sauvage* représente la branche joyeuse et « sage » de l'écologie militante. Les gauchistes de *La Gueule ouverte* lui reprochent de flirter avec la gauche salonnarde des lecteurs du *Nouvel Obs* et les défenseurs du terroir à la Fournier récusent son parisianisme. Une manière déguisée de s'en prendre à Brice Lalonde, dont ils se méfient, alors qu'Alain Hervé et ses pigistes sont parfaitement dévoués à la cause écologique. Mais journaliste avant tout, Alain Hervé va diriger la rédaction du *Sauvage* jusqu'à sa disparition en 1981.

Tangage à *La Gueule ouverte*

Le mensuel concurrent, que ses lecteurs appellent « G.O. », résiste mal à la disparition de son fondateur. À toutes les pages, les lecteurs protestent et les rédacteurs contestent. Dans le numéro de mai 1973, Laurent Samuel exprime son inquiétude sous un titre éloquent : « Le crépuscule des écologues ». Il écrit : « Le concept d'écologie est en voie d'éclatement total. Le petit monde "écolo gauchiste" émerge de la vague d'unanimisme qui avait fait un temps illusion sous le soleil du Bugey un jour de juillet 1971. » Poursuivant son analyse, il constate : « Nos motivations, nos désirs, notre "futur désiré" ne sont plus les mêmes. » Pour lui, il y a alors trois types d'écologistes : ceux qui veulent retourner à la terre et élever des chèvres ; ceux qui veulent changer la vie là où ils sont, c'est-à-dire les écologistes urbains ; et enfin les plus nombreux, ceux qui hésitent entre contestation et rupture.

Le numéro de juin tire un signal d'alarme : « G.O. va crever », écrit Henri Gougaud dans son éditorial. Tous les reproches s'accumulent en effet : journal trop sérieux, touffu et indigeste. « Il paraît aussi que l'écologie trimballe une idéologie réactionnaire. Je m'en fous », conclut-il. De fait, la « Chronique du terrain vague », tenue par Bernard Charbonneau, ne brille pas par ses positions progressistes. « Lutter contre la transformation de l'agriculture en industrie, écrit-il, c'est aujourd'hui le problème et le combat numéro un. »

Pourtant, G.O. garde tout son mordant lorsqu'il s'agit de dénoncer l'écologie qu'il juge dévoyée. La revue publie les photos prises au cours d'un gala du WWF à l'Espace Cardin, où Mme Soekarno, la richissime femme du président indonésien, est entourée de Jean Sainteny, le président de WWF France, du journaliste Yves Mourousi et du danseur Jacques Chazot. GO se demande en quoi ces personnalités mondaines sont qualifiées pour défendre la nature. La revue signale aussi cruellement que Paul-Émile Victor a remis, au nom de la fondation Berger (l'anisette), le prix de la défense de la nature… au maire d'Amboise Michel Debré, la bête noire du Larzac !

Quant à Arthur, devenu l'idéologue le plus pointu de *La Gueule ouverte*, sa vision de l'écologie est en rupture radicale avec le discours collectiviste. Il écrit : « Même les vieilles lunes révolutionnaires donnent au capital un coup de main en accusant les écologistes d'oublier la lutte des classes. En sont restés à Verdun, que dis-je, à Valmy. Comprendront jamais que l'exploiteur n'est plus le patron mais le technocrate, que l'exploité n'est pas tant le producteur que le consommateur, que lutte des classes doit se traduire par mort du travail hiérarchisé et que le révolutionnaire libérateur, c'est d'abord l'individu libéré. On peut vivre en se passant de béquilles idéologiques, avec un minimum de cohérence, d'appétit pour un plaisir quotidiennement vécu, d'enracinement dans le présent, de haine pour le mariage, la famille, la patrie, le travail, le sacrifice, l'inauthentique, toutes ces contraintes imposées par les maîtres à penser de tous les pays, de tous les régimes. Ne produisez plus, créez ! Ne consommez plus, échangez avec vos semblables ! » Ce discours anarcho-hédoniste est alors le patrimoine commun des écologistes soixante-huitards, qu'ils écrivent dans *La Gueule ouverte* comme Fournier et Arthur, ou *Le Sauvage*, comme Brice Lalonde et Alain Hervé. Mais ils se divisent encore sur le point de savoir s'il vaut mieux vivre à la campagne pour échapper à la société de consommation ou s'efforcer de rendre la ville vraiment « vivable ».

Fonds d'intervention pour les rapaces

Les frères Terrasse, eux, ont quitté le pays basque pour s'installer en milieu urbain, près de Paris. Mais ils n'ont pas oublié leurs premières amours pour les grands rapaces de la montagne, qu'ils vont revoir à chaque occasion. Durant leurs pérégrinations ornithologiques, ils observent le gypaète barbu et le balbuzard pêcheur en Corse, ils retrouvent le vautour fauve dans les Pyrénées et le faucon pèlerin dans les Vosges. Ils s'inquiètent aussi du sort des derniers busards cendrés observés dans la plaine de Beauce.

Bien décidés à protéger ces magnifiques oiseaux en sursis, ils font appel à des amis ornithologues pour assurer la surveillance des nichées. Et ils alertent les pouvoirs publics chaque fois qu'un danger précis menace l'un d'entre eux. Ce qui débouche en 1972 sur un décret du ministère de l'Environnement qui protège tous les rapaces diurnes en France (les rapaces nocturnes, « auxiliaires de l'agriculture », le sont depuis 1902).

En 1973, Jean-François Terrasse découvre aux Baléares un trafic de fauconnerie qu'il veut arrêter. Il demande l'aide du grand ornithologue suisse Paul Géroudet et d'un collègue belge, Willy Suetens, grâce auxquels un fonds est constitué en Suisse qui permet de financer une campagne européenne pour la sauvegarde des rapaces. Cette campagne, qui est un succès, lui suggère l'idée de créer un fonds en France. Et c'est donc la naissance du Fonds d'intervention pour les rapaces ou FIR, distinct de l'action générale de la LPO. Grâce à l'action du FIR et de ses bénévoles, les effectifs des rapaces menacés vont remonter en France. Même le faucon pèlerin, alors au bord de l'extinction, va recoloniser l'Hexagone, à l'exception des falaises bretonnes et normandes. L'aigle de Bonnelli, cantonné dans les garrigues du Midi, n'est plus menacé de disparaître. Seule la petite chouette chevêche, l'oiseau d'Athéna, continue à régresser en même temps que son habitat. En arrachant les pommiers à cidre, en arasant les haies et en coupant les chênes têtards, les aménageurs ont longtemps contribué à sa disparition.

Les frères Terrasse peuvent tout de même être fiers. Grâce à leur obstination, l'image du rapace en France a redoré son blason. On ne voit plus leurs cadavres cloués aux portes des granges. Et les vacanciers se déplacent pour admirer leurs évolutions dans le ciel des Cévennes ou des Pyrénées.

Une crise de l'énergie ?

L'inflation de la consommation pétrolière dans le monde, en ce début des années 1970, commence à inquiéter les milieux financiers internationaux et certains dirigeants qui voient pointer une « crise de l'énergie ». Aux États-Unis, la presse et la télévision alertent la population dès 1972, avec de grandes enquêtes consacrées au sujet. Naguère premier producteur de pétrole, les États-Unis sont en effet devenus le premier consommateur et importateur d'or noir, totalement dépendants de la production du Venezuela, du Mexique et du Moyen-Orient. L'autre grand producteur, l'URSS, se trouve dans le camp ennemi. On ne peut donc compter sur ce pétrole-là.

La France, qui n'a pratiquement « pas de pétrole, mais des idées », ne s'inquiète pas. Oubliant que l'essentiel des hydrocarbures est consommé par les transports, l'industrie et le chauffage, elle s'en remet à l'énergie atomique. En mai 1973, il est annoncé glorieusement que, en l'an 2000, 85 % de l'électricité française sera fournie par les centrales nucléaires. Un sujet de fierté pour la majorité des Français qui, lors d'un sondage réalisé au même moment, répondent qu'ils n'éprouvent pas « l'angoisse atomique » de certains. Bref, tout va très bien... Le monde s'inquiète mais la France reste sereine. Elle vit encore, pour très peu de temps, dans l'insouciance des Trente Glorieuses.

CHAPITRE 7 : 1974-1977
L'entrée en politique

Pour la conscience environnementale en France, 1974 est une année charnière. Après le choc pétrolier de septembre 1973, le gouvernement décide d'intensifier encore l'équipement du pays en centrales nucléaires. Cette décision va susciter une vive opposition, qui culminera en 1977 avec le rassemblement contre Superphénix.
La mort subite de Georges Pompidou, en 1974, précipite l'entrée en lice de l'écologie politique. Les écolos se cherchent une figure de proue, un porte-parole, capable de répandre la sensibilité verte dans les chaumières. Ils auront du mal à le trouver et n'auront de cesse, ensuite, de se déchirer sur la stratégie, la tactique et l'organisation du mouvement.
Pendant ce temps, les pouvoirs publics poursuivent leur action en faveur de l'environnement. Un Conservatoire du littoral est créé et, en 1976, une loi décisive sur la protection de la nature est votée.

À la recherche d'un candidat

Après l'embargo pétrolier décrété par l'OPEP le 6 octobre 1973, le gouvernement français lance un ambitieux programme de construction de centrales nucléaires qu'il expose en mars 1974. C'est le fameux « plan Messmer », du nom du Premier ministre de l'époque. Alors que les opposants à ce programme fourbissent leurs armes, la mort de Georges Pompidou, annoncée le 2 avril 1974, change entièrement la donne. L'avenir dépend maintenant d'une élection présidentielle.

Chez les écolos, complètement pris de court, on s'interroge : va-t-on saisir l'occasion pour présenter un candidat, et lequel ? Parmi les pionniers du mouvement, deux sont morts prématurément (Michel-Hervé Julien et Pierre Fournier) et les autres restent inconnus du grand public. Parmi les vétérans (Bernard Charbonneau, Jacques Ellul, Roland Bechmann, Édouard Kressmann, Philippe Saint-Marc, Serge Antoine et Michel Brosselin), seul Philippe Saint-Marc n'est pas complètement inconnu du public français. Jacques Ellul est même plus connu aux États-Unis, où il donne des conférences, que dans son propre pays.

Philippe Saint-Marc est donc approché par une délégation composée de Philippe Lebreton, pour les Amis de la Terre, et Jean Carlier, pour l'Association des journalistes de l'environnement. Mais le candidat pressenti refuse car il se déclare contre un parti écologiste et favorable à « l'écologisation de tous les partis ». En réalité, Philippe Saint-Marc, démocrate chrétien centriste, mise plutôt sur le candidat Giscard d'Estaing, auquel il va soumettre vingt propositions pour l'environnement. Plusieurs vont être retenues et effectivement mises en œuvre par la suite en région parisienne, comme l'abandon de la voie express rive gauche et de la radiale Vercingétorix, l'arrêt de la construction des tours dans Paris et la création de parcs à la Villette et à Sevran. Pressenti ensuite par Jean Carlier, Théodore Monod se récuse. Il se juge trop vieux (soixante-douze ans) et pas assez entraîneur d'hommes. Approché à son tour, le commandant Cousteau ne dit pas non tout de suite, mais annonce son refus après une entrevue avec une délégation qui le refroidit complètement. Le maître de la *Calypso* comprend qu'il ne sera pas libre de ses mouvements s'il devient le porte-parole d'un réseau de militants politiques qui voudront lui dicter sa conduite.

Les seuls écologistes susceptibles de se porter candidats sont encore trop jeunes. Christian Garnier n'a que trente-deux ans et aucune notoriété. Brice Lalonde en a vingt-huit et milite dans une association qui « a pour principe de rester à l'écart de la scène politique », comme il le rappelle lui-même en 1972. Quant à Antoine Waechter, vingt-cinq ans, il n'est connu que dans son fief de Mulhouse…

La candidature de René Dumont

Résolu à trouver un candidat, Jean Carlier propose alors aux Amis de la Terre le nom de René Dumont, le remuant professeur d'agronomie qui vient de publier *L'Utopie ou la Mort*. En 1974, l'agronome n'est plus tout jeune (soixante-dix ans), mais on l'a vu tout fringant lors d'une manif à vélo et l'on connaît son aversion pour « la bagnole ». Voyageur impénitent, tiers-mondiste patenté, René Dumont est un bon connaisseur de la planète et les écolos peuvent lui faire confiance pour la défendre. Ils tiennent en lui un « Cousteau de gauche ».

Malheureusement, René Dumont est alors en Algérie et donc injoignable. Il faut attendre son retour pour lui proposer, à sa descente d'avion à Orly, une candidature à l'élection présidentielle. À la délégation venue à sa rencontre (Pierre Samuel, Brice Lalonde et Claude-Marie Vadrot), René Dumont n'oppose pas d'objection de principe mais demande à réfléchir. Le dimanche suivant, une nouvelle délégation (Jean Carlier, Brice Lalonde et

Jean-Luc Burgunder) se rend à son domicile de Fontenay-sous-Bois. Il ne pose qu'une condition à son éventuelle candidature : que Charles Piaget, leader du mouvement des Lip (l'horlogerie de Besançon en pleine crise), ne se présente pas. Car il ne veut pas entrer en compétition avec un candidat dont il partage le combat. Dès le lendemain, lors d'une assemblée générale à l'Institut agronomique de Paris, René Dumont est donc désigné candidat à une très large majorité. Sa candidature est approuvée par toutes sortes de personnalités comme Théodore Monod, Alfred Sauvy, Jean Dorst, Philippe Saint-Marc et Henri Cartier-Bresson. Des comités de soutien surgissent dans toute la France. Des télégrammes d'encouragement arrivent de l'étranger et les chèques se multiplient. Le propriétaire de la société des Bateaux Mouche, hostile au projet de voie sur berge, met à la disposition du candidat un de ses bateaux, amarré au pont de l'Alma. Formule idéale : c'est à la fois original, gratuit, central et bien visible. Aussitôt, le réseau des Amis de la Terre se mobilise et prend la campagne en main. René Dumont sillonne donc le pays pour porter la bonne parole. Chaque fois, à sa descente du train, il est pris en charge dans une vieille 2CV, la voiture symbole des écologistes, qui témoigne contre les grosses cylindrées dévoreuses de pétrole. La modestie de ses moyens n'empêche pas, parfois, un peu de grandiloquence. Lors d'un meeting à Mulhouse, le candidat déclare fièrement : « L'utopie fait son entrée dans l'histoire de France. »

Dans son éditorial du *Sauvage*, Alain Hervé applaudit : « L'écologie politique est née. C'est le résultat du mépris dans lequel ont été tenus les Français depuis dix ans, en ce qui concerne la gestion de leur environnement (...). Voilà pourquoi le mouvement écologique devient politique. Voilà pourquoi, pour la première fois dans l'histoire des sociétés, un homme présente sa candidature à la direction d'un État, avec pour programme la préservation de la vie. » En bon militant associatif, cependant, Alain Hervé émet un doute : « On peut se demander s'il n'aurait pas été souhaitable d'écologiser la politique plutôt que de politiser l'écologie. Il est trop tôt pour en juger. Mais il est certain que si les écologistes avaient trouvé un candidat qui les satisfasse parmi les candidats classiques, ils n'auraient pas suscité le leur. » Quant à la FFSPN du professeur Pierre Aguesse, méfiante à l'égard d'un homme plus tiers-mondiste que naturaliste, elle refuse son soutien au candidat René Dumont qui, selon elle, n'est pas écologiste. Dans la presse d'informations générales, seule la revue *Actuel* le soutient, plus par coquetterie de journal « branché » que par amour de l'écologie.

À la télévision, sa campagne intrigue le public. Ce vieux monsieur avec son éternel pull rouge à col roulé tranche sur les autres, à la mise évidemment plus convenue. Le jour où il montre un verre d'eau en expliquant que, dans vingt ans, ce liquide sera une ressource précieuse, beaucoup d'épaules se haussent. Mais des gens avertis comme Albert Jacquard, le généticien, jugent son intervention « géniale » car « il a fait faire un bond à la prise de conscience ». Pour les Amis de la Terre, unique organisation écologiste sur la place, la campagne électorale offre une occasion inespérée de populariser ses thèses. La « péniche » devient le rendez-vous de tous ceux qui veulent faire quelque chose, même sans vocation écologique bien affirmée. Cela permet à l'association de recruter des bénévoles et d'élargir ses rangs jusqu'alors bien maigres.

Dans l'équipe de campagne se regroupent tous ceux que l'on retrouvera plus tard militants aguerris comme Laurent Samuel, Nicolas Desplats, Dominique Bidou, Yves-Bruno Civel, Dominique Simonnet, Henri Fabre-Luce, Michel Giran, Vincent

Richet, Bertrand Charrier, Jean-Luc Bennahmias, etc. Tous espèrent un score magnifique de leur candidat, à proportion du mal qu'ils se sont donné. Immense déception au soir du 5 mai 1974 : René Dumont n'a réuni sur son nom que 337 800 voix, soit 1,32 % des suffrages exprimés. En outre, le vote écologiste n'est ni populaire ni même révolutionnaire, comme le souhaitait René Dumont. Ses meilleurs scores ont été réalisés dans les beaux quartiers et les banlieues résidentielles, où l'on défend surtout sa qualité de vie et son patrimoine... La percée « verte » fait un flop et la plupart se rallient au deuxième tour à la bannière rose de François Mitterrand.

Au lendemain de la défaite, car c'en est une, l'unanimité de façade réalisée autour de René Dumont vole en éclats. Réunis en juin 1974 à Montargis, ceux qui ont soutenu sa candidature se divisent aussitôt en trois camps irréconciliables. Il y a ceux qui, tels Solange Fernex, Philippe Lebreton ou Claude-Marie Vadrot, proposent d'organiser un « mouvement écologique » où tout le monde se retrouverait ; les Amis de la Terre qui, quant à eux, répugnent à fondre leur réseau dans un mouvement appelé forcément à devenir un parti politique ; mais aussi une minorité bruyante qui refuse toute organisation : ce sont les anarchistes, gauchistes, libertaires ou autonomes, bien décidés à saboter toute tentative d'unification.

Comme les socialistes au congrès de Tours, en 1920, les écologistes ont d'emblée des conceptions différentes du pouvoir, de la démocratie, de la société... et de l'écologie. Ces divergences vont les handicaper sérieusement pour parvenir au pouvoir.

Le groupe Paul-Émile Victor

Excédé par la campagne « gauchiste » de René Dumont et les propos excessifs des écologistes qu'il juge « irresponsables »,

Paul-Émile Victor décide de créer son propre groupe, afin de promouvoir une écologie « scientifique et humaniste ». L'explorateur polaire a en effet découvert sur le tard les préoccupations environnementales, notamment auprès de Louis Armand, l'homme du « Livre blanc sur l'environnement ».

Il se tourne d'abord vers ses collègues baroudeurs de la science comme le commandant Cousteau, qu'il appelle JYC, et Haroun Tazieff, surnommé Garouk. Le commandant de la *Calypso* est maintenant une figure de proue de l'écologie planétaire, bien qu'il refuse l'écologie politique. Il accepte l'offre bien volontiers. Le volcanologue est lui aussi devenu un farouche défenseur de la montagne, et François Mitterrand l'a recruté comme conseiller aux risques naturels. Il accepte aussi, tout en proposant son ami Alain Bombard, devenu conseiller du parti socialiste pour l'environnement.

Au quatuor formé par ces « flibustiers de la science », Paul-Émile Victor souhaite adjoindre une éminence scientifique incontestable. Il recrute donc Louis Leprince-Ringuet, professeur de physique à l'École polytechnique, grand défenseur de l'énergie nucléaire mais aussi complice du livre *La Côte d'Azur assassinée*, qu'il a préfacé. Enfin, l'explorateur souhaite une femme parmi ces hommes, et son choix se porte sur Jacqueline Auriol, aviatrice comme lui, et même « la femme la plus rapide du monde ». Voilà donc constitué en 1974 le « Groupe Paul-Émile Victor pour la défense de l'homme et de son environnement », un intitulé qui rappelle à s'y méprendre la conférence de Stockholm, deux ans auparavant. Le financement du groupe est assuré par un mécène de la protection de la nature, le docteur Debat, riche héritier d'une firme pharmaceutique qui possède une vaste propriété sur les hauts de Saint-Cloud. Le docteur Debat, qui héberge déjà la LPO dans une villa de la propriété, offre au groupe de Paul-Émile Victor un local attenant. Délivré des soucis d'argent grâce à son mécène, Paul-Émile Victor multiplie donc les projets. Il fait réaliser un film intitulé *S Eau S*, afin d'accompagner une campagne « pour sauver l'eau douce ». Il publie une série de plaquettes sur des sujets « nature », comme la forêt française ou les espèces en voie de disparition. Et, pour répondre aux attaques de *La Gueule ouverte* qui, à trois reprises en 1975, a fait sa une avec Leprince-Ringuet et ses grandes oreilles cruellement caricaturées, il demande à Tazieff et à Leprince-Ringuet de rédiger un ouvrage de vulgarisation sur le nucléaire.

L'ouvrage ne verra jamais le jour car le groupe, qui n'arrive plus à se réunir, devient très vite « virtuel ». Paul-Émile Victor, lassé de prêcher dans le désert, décide en 1977 de se retirer à Bora-Bora, en Polynésie française, dont il rêve depuis l'enfance. De son *motu* polynésien, il constate tristement que « le militantisme écologique, récupéré par une certaine presse, a provoqué des partis pris passionnels qui n'ont rien à voir avec la lutte pour l'homme et son environnement ». Vacciné contre l'écologie politique, il pense néanmoins que de graves menaces pèsent sur l'environnement. Il dénonce « l'utilisation inconsidérée du fréon qui risque de détruire l'ozonosphère » et met en garde contre « l'accumulation de CO_2 et les changements climatiques ». Mais l'écologie scientifique et humaniste, alors, ne fait pas recette.

Mouvements dans la presse

La campagne présidentielle de René Dumont a contraint la presse nationale à s'intéresser à une nouvelle discipline : l'écologie politique. Et, à défaut d'un nouveau parti à se mettre sous la dent, les journalistes commencent à suivre une actualité

nouvelle pour la plupart : la défense de l'environnement. Les pionniers en la matière, qui n'ont d'ailleurs pas attendu la présidentielle de 1974 pour se pencher sur la question, sont deux Parisiens liés par un cousinage de famille et l'amour du Périgord : Alain de Swarte et Marc Ambroise-Rendu.
Diplômé de l'École supérieure de commerce de Paris, Alain de Swarte a mené une longue carrière de cadre commercial avant de se fixer en Périgord où il est tombé amoureux des vieilles pierres. Décidé à prendre la défense d'un patrimoine qu'il voit à l'abandon, il rachète en 1970 la revue *Résidences secondaires* et la transforme en une revue pour la défense des paysages et du patrimoine rural. De son côté, Marc Ambroise-Rendu, journaliste à *Lectures pour tous*, décide en 1972 de créer un mensuel d'information sur toutes les actions menées pour améliorer la qualité de la vie et protéger l'environnement. Le magazine, intitulé *Mieux vivre*, ne durera que l'année 1973, mais les deux cousins décident alors de fusionner leurs publications pour n'en faire qu'une, dédiée au combat associatif pour la protection de l'environnement. Et ce sera, en février 1974, la naissance à Périgueux d'une revue trimestrielle appelée *Combat Nature*, entièrement rédigée par les bénévoles des associations. Lorsqu'elle fêtera son trentenaire, en 2004, la revue en aura vu défiler près d'un millier. Resté à Paris, Marc Ambroise-Rendu est alors recruté par le journal *Le Monde* pour couvrir un secteur largement en friche : l'environnement et tout ce qui tourne autour, à commencer par les associations, le ministère de l'Environnement, les transports, l'équipement, l'énergie et des pans entiers de l'actualité de terrain jusque-là négligés. Au fil de ses reportages et de ses enquêtes, il crée une véritable rubrique, porté par l'actualité politique de 1974 et des années « chaudes » qui vont suivre.

Le reste de la presse traîne davantage les pieds. Au *Figaro*, on se méfie des « écolos », et l'on préfère les chefs-d'œuvre en péril. *France Soir* a perdu Louis Bériot, passé à la télévision. Claude-Marie Vadrot a quitté *L'Aurore* pour *Le Canard enchaîné*, où il peine à traiter les sujets d'environnement dans une rédaction où l'on brocarde les « bouffeurs de carottes ». Il se rattrape dans *Tribune socialiste*, l'organe du PSU, le seul parti qui accueille alors l'utopie verte. Même *Libération*, encore très « mao », néglige le combat écologique.
Dans la presse écologiste, *La Gueule ouverte* d'Isabelle Cabut et Laurent Samuel rêvent d'une société alternative et continue à « gueuler » contre la technocratie et l'État oppressif. Au *Sauvage*, Alain Hervé plaide pour une « écosociété », et Brice Lalonde propose une convergence politique où l'on retrouverait les écologistes, les femmes et les non-violents. L'équipe monte une « radio verte » à Paris, sur le toit de l'appartement de Jean-Edern Hallier. L'écrivain est ravi de braver les interdits, même pour une cause qui n'est pas la sienne. Sur les ondes autorisées, seul Jean Carlier, à RTL, continue à défendre l'environnement. En 1974, sa chronique « La qualité de la vie » lui permet, sous un titre anodin, de donner des informations qui ne correspondent pas toujours aux canons de la station. Son engagement écologique lui vaudra son éviction en 1978.

Le droit de l'environnement

En 1973 est paru un ouvrage intitulé *Droit de la protection de la nature et de l'environnement*. Cette « bible » de près de mille pages a pour auteur un éminent professeur de droit à l'université de Bordeaux, Jean Lamarque. Dans son avant-propos, il marque sa confiance en le respect du droit pour protéger l'environnement : « La pollution des eaux et la pollution de l'air ne

sont pas irrémédiables, écrit-il ; le bruit peut être contenu ; la dégradation des sites naturels, la réduction des espaces verts ou forestiers, la disparition d'espèces animales ou végétales ne présentent aucun caractère de fatalité ; tout dépend de l'homme. »
Sans doute inspiré par cette confiance, un jeune avocat parisien, Christian Huglo, tente cette année-là de faire respecter le principe « pollueur payeur » en attaquant l'industriel italien Montedison, coupable de déverser ses « boues rouges » au large de la Corse. De son côté, après avoir participé à de multiples manifestations en Alsace et ailleurs, un assistant de droit à l'université de Strasbourg, Michel Prieur, décide en 1974 de faire entrer le droit dans la défense active de l'environnement. Avec l'aide de l'ancien conseiller juridique de Robert Poujade, Renaud Denoix de Saint-Marc, il crée la Société française de droit de l'environnement (SFDE), à laquelle vont adhérer des juristes de plus en plus concernés par cette montée de l'exigence écologique.

La SFDE va créer en 1976 la *Revue juridique de l'environnement*, qui permet à ces juristes engagés de sortir de leur ghetto universitaire et de croiser leurs expériences. L'énarque Philippe Saint-Marc applaudit à cette initiative qui, pour lui, marque la fin de la « nécropole juridique » où s'enlisait jusque-là toute tentative de protection de la nature. Ces juristes engagés ne se doutent pas que, trente ans plus tard, le droit de l'environnement sera « adossé » à la Constitution par une Charte !

Un Conservatoire du littoral

Préserver le littoral a toujours été une préoccupation de la DATAR, à commencer par son patron, Olivier Guichard, menacé chez lui, à La Baule, d'un nouveau « mur de l'Atlantique ». Serge Antoine et Michel Piquard ont enquêté chez les

Anglais et découvert que leur National Trust, une association de droit privé, réussit à préserver les plus beaux sites naturels de Grande-Bretagne, dont beaucoup sont sur le littoral. En 1974, Michel Piquard remet un rapport au ministère de l'Environnement où il propose la création d'un National Trust à la française qui pourrait s'appeler Conservatoire du littoral. Il s'agirait d'un établissement public habilité à racheter des terrains au nom de l'État afin de les soustraire aux aménageurs et aux promoteurs immobiliers. Le projet est soumis au Parlement qui, en 1975, adopte une loi créant le Conservatoire du littoral et des rivages lacustres. Serge Antoine propose de l'installer dans un site emblématique, la Corderie royale de Rochefort.

À la différence de son homologue britannique, animé par des bénévoles et financé par des donations privées, le Conservatoire est donc un organisme d'État, doté de fonds publics et d'une administration soumise à des procédures strictes. Cependant, cahin-caha, il va finir par s'imposer et racheter des kilomètres de linéaire côtier encore « naturels » ou même presque vierges, comme en Corse. Des donations privées, aussi, viendront compléter le dispositif. Et des assouplissements permettront de racheter des terrains bâtis ou cultivés, avec un cahier des charges perpétuant l'exploitation du domaine.

L'année d'après, en Alsace, se crée le Conservatoire des sites alsaciens, association foncière de droit local qui agit pour la sauvegarde du patrimoine naturel. Son objectif est d'acheter, de louer ou de gérer les espaces naturels pour conserver les qualités biologiques ou esthétiques de ces milieux. Le Conservatoire des sites alsaciens va constituer un réseau régional de quelque deux cent cinquante sites, représentant au total 6 000 hectares. Les conservatoires régionaux, par la suite, se multiplieront dans toute la France.

La gestion des déchets

La société de consommation, on commence à s'en apercevoir, génère des monceaux de déchets, et notamment des déchets industriels, toxiques ou dangereux, qu'on ne peut plus se permettre d'entreposer dans des décharges au coin d'un bois. Une loi est donc votée en 1975 pour remédier à la situation et, l'année suivante, est instituée l'ANRED (Agence nationale pour la récupération et l'élimination des déchets), qui va s'efforcer d'instaurer le tri et le recyclage, y compris dans les ordures ménagères. En cette période « post-choc pétrolier », on s'avise que le recyclage des déchets peut économiser l'énergie, ne serait-ce que par l'incinération des papiers, cartons et plastiques qui encombrent inutilement les décharges. On lance même l'idée d'une collecte sélective des ordures ménagères à domicile, à l'image de ce qui se fait déjà en Suisse et en Allemagne.

Reste le problème des déchets nucléaires, qui ne se pose pas encore en termes aigus puisque la production ne fait que commencer, mais qui préoccupe déjà les pouvoirs publics et, surtout, les opposants à l'énergie atomique. C'est notamment le cas d'un cercle de scientifiques d'Orsay qui, en 1975, créent le Groupement des scientifiques pour l'information sur l'énergie nucléaire (GSIEN). Composé à parité de physiciens et de médecins, ce groupe très bien documenté entend diffuser toutes les informations que l'on cache encore au grand public, volontairement ou par désinvolture. Il édite un bulletin intitulé *La Gazette nucléaire*, qui existe encore aujourd'hui.

Rémi Parmentier et les baleines

Un jour de 1975, un timide étudiant de dix-huit ans, Rémi Parmentier, se présente au siège des Amis de la Terre à Paris, où l'on cherche toujours des bénévoles pour les campagnes à mener. Il tombe sur le secrétaire général, Nicolas Desplats, qui lui dit d'emblée : « Tu t'occupes des baleines. » Les Amis de la Terre de San Francisco, en effet, sont absorbés par un projet baptisé Jonas, auquel Nicolas Desplats a participé en association avec Greenpeace, à Vancouver. Il est temps de prendre le relais à Paris.

Voici donc Rémi Parmentier embarqué dans le projet Jonas, qui consiste à diffuser films, disques et dessins consacrés à la sauvegarde des mammifères marins. Les enregistrements du cri des baleines font beaucoup d'effet sur le public, qui découvre à cette occasion que les cétacés sont des mammifères, comme nous les hommes. Cette campagne permet à la fois de toucher un public nouveau et de faire pression sur le gouvernement pour qu'il vote « bien » lors des réunions de la Commission baleinière internationale. Rémi Parmentier se prend au jeu et devient un spécialiste de la défense des mammifères marins, grâce notamment aux documents fournis par Greenpeace. Il se prend tellement au jeu qu'il va finir par créer une antenne de Greenpeace à Paris. Ce sera le début d'une histoire mouvementée…

Denis de Rougement contre Concorde

Le projet franco-britannique de l'avion supersonique Concorde est alors dans le collimateur des Américains, qui lui reprochent de déchirer la couche d'ozone et de faire trop de bruit à l'approche des aéroports. Ils veulent donc lui interdire l'atterrissage à New York. Le Concorde a un autre défaut : conçu dans les années 1960, à une époque où le pétrole coulait à flots, sa consommation de kérosène représente aujourd'hui un gouffre financier. C'est pourquoi les acheteurs ne se bousculent pas. Le 14 janvier 1976, la télévision française organise sur le supersonique un débat où elle a invité le philosophe suisse Denis de Rougemont. L'invité a beaucoup de mal, en duplex depuis son studio de Genève, à faire valoir ses arguments contre le bel oiseau dont les Français sont si fiers. Il va donc prendre la plume pour argumenter point par point. Il explique d'abord que les heures gagnées par un vol supersonique n'offrent pas d'intérêt : « Est-ce qu'elles vaudront les 16 milliards déjà dépensés par l'État, donc par les contribuables français et anglais ? Est-ce qu'elles justifieront le risque planétaire que des savants redoutent, l'atteinte possible à la couche d'ozone qui protège notre vie terrestre contre les rayons ultraviolets ? »

Et qu'on ne vienne pas lui parler des quarante mille chômeurs en cas d'arrêt du programme Concorde : « Si la société est ainsi faite que la seule alternative au gaspillage industriel, à la pollution de l'atmosphère, c'est le chômage, il est temps de changer de cap. » Le philosophe suisse pense que l'avion supersonique est, comme les centrales nucléaires, le symbole de « l'État centralisateur et policier », soumis à la tyrannie des équipements « toujours plus grands, toujours plus chers, toujours plus bruyants et toujours plus dangereux ». Pour lui, « l'idée vraiment moderne du progrès et du luxe s'oppose radicalement à cette manie démodée de la vitesse et du fracas pour épater le monde ». Il conclut : « Le luxe suprême de demain : la lenteur au sein du silence. »

Ni les Américains ni Denis de Rougemont n'empêcheront finalement l'exploitation commerciale de Concorde. Mais il est aujourd'hui avéré que le temps gagné n'a jamais compensé le kérosène consommé et les frais d'entretien de ce très coûteux appareil. Les Russes eux-mêmes ont renoncé à commercialiser sa copie, le Tupolev 144, après un accident au Bourget. Et les derniers vols British Airways du 24 octobre 2003 n'auront jamais de suite. Le Genevois Denis de Rougemont avait raison trop tôt.

Naissance du ROC

Les défenseurs de la nature les plus radicaux ont alors une autre bête noire : la chasse. Ils vont se regrouper en 1976 à l'initiative de deux journalistes, Bernard Groslier et Paule Drouault, associés à un couple de scientifiques de l'Aisne, Serge et Nelly Boutinot. Leur Rassemblement des opposants à la chasse (ROC, aujourd'hui la Ligue pour la préservation de la faune sauvage) est une « association nationale pour la défense des droits des non-chasseurs et le respect du patrimoine naturel ». Présidé par Théodore Monod, l'antichasse de toujours, le ROC a du beau monde dans son comité de parrainage : les écrivains Hervé Bazin, Bernard Clavel et Marguerite Yourcenar ; les écolos Solange Fernex, Brice Lalonde, Robert Hainard et Roland de Miller ; et enfin des personnalités aussi diverses que Brigitte Bardot, Alain Bombard, Martin Gray, Samivel et Rika Zaraï…
Le ROC a plusieurs objectifs. D'abord, préserver les droits des non-chasseurs en obtenant la modification de la loi Verdeille, qui permet de chasser chez des propriétaires opposés à la chasse. Il demande aussi l'interdiction de chasser sur les terrains domaniaux comme les plages (domaine public maritime) et les forêts domaniales. Il réclame l'interdiction de chasser le mercredi et le dimanche, pour préserver la tranquillité des promeneurs. Enfin il exige l'abolition de la chasse à courre, l'interdiction des pièges à mâchoires et celle des lâchers de gibier le jour du tir. Dans un pays comme la France, où la chasse est à la fois une conquête révolutionnaire, une tradition rurale et un loisir populaire, ces revendications ont peu d'échos dans l'opinion. Et ce n'est pas le président de la République, Valéry Giscard d'Estaing, grand

amateur de chasse, qui va pousser au changement sur ce point. Il faudra attendre l'arrivée des Verts au gouvernement, en 1997, pour que les choses bougent, avec beaucoup de difficultés.

Certains défenseurs de la cause animale veulent aller plus loin encore. Pour eux, il ne suffit pas de militer contre la chasse, comme le ROC, ni d'ouvrir des refuges, comme le fait la SPA. De même qu'il y a une Ligue des droits de l'homme, pour défendre la dignité de tous les êtres humains, ils veulent une Ligue des droits de l'animal pour défendre la dignité, non seulement de nos « compagnons à quatre pattes », mais aussi de tous les animaux victimes de l'homme. Et c'est ainsi que, en 1977, est créée à Paris la Ligue française des droits de l'animal, à l'initiative de Georges Heuse, un proche de Théodore Monod, de Philippe Diollé, qui a longtemps écrit pour Cousteau, de Jean-Jacques Barloy, ancien chroniqueur animalier du *Monde*, et de Jean-François Nouët, professeur de médecine.

La Ligue revendique donc des droits pour tout animal de la planète, qu'il soit sauvage, domestique ou gibier. Et d'abord le droit de ne pas être tué, blessé ni torturé, quelles qu'en soient les raisons. Elle demande donc l'abolition de la chasse à courre, comme le ROC, mais aussi l'interdiction des combats de coqs, des corridas et de tout jeu entraînant la participation d'un animal. Elle se bat contre l'élevage en batterie, les porcheries industrielles, le gavage des oies, le commerce de la fourrure et tout ce qui peut porter atteinte à l'intégrité et au bien-être des animaux. Même les pêcheurs à la ligne sont requis de ne pas utiliser de vifs ni d'hameçons avec ardillons.

Pour beaucoup de naturalistes, ce combat relève plus de la sensiblerie et de l'idéologie du respect de la vie par principe que de la protection de l'environnement. De fait, qu'il s'agisse de la vénérable SPA ou de la toute jeune Ligue, la cause animale rassemble parfois des militants très éloignés du combat écologique. Sans parler de la récupération de l'extrême droite qui, sous prétexte de lutter contre la souffrance animale, dénonce les musulmans qui égorgent le mouton pour l'Aïdel-Kébir…

Une loi pour la protection de la nature

Sans avoir attendu le ROC ni la Ligue, le ministère de l'Environnement prépare justement une grande loi qui, pour la première fois en France, va protéger non seulement la faune sauvage, mais aussi la flore et le milieu naturel en général. Depuis 1974, les associations de protection de la nature sont mobilisées pour convaincre les pouvoirs publics et les parlementaires. Christian Jouanin pour la SNPN, Michel Brosselin et Jean-Pierre Raffin pour la FFSPN, pratiquent un intense lobbying pour que le nouveau gouvernement réalise ce que le précédent (Chaban-Delmas) avait promis.

Parmi les députés, ils trouvent des relais, en la personne de Georges Mesmin, partisan de l'étude d'impact avant tout aménagement, et de Roland Nungesser, défenseur de la cause animale et du patrimoine, qui sera le rapporteur de la loi. Finalement, le 10 juillet 1976, la loi « relative à la protection de la nature » est votée. Plusieurs administrations, notamment aux finances et à l'équipement, ont tout fait pour s'opposer au principe de l'étude d'impact, qui contraint l'aménageur à tenir compte du milieu naturel. Le Parlement ratifie donc un texte qui déclare que « la protection des espaces naturels et des paysages, la préservation des espèces animales et végétales, le maintien des équilibres biologiques (…) et la protection des ressources naturelles (…) sont d'INTÉRÊT GÉNÉRAL ».

La nature n'est plus l'apanage des naturalistes, des chasseurs, des agriculteurs, des forestiers ou des promeneurs. Elle appartient à tout le monde et fait donc partie du patrimoine national, qui n'est pas à vendre. Le texte de loi va plus loin : « Il est du devoir de chacun de veiller à la sauvegarde du patrimoine naturel dans lequel il vit. » Dans un pays où, jusqu'à présent, la protection de la nature (*res nullius*) incombait à l'État et, parfois, aux collectivités ou aux propriétaires fonciers, il est remarquable qu'une loi fasse reposer cette responsabilité sur chaque citoyen. Ce nouveau civisme est une « révolution tranquille », comme le dira ensuite Michel d'Ornano.

La faune sauvage, dans cette loi, fait l'objet d'une protection particulièrement stricte lorsqu'elle n'est ni gibier ni classée nuisible. Sont désormais interdits « la destruction ou l'enlèvement des œufs et des nids, la mutilation, la destruction, la capture ou l'enlèvement, la naturalisation de ces espèces ou, qu'ils soient vivants ou morts, leur transport, leur colportage, leur utilisation, leur mise en vente, leur vente ou leur achat ». Autrement dit, un gosse qui déniche un oiseau ou un automobiliste qui ramasse un animal tué sur la route commettent un délit. La protection de la loi s'étend aussi à la flore sauvage, aux minéraux et aux fossiles.

Ainsi, on passe d'une France où chacun pouvait se servir *ad libitum* dans le milieu naturel, sans autre restriction que la réglementation de la chasse, de la pêche et du droit de propriété, à une France au patrimoine naturel placé sous la sauvegarde du public et contrôlé par la loi, jusque dans ses plus humbles êtres vivants. C'est donc bien une révolution, menée « à froid », sans passion, mais avec une détermination sans faille. Un cas exceptionnel en France.

Le nucléaire, voilà l'ennemi !

Si les protecteurs de la nature sont globalement satisfaits par cette loi de 1976, les militants écologistes et alternatifs sont, eux, toujours mobilisés contre les projets nucléaires du gouvernement. Le nucléaire, voilà l'ennemi ! Aux élections cantonales de mars 1976, Antoine Waechter, obstiné pourfendeur de Fessenheim, obtient 13 % des voix dans son canton de Mulhouse. Le 6 juin, ils sont près de huit mille à marcher contre l'usine de retraitement de La Hague. Au premier rang se retrouvent Brice Lalonde, leader des Amis de la Terre, Haroun Tazieff, l'homme des risques majeurs, et Didier Anger, le militant local dont la maison est cernée par les pylônes électriques de la centrale de Flamanville.

En Rhône-Alpes, la bataille est menée par le comité Malville, qui est mobilisé contre le projet Superphénix, un réacteur à neutrons rapides alors en construction au bord du Rhône à Creys-Malville (Isère). À la tête du comité Malville se trouve Cédric Philibert, ancien rédacteur de *La Gueule ouverte*, qui tente de mobiliser l'opinion avec une radio libre baptisée Radio active. Superphénix symbolise en effet tout ce que les écolos abhorrent : une usine qui va brûler du sodium et du plutonium, ce poison qui sert à fabriquer la bombe atomique ; qui plus est, une entreprise de dimension européenne où sont associés Allemands, Italiens et Espagnols. Superphénix est un monstre multinational qui doit être tué dans l'œuf.

Le 3 juillet 1976, c'est donc la première grande manifestation à Creys-Malville, avec en tête Lanza del Vasto, Théodore Monod et Philippe Lebreton. Ils sont quinze mille à marcher pacifiquement vers l'usine en construction. Les marcheurs cisaillent la clôture de barbelés et pénètrent sur le chantier, ce qui déclenche une riposte des CRS. Les meneurs sont emmenés à la sous-préfecture de La Tour du Pin et doivent fournir des explications. Mais on en reste là. Les travaux continuent. En Alsace, c'est toujours le statu quo avec les opposants de Fessenheim, qui entament un jeûne de deux semaines devant la centrale. Mais les réacteurs sont finalement mis en route en mars 1977. C'est décourageant pour des militants qui luttent depuis six ans sans discontinuer.

Les chiens aboient, mais la caravane nucléaire passe, car elle a le soutien de l'opinion publique, échaudée par le premier choc pétrolier.

Manœuvres électorales

La France compte alors soixante mille associations de défense de l'environnement. C'est à la fois trop et trop peu. Trop, parce que cela correspond à un émiettement préjudiciable à toute action d'envergure. Trop peu parce que les effectifs de chacune sont squelettiques. Comment réussir une percée qui puisse devenir une force ? se demandent les plus déterminés. Contrairement à la position du réseau international des Amis de la Terre, qui refuse l'engagement politique, Brice Lalonde est persuadé que le pouvoir d'influence, en France, est au fond des urnes. À l'occasion d'une élection législative partielle dans le 5e arrondissement de Paris, il se présente donc avec René Dumont comme suppléant. Alors qu'il est toujours officiellement adhérent du PSU, il s'oppose au candidat présenté officiellement par ce parti !

Le 14 novembre 1976, il obtient 6,51 % des voix. C'est moins que Waechter dans son canton de Mulhouse (13 %), quelques mois plus tôt, mais c'est plus que son challenger du PSU qui n'obtient que 1,8 % des voix. L'effronterie a payé. Il accède enfin à la notoriété dans le microcosme politique. Même si cela ne fait qu'exacerber les rivalités entre le Mouvement écologique, les Amis de la Terre et le PSU, qui tentent chacun de rassembler les alternatifs.

Les Amis de la Terre, cette fois, sont bien décidés à présenter des candidats aux élections municipales de mars 1977. La commune, c'est le terrain local, c'est là que l'on peut changer la vie. Tous sont d'accord là-dessus. Laurent Samuel explique que « l'écologie doit combattre la tentation de l'apolitisme » et propose d'élargir le front avec tous les « courants centrifuges, anti-étatiques, anti-productivistes, anarchosyndicalistes, non-violents, régionalistes et autonomistes ». Pour lui, « le courant autogestionnaire est l'allié naturel des écologistes ». Dominique Simonnet se félicite lui aussi que l'écologie politique se soit imposée comme « un mouvement social impertinent et autonome ». Même s'il pense qu'un « regroupement électoral doit être éphémère », il en veut aux « écologistes purs et durs » qui, tels Isabelle Cabut et Arthur à *La Gueule ouverte*, « élèvent leur marginalisme en dogme » et crient à la trahison dès qu'un écolo se présente à une élection.

Finalement, des listes écologistes homogènes sont constituées dans presque toutes les grandes villes, comme Grenoble avec Cédric Philibert, Lille avec Pierre Radanne et Rennes avec Yves Cochet. À Paris, Brice Lalonde présente des listes dans chaque arrondissement, avec notamment Alain Hervé, Serge Moscovici, Christian Huglo, Dominique Bidou et Jean-Claude Delarue. Lui-même conduit la liste du 5e arrondissement, ce qui lui vaut son premier portrait dans *Le Monde*. Au soir du premier tour, le 13 mars 1977, les écologistes peuvent se féliciter : ils approchent les 10 % des voix là où ils sont présents. À Paris, malgré la fixation sur le duel Chirac/d'Ornano, ils les dépassent. Alain Hervé, opposé à Philippe Saint-Marc, a plus de 13 % dans le 6e, comme Brice Lalonde dans le 5e. En province, c'est Chambéry qui établit le record avec près de 20 % des voix ! Dans l'ensemble, pour un début, ces résultats sont tout à fait honorables. Ils prouvent qu'un Français sur dix est prêt à changer son vote habituel pour une liste « écolo », ce qui est nouveau. Les tribus gauloises de l'écologie auraient-elles enfin trouvé le chemin de l'unité et de l'efficacité ? C'eût été trop beau. Elles ne vont pas tarder à se déchirer à nouveau à propos de Superphénix.

Offensive pacifique ou violente ?

Le succès électoral des amis de Brice Lalonde ne désarme pas les antinucléaires autonomes qui, dès le mois d'avril, annoncent dans *Écologie Hebdo* que le rassemblement prévu à Creys-Malville en juillet débouchera sur « une pénétration du site et sa destruction ». C'est une déclaration de guerre. « La non-violence, non : il s'agit de légitime défense. Car Superphénix est un attentat contre les populations. Assez de Larzac-Malville les mains dans les poches. Il faut un rassemblement offensif. » Et le journal donne des conseils pratiques pour l'attaque, où l'on « prendra des risques nouveaux ». Cet appel à l'offensive violente jette le trouble dans le petit monde écolo. Les Amis de la Terre refusent et proposent un encerclement massif et pacifique, comme le rassemblement contre La Hague à Sainte-Mère-Église où vingt mille manifestants ont organisé un « Woodstock normand ». L'animateur du comité Malville, Cédric Philibert, prône lui aussi la non-violence, mais il ne maîtrise pas les autonomes.

À *La Gueule ouverte*, en pleine crise, on se déchire. Pour survivre, le journal doit fusionner avec la revue *Combat non violent* et s'installe dans une ferme bio de Saône-et-Loire. Mais, curieusement, la non-violence n'est plus à l'ordre du jour. La guerre contre le nucléaire prime, encouragée par des déclarations inespérées comme celle du commandant Cousteau qui, en mai 1977, proclame : « Les promoteurs de l'énergie nucléaire sont des idiots technocrates qui jouent au Meccano avec la vie humaine. »

Le 2 juillet, quelque trois mille antinucléaires se rassemblent sur la grand-place de Golfech (Tarn-et-Garonne) pour chanter et danser. Le lendemain, des manifestants arrachent les grillages du chantier et pénètrent sur le site de la centrale en construction, tandis que d'autres arrêtent les trains. Le député de la circonscription, Jean-Michel Baylet, appelle les gendarmes. Le 10 juillet, trois mille manifestants marchent pacifiquement sur Gravelines (Nord). Un défilé « calme, joyeux et coloré ». Le soir, on danse la gigue, la gavotte et la polka piquée, puis l'on se glisse pour la nuit dans des sacs de couchage. La police survient à l'aube et fait évacuer les lieux à coups de matraque et de gaz lacrymogènes. Les manifestants non violents n'en reviennent pas. « L'écœurement, la rage et le mépris », constate l'un d'eux. Aussi, les consignes pour Creys-Malville se durcissent-elles de jour en jour. Les manifestants sont invités à en découdre, avec l'espoir que les renforts venus de Suisse et d'Allemagne leur permettront de déborder complètement les forces de l'ordre. Effrayés par cet appel à la « non-violence offensive », la CFDT et le PS renoncent à se joindre au cortège.

La débâcle de Creys-Malville

Le 30 juillet, malgré une pluie persistante, ils sont des milliers à converger vers le site de Creys-Malville : une foule composite où se mêlent des antinucléaires à pancarte, des « écolos baba cool » en poncho et sandales, et des familles entières venues avec les enfants. On retrouve là les militants habituels comme Brice Lalonde, Philippe Lebreton et Cédric Philibert, très inquiet, et aussi de paisibles juristes comme Michel Prieur, venu

de Strasbourg, et Jean Untermaier, de Lyon. Au milieu de ces habitués de la non-violence se sont glissés de très nombreux jeunes casqués et masqués, le sac gonflé, armés de manches de pioche. Mais comment filtrer les casseurs dans cette foule qui piétine dans la boue ?
Le lendemain, de nouveaux manifestants se joignent à ceux qui ont bivouaqué dans le froid, l'humidité et la boue. Ils sont plus de cinquante mille à marcher vers le chantier, protégé par un mur de gendarmes mobiles. Le choc est inévitable. Les casseurs jettent des pierres et des boulons, les gendarmes répliquent par des tirs de grenades lacrymogènes. C'est la confusion totale, sous la pluie et dans la fumée. De braves militants sans défense sont matraqués sans ménagement. La plupart refluent en désordre, abasourdis par la tournure des événements. Le soir, on relève un mort et un blessé grave chez les manifestants. Le blessé, Michel Grandjean, a reçu une grenade offensive dans la jambe et devra être amputé. Le mort, Vital Michalon, était professeur de physique dans la Drôme et officier de réserve. Tout sauf un casseur. Consternation dans les rangs écolos. Chacun rentre chez soi avec un goût amer dans la bouche et le regret d'avoir participé à une manifestation contre-productive.
La manifestation de Creys-Malville marque donc la fin d'une époque, celle de l'alliance des écologistes avec les autonomes et avec ceux qui cherchent seulement l'affrontement. Le combat écologique va revenir à sa tentative de 1974 : la participation aux joutes électorales. Comme on l'a dit du communisme, le « gauchisme » est la maladie infantile de l'écologisme.

Chapitre 8 : 1978-1981

Les écolos en plongée

Après l'échec de la manifestation violente de Creys-Malville, les écologistes sont désemparés. Certains tentent leur chance aux élections, sans pouvoir s'unir. D'autres cherchent des alliances en Europe pour sortir du ghetto. Beaucoup, enfin, se recentrent sur les associations, qui cherchent une nouvelle respectabilité. Ils sont d'autant plus mal à l'aise que le gouvernement français, avec Valéry Giscard d'Estaing comme président et Michel d'Ornano comme ministre de l'Environnement et de l'Équipement, mène une politique beaucoup plus ouverte que ses prédécesseurs en matière de protection de l'environnement.

L'échec de la gauche en 1978, puis son succès en 1981, marginalisent l'écologie politique. Quant à la préoccupation environnementale, elle semble disparaître du champ de la société française, aux prises avec « la crise »

La presse alternative en crise

L'échec de Creys-Malville fragilise encore plus *La Gueule ouverte*, devenue une sorte de phalanstère alternatif, partagé entre le bio, la méditation transcendantale et les discussions à l'infini sur la non-violence et l'engagement politique. La rédaction devient « caractérielle » et la diffusion s'effondre. De près de cent mille au lancement, en 1972, le tirage se stabilise d'abord à vingt-cinq mille exemplaires, puis chute après juillet 1977. « L'écologie est au creux de la vague », constate Cédric Philibert, qui s'accroche à ce journal jusqu'en 1979, avant de passer à *Libération*. Le déclin est tel qu'il faut arrêter les frais en 1980. Le journal est criblé de dettes, avec un dernier carré de trois mille huit cents abonnés et seulement deux mille acheteurs en kiosque. Isabelle Cabut doit renoncer. Le combat non violent reprendra en 1982 à Lyon avec un nouveau mensuel appelé *Silence*. Tout un symbole : on ouvrait sa gueule, maintenant on la ferme.

Écologie Hebdo ne va pas mieux. En septembre 1977, Jean-Luc Burgunder lance un SOS à ses lecteurs pour soutenir « la plus ancienne feuille écologique hebdomadaire ». Le bulletin de Montargis a pourtant une honnête diffusion de soixante-quinze mille exemplaires, avec huit permanents, deux voitures, un labo photo et une imprimerie. Mais justement, tout cela coûte cher. Grâce au travail et à l'abnégation de l'équipe, grâce aussi au renfort de Cavanna et de Cabu, privés de *La Gueule ouverte*, la feuille va survivre. Mais le moral est en baisse, et le tirage aussi, qui se stabilise à vingt-cinq mille exemplaires, autour d'un noyau de six mille abonnés.

À l'inverse, le moral du *Sauvage* remonte et il devient mensuel. Alain Hervé explique que « les écologistes, électoralistes ou pas, ont ouvert un trou noir dans la vie politique française », et il se félicite que « le phénomène écologiste offre aux Français la possibilité de poser des questions sur tous les sujets dont l'accès leur était interdit », comme le nucléaire, le temps de travail, la santé, l'urbanisme concentrationnaire, l'alimentation frelatée, le fichage informatique, la pollution agricole et le bétonnage des côtes. Dans sa « tribune libre », Brice Lalonde refait l'Histoire à grandes enjambées. Dans un premier temps, explique-t-il, on s'est battu pour un système politique (roi ou république). Ensuite, on a lutté pour défendre le travail (capital ou travail). Arrive maintenant une nouvelle ère : quel travail, et pour quoi faire ? Un brin provocateur, il fait l'apologie de la journée de deux heures et de la semaine de dix heures... Le reste du journal est beaucoup plus pratique, avec des articles sur les poêles à bois, le vélo, la « maison éolienne » ou l'« art de courir ». La lecture du *Sauvage*, globalement, est joyeuse et tonique, surtout comparée aux autres feuilles écologistes qui annoncent la fin du monde. Cela n'empêche pas *Le Sauvage* de lancer à son tour un SOS au début de 1978. Après « cinq ans de galère », l'équipe d'Alain Hervé se sent épuisée, à bout de souffle, sans relais dans l'opinion. La société française, dans ses profondeurs, ne suit pas. Le journal survivra vaille que vaille jusqu'à ce que, pressentant la vague rose en 1981, Claude Perdriel arrête les frais.

Espaces pour demain

À la télévision, Louis Bériot ne se satisfait pas de son émission « La France défigurée ». Sans vouloir entrer en politique, puisqu'il est journaliste, il voudrait aussi agir pour préserver les beaux paysages de France. Il a donc l'idée de fonder un National Trust à la française, qui puisse acheter des espaces à protéger pour compléter l'action du Conservatoire du littoral. Car préserver le littoral, c'est bien, mais ça n'est pas suffisant. Après avoir constitué un conseil d'administration à dominante scientifique, où l'on retrouve Émile Vivier, président de Nord

Nature, à Lille, et Josette Bénard, président du CREPAN, à Caen, Louis Bériot dépose au début de 1977 les statuts d'une association qu'il appelle Espace pour demain. C'est une institution privée dont l'objet est d'intérêt public, puisqu'il s'agit d'acheter des terres qui seront gérées pour leur conservation et ouvertes au public. Pour faire connaître son association, Louis Bériot embauche un jeune commercial qui lui propose de lancer une campagne sur le thème « Achetez un arbre ». Qui refusera de faire un petit chèque pour devenir propriétaire d'un arbre existant et se porter ainsi garant de l'avenir d'un espace vert ouvert à tous ? L'idée séduit Louis Bériot et son conseil d'administration. La campagne est donc lancée dans toute la France à grand renfort d'affichage.

Mais les chèques attendus n'arrivent qu'au compte-gouttes. Les Français se méfient de ces campagnes publicitaires dont ils ignorent le commanditaire et, d'une manière générale, ils sont plus généreux pour l'humanitaire que pour la protection de l'environnement, dont ils continuent à penser que c'est un devoir d'État. L'opération fait donc un flop retentissant, et aura coûté plus d'argent qu'elle n'en rapporte. Aucun arbre n'est finalement acheté ni aucun espace ainsi préservé. Les donateurs ignoreront toujours où est passé leur argent. Mais comme l'idée était bonne au départ, l'association est sauvée par l'arrivée d'entreprises décidées à faire du mécénat. Et c'est finalement une association filiale d'EDF qui prend tout en main sous l'autorité d'un de ses anciens patrons, Pierre Delaporte. Dès lors, Espaces pour demain devient un club de réflexion sur la protection de l'environnement, qui organise des colloques. Les achats de terrains se limitent à quelques propriétés qui se comptent sur les doigts de la main. La bonne idée de Louis Bériot s'est perdue dans les sables.

Greenpeace France

En 1977, il n'existe encore que deux bureaux de Greenpeace en Europe, à Londres et à Amsterdam. Les militants de la paix verte souhaitent créer un troisième bureau à Paris, et ils s'en ouvrent à Rémi Parmentier, qui s'occupe alors du projet Jonas pour les Amis de la Terre. Devenu malgré lui le défenseur des baleines, Rémi Parmentier accepte la proposition, avec l'accord de Brice Lalonde qui est lui-même un ancien compagnon de route des combattants de l'Arc-en-ciel. Brice Lalonde pousse d'ailleurs la complaisance jusqu'à louer à Greenpeace une boutique dont il est propriétaire dans le 5e arrondissement de Paris, rue de la Bûcherie. Pour Greenpeace France, pratiquement inconnu en France, c'est le local rêvé : un pas-de-porte situé à un jet de pierre de Notre-Dame, au cœur du Quartier latin. Cette vitrine lui permet de signaler son existence aux passants d'un quartier très fréquenté.

Rémi Parmentier est bientôt rejoint par Katia Kanas, la fille d'un artiste grec installé à Paris, qui a suivi un cursus d'écologie à l'université. Puis, en janvier 1980, se présente un jeune de vingt-quatre ans, Pierre Gleizes, objecteur de conscience qui a étudié l'anglais en Angleterre et appris la photo en France. Pierre Gleizes sera le premier militant salarié du bureau de Paris, comme photographe. Très vite, cependant, il est appelé comme citoyen français à participer à des campagnes internationales, et il embarque sur le *Rainbow Warrior* pour plusieurs années.

Ces campagnes maritimes passent fréquemment par Cherbourg, par où transitent les déchets nucléaires recyclés à La Hague, et contre lesquels lutte farouchement l'organisation. C'est à cette occasion qu'est recruté le Cherbourgeois Jacky Bonnemains, future cheville ouvrière du bureau de Paris. Ce renfort n'empêche cependant pas que Greenpeace France reste alors une association minuscule, ignorée de la plupart des Français.

L'engagement des chercheurs

La crise énergétique qui frappe l'Europe pose un défi à ceux qui s'opposent à l'énergie nucléaire et contestent le « tout pétrole ». C'est alors, en 1978, que trois chercheurs, Philippe Chartier, Philippe Courrège et Benjamin Dessus, réunis dans le Groupe de Bellevue (Meudon), rendent public leur « Projet Alter », qui explique comment, vers 2050, la France pourrait se développer en n'utilisant que des énergies renouvelables comme l'eau, le vent, le bois, le soleil et la chaleur du sous-sol.

Philippe Chartier devient par la suite le conseiller scientifique de l'ADEME, Agence de l'environnement et de la maîtrise de l'énergie, réunissant les compétence de l'ANRED et de l'AFME (Agence française pour la maîtrise de l'énergie). C'est lui qui mobilise la recherche pour trouver des énergies renouvelables capables de remplacer le pétrole, malgré la résistance des industriels et de l'administration fiscale. Quant à Benjamin Dessus, attaché au CNRS, il contribue en 1978 à la naissance du PIREN, le Programme interdisciplinaire de recherche sur l'environnement. Ce PIREN, Serge Antoine ne cessait de pousser à sa création au ministère de l'Environnement. L'ancien de la DATAR était en effet convaincu que, sans la contribution active des chercheurs, toute politique de protection de l'environnement resterait au niveau de l'amateur. Aussi a-t-il incité le CNRS à lancer un programme de recherche véritablement interdisciplinaire, ce qui n'était pas dans les habitudes de la maison.

Cette même année 1978, se crée l'Association française des ingénieurs écologues (AFIE), qui revendiquent une formation écologique générale au carrefour de plusieurs disciplines comme la chimie, la biologie, l'agronomie, la géographie, les sciences naturelles, etc. Aux « écologistes », militants d'une cause à caractère politico-scientifique, s'ajoutent donc des « écologues », praticiens de terrain qui se dévouent à une nouvelle science : l'écologie.

Le choc de l'*Amoco Cadiz*

En février 1978, la FFSPN réunit son congrès annuel à Brest pour parler, entre autres, de pollution marine. Le ministre de l'Environnement, Michel d'Ornano, s'y fait représenter par Lucien Chabason, l'ancien sous-préfet d'Ussel qui avait suggéré à Chirac la création d'une section « protection de la nature » au lycée agricole de Neuvic, en Corrèze.

Après les inquiétudes exprimées par Jean-Claude Lefeuvre, universitaire breton désigné comme prochain président de la FFSPN, Lucien Chabason se veut rassurant et explique comment l'institution du nouveau plan POLMAR va permettre de protéger le littoral contre les pollutions marines. Un mois plus tard, c'est le naufrage de l'*Amoco Cadiz*, un superpétrolier qui s'échoue le 16 mars sur les rochers de Portsall, dans le nord du Finistère. Plus de 220 000 tonnes de pétrole brut se déversent sur la côte, engorgeant les abers, recouvrant d'un goudron visqueux les plages de sable et souillant même les rochers de granite rose de Perros-Guirec, à 120 kilomètres de là.

C'est la consternation en Bretagne, et bientôt dans toute la France, qui découvre ce qu'est véritablement une marée noire, comme les Anglais en 1967 après le naufrage du *Torrey Canyon*. Mais le *Torrey Canyon* avait coulé très au large de la Cornouaille, avec une cargaison moitié moindre. La marée noire de l'*Amoco Cadiz* reste le plus gros chargement de pétrole jamais déversé dans le monde après un naufrage. Dans la presse française, on n'a pas de mots assez durs pour flétrir les pavillons de complaisance (Panama), les compagnies pétrolières américaines (Amoco à Chicago) et ces équipages cosmopolites (commandant de bord allemand, matelots espagnols et philippins) qui se comprennent mal en cas de malheur. Le sénateur-maire de Ploudalmézeau, Alphonse Arzel, appelle au secours, et l'armée arrive avec des pelles et des seaux. Les volontaires de la LPO ramassent les oiseaux mazoutés par milliers. C'est la désolation parmi les pêcheurs, les ostréiculteurs, les goémoniers, les hôteliers et tous ceux qui vivent de la mer et du littoral.

Les Amis de la Terre, à Paris, occupent le siège de la Shell, à qui était destiné le chargement. L'avocat Christian Huglo propose ses services à Alphonse Arzel. Depuis l'affaire des boues rouges de la Montedison, il s'est fait une spécialité de défendre les victimes de pollution marine. Le naufrage de l'*Amoco Cadiz* offre un cas d'école pour faire appliquer le principe pollueur payeur, et même une occasion en or : une multinationale richissime, solvable à merci, des victimes démunies, survivant difficilement sur une terre pauvre, dans un milieu dur. Mais les Américains ne se laissent pas impressionner par les sentiments. Ils veulent des notes de frais et des factures pour pouvoir, le cas échéant, dédommager les victimes. Christian Huglo s'efforce de rassembler les documents exigés par la compagnie américaine et ses avocats, très procéduriers. Finalement, il faudra dix ans de procédure, des centaines de milliers de pièces produites et des centaines de témoins entendus, mais la société Amoco perdra son procès en appel et devra débourser 1,3 milliard de francs au bénéfice des victimes.

Le naufrage de l'*Amoco Cadiz* aura servi de révélateur. Les Français, même insoucieux de la chose écologique, découvrent la vulnérabilité de leur littoral et sa fragilité lorsqu'il est agressé ainsi massivement. Ils réalisent aussi la boulimie de pétrole de leur société de consommation et les risques que les transports font courir au milieu naturel. Ils comprennent enfin que le principe pollueur payeur reste d'une application difficile lorsque survient la pollution.

La gauche rate le coche

Pour les élections législatives de mars 1978, la mouvance Écologie 1978 a bien du mal à se coordonner. Au soir du premier tour, le 12 mars, elle ne recueille que six cent dix mille voix, et seulement un tiers de ses candidats passent la barre de 5 %, nécessaire pour se faire rembourser des frais de campagne. Les meilleurs scores ont été réalisés par Didier Anger dans la Manche (12,6 %), Antoine Waechter dans le Haut-Rhin (9,5 %), Brice Lalonde à Paris (8,7 %) et Philippe Lebreton dans l'Ain (8 %). C'est donc un échec puisque les écologistes n'ont pas un seul député et que la mouvance verte se révèle incapable d'influer sur les résultats du scrutin.

La déception est encore plus grande dans les rangs de la gauche qui est battue au deuxième tour. Le tandem Giscard-Barre peut donc se maintenir au pouvoir sans se soucier ni de la gauche ni de l'écologie politique. Du coup, les écologistes se déchirent encore davantage. Les Amis de la Terre ne veulent plus participer au jeu électoral et déclarent forfait pour les élections européennes de 1979, malgré les pressions de Brice Lalonde. Les écologistes sont donc réduits à voter pour une liste Europe Écologie constituée à la seule initiative de Philippe Lebreton et Solange Fernex. Cette liste recueille moins de neuf cent mille voix et ne passe donc pas la barre des 5 % qui lui aurait donné quatre élus. Devant cette incapacité à percer aux élections, l'ancien étudiant en droit Vincent Richet, compagnon de route des Amis de la Terre, crée un « comité législatif d'action d'information écologique » ou COLINE, destiné à faire pression sur les élus pour qu'ils tiennent compte de l'écologie dans leurs activités d'élu. On en revient au lobbying, aveu d'échec du combat électoral.

Les obstinés de Plogoff

Pour fournir de l'électricité à la Bretagne, le gouvernement a choisi dès 1975 de construire une centrale nucléaire dans le Finistère sur la commune littorale de Plogoff. Faute de fleuve pour le refroidissement, en effet, il faut se rabattre sur la mer. Pour installer les quatre réacteurs de 1 300 mégawatts au pied de la falaise, il est prévu de faire sauter 17 millions de tonnes de granite. C'est donc un chantier colossal, à un jet de pierre de la pointe du Raz, site naturel parmi les plus visités de Bretagne.

En choisissant Plogoff, comme il avait choisi La Hague, le gouvernement croit faire un choix judicieux : les quelque deux mille habitants de l'ancien village de pêcheurs sont absents une partie de l'année, parce qu'ils travaillent sur des bateaux de la marine marchande. On y trouve donc plus de femmes que d'hommes. La contestation dans ce pays du bout du monde ne devrait pas faire de problème. Erreur. Lorsque les ingénieurs et techniciens d'EDF se présentent en 1977 pour procéder aux premiers sondages de terrain, ils en sont empêchés par des barrages. Un courrier malencontreux, qui présentait les habitants de Plogoff comme arriérés et inoffensifs, a été intercepté, et le maire, Jean-Marie Kerloc'h, est très « remonté » contre « ces technocrates qui se croient tout permis ».

Le conseil régional de Bretagne, aux mains de la majorité, adopte pourtant en 1978 le projet. Il n'a cure de mécontenter une commune réputée pour son anticléricalisme et sa tradition socialiste. Les opposants s'organisent alors et, comme au Larzac, créent un groupement foncier agricole qui multiplie les titres de propriété et bloque l'acquisition de certains terrains. À l'été 1979, une grande marche de protestation mobilise près de dix mille personnes à la pointe du Raz. Tout se gâte le 30 janvier 1980, lorsque s'ouvre l'enquête publique. Les dossiers sont brûlés le jour même devant la mairie, provoquant l'intervention de la police, puis des échanges de coups et d'injures. Le préfet fait alors circuler des camionnettes qui font office de mairies annexes pour que la population puisse quand même consulter les dossiers. Elles doivent être protégées par des CRS armés et casqués, qui reçoivent des pierres et des cocktails Molotov. Des barricades s'érigent et, pendant six semaines, les habitants de Plogoff résistent aux légionnaires de la technocratie nucléaire. À la télévision, le soir, les Français voient avec stupeur se révolter des Bretonnes en noir, de vieux marins à casquette et des anciens combattants médaillés.

Il faudra attendre l'élection présidentielle de 1981 pour que le nouvel élu, François Mitterrand, abandonne officiellement le projet de Plogoff. EDF revendra ses terrains au Conservatoire du littoral et la pointe du Raz sera proclamée « Grand Site », avec un partenariat de... Gaz de France. Non seulement rien ne sera construit, mais on va détruire les boutiques qui encombrent le cap, et même le petit hôtel d'Iroise, qui dressait son unique silhouette au milieu d'une lande déserte.

Les Merveilles dans un parc national

Président de l'Association des Merveilles dans les années 1960, Samivel s'est longtemps battu pour que soit protégée la vallée des Merveilles, dans les Alpes-Maritimes. Outre son décor grandiose, cette montagne recèle en effet des gravures rupestres préhistoriques dispersées sur des rochers épars qu'il est difficile de défendre contre le vandalisme. Mais plutôt que de créer un périmètre compliqué pour la protection du site préhistorique, le gouvernement opte pour un parc national, qui sera le sixième en France après la Vanoise, Les Écrins, Port-Cros (créés en 1963), les Pyrénées (1967) et les Cévennes (1970). Le ministère de l'Environnement, qui a eu beaucoup de difficultés avec le parc national des Cévennes, moyenne montagne truffée de communes rurales attachées à leurs droits, notamment de chasse, pense cette fois en avoir moins dans ce massif de haute montagne très peu habité, le Mercantour, adossé à la frontière italienne.

C'est compter sans les chasseurs de l'arrière-pays niçois, qui ont l'habitude de tirer le chamois et n'apprécient pas du tout de se voir enlever un très beau territoire de chasse. Ils protestent vigoureusement contre cette nouvelle lubie venue de Paris. Mais le ministre de l'Environnement, Michel d'Ornano, est un fin manœuvrier, qui a l'appui du président de la République, lui-même grand chasseur. Ce qui permet au parc national du Mercantour de voir officiellement le jour le 18 août 1979. Les naturalistes se félicitent de voir protéger chamois et bouquetins, mais aussi l'aigle royal, le hibou grand-duc et le bel oiseau aux ailes rouges appelé tichodrome échelette. Les défenseurs du patrimoine, pour leur part, sont satisfaits que les rochers gravés bénéficient enfin d'une protection nationale forte. Et les bergers sont soulagés d'apprendre qu'ils pourront toujours mener leurs brebis à l'estive. Seuls les chasseurs vont rester mécontents. En 1979, on ignore que les loups italiens finiront par découvrir le superbe garde-manger constitué par le parc national du Mercantour. Et l'on constatera que les loups trouvent évidemment plus facile d'égorger un mouton qu'un chamois sauvage…

Naissance du MEP

Dans la perspective de l'élection présidentielle de 1981, les écologistes engagés ou non en politique sont embarrassés. Les Amis de la Terre payent leur refus de participer au combat électoral et n'ont plus que deux cent cinquante adhérents. Les autres, divisés entre autogestionnaires et environnementalistes, n'arrivent pas à unir leurs maigres forces. Pour en finir, le leader de la liste Europe Écologie, Philippe Lebreton, décide de réunir à Dijon, en novembre 1979, tous ceux qui veulent se battre sur le front vert. Quelque cent cinquante militants répondent à l'appel, dont bon nombre d'Amis de la Terre désireux d'agir sur le terrain politique. C'est alors qu'Isabelle Cabut, rédactrice en chef de *La Gueule ouverte*, annonce la création du Mouvement d'écologie politique (MEP). L'ex-Mouvement écologique se politise donc avec l'ambition de devenir un parti. On y trouve aussi bien des vétérans du gauchisme, tel le médecin lyonnais Jean Brière, que de tout jeunes militants comme Dominique Voynet, alors âgée de vingt ans.

En février 1980, un mois après la formation du parti des *Grünen* en Allemagne, le MEP réunit son assemblée constitutive à Versailles. De leur côté, les Amis de la Terre se prononcent pour une « candidature écologiste indépendante » et, en mai, sont réunies à Lyon des assises générales où se retrouvent tous les écologistes. Ils élisent un comité de campagne électoral de neuf membres, où l'on retrouve Brice Lalonde, le mieux élu, Yves Cochet, Solange Fernex, Philippe Lebreton et Alain de Swarte, nouveau venu à la politique. La désignation du candidat, qui devra être élu région par région, est fixée au 15 juin. Les militants ont alors à choisir entre onze candidats, dont plusieurs totalement folkloriques. Finalement, Brice Lalonde l'emporte au deuxième tour avec 53 % des voix contre 47 % à

Philippe Lebreton. Brice Lalonde est donc, pour la première fois, désigné candidat à l'élection présidentielle par tous les militants réunis.

Brice Lalonde en piste

Bon perdant, et même « un peu soulagé », Philippe Lebreton adresse une lettre à ses amis du MEP pour qu'ils soutiennent loyalement le candidat désigné par les assises. Brice Lalonde s'entoure d'une équipe de fidèles comme Pierre Samuel, Pierre Radanne, Yves Cochet et Dominique Bidou, auxquels s'ajoutent Cédric Philibert et Dominique Martin-Ferrari, ralliés de plus fraîche date, et Dominique Voynet, la nouvelle. Pour ses relations avec la presse, il prend une jeune journaliste qui a travaillé pour France Inter, Hélène Crié.

Avant de se lancer dans sa campagne, il demande aux militants de désigner les cinq thèmes à développer en priorité. Leur réponse, par ordre de préférence, est la suivante : arrêt du programme nucléaire civil ; référendum d'initiative populaire ; démantèlement de l'armement atomique ; liberté pour les radios et les télévisions ; abrogation de la peine de mort. Manifestement, l'écologie politique ne privilégie pas la protection de la nature et de l'environnement ! Le recueil des signatures de maires acceptant de parrainer le candidat est assez laborieux car on agite alors des candidatures de diversion comme celle du commandant Cousteau, la plus sérieuse, mais aussi celle de Jean-Claude Delarue, plutôt giscardien, ou de Roger Garaudy, transfuge du parti communiste. Finalement, les stratèges giscardiens eux-mêmes recommandent à leurs maires de parrainer la candidature Lalonde, seul écologiste capable d'enlever des voix à Mitterrand...

Pour la campagne officielle, en avril 1981, Brice Lalonde multiplie les déplacements en province et les interviews. À la télévision, il s'affiche avec René Dumont ou Cousteau, les deux figures tutélaires, mais aussi avec des anonymes comme le maire de Golfech ou un paysan du Larzac. Beaucoup de militants le trouvent trop bien élevé, trop gentil, et même moins percutant que Coluche. Mais c'est volontaire : Lalonde veut séduire et non menacer ni morigéner. Pour finir en force, il prononce un discours devant le site de Superphénix, symbole de la résistance à la dictature du béton et du plutonium réunis.

Pour sa part, François Mitterrand ne met plus de pylônes électriques sur ses affiches électorales, comme il l'avait fait en 1965 sous le signe des Trente Glorieuses. Il se contente cette fois de poser sobrement sur fond de village niché dans la verdure, d'où n'émerge qu'un clocher rustique. Le choix du slogan « La force tranquille » et de la chanson de campagne « Douce France », empruntée au vieux Charles Trenet, lui donne une image presque « écolo ». Le candidat « jeune et moderne », celui qui pousse vers le train à grande vitesse, ce n'est plus lui mais Giscard d'Estaing...

Au soir du premier tour, le 26 avril 1981, le candidat écologiste arrive en cinquième position, derrière la « bande des quatre » (RPR, UDF, PS, PC) mais devant les cinq autres « petits ». Avec 3,87 % des suffrages, il triple le résultat de René Dumont en 1974 et porte les 886 819 voix de 1979 (européennes) à 1 126 282 voix en 1981. La barre symbolique du million est franchie. Le vote écologiste commence à compter.

Aux élections législatives qui suivent la victoire de Mitterrand au deuxième tour, cependant, la « vague rose » emporte tout. Aucun des candidats écologistes ne franchit la barre des 5 %... sauf Brice Lalonde à Paris (8,25 %). Il est le seul à tirer son épingle du jeu.

Pressentant ce résultat plus conforme à ses vœux, Claude Perdriel a mis fin à l'aventure du *Sauvage*. *La Gueule ouverte* s'est sabordée.

Après la débâcle de Creys-Malville, les écologistes ont cessé d'agiter des pancartes. Les combats du Larzac et de Plogoff ont mené à la victoire de ceux qui se sont battus sur le terrain, c'est-à-dire des gens du cru plus que des supplétifs. L'écologie politique a certes marqué des points, mais sa traversée du désert, entamée en 1977, va encore durer.

CHAPITRE 9 : 1981-1987
L'ère des grands dossiers

Après l'arrivée de la gauche au pouvoir, en 1981, l'exigence écologique se trouve comme tétanisée. Les écolos observent les premiers pas de la nouvelle majorité avec espoir, d'abord, puis avec méfiance, mais sans pouvoir réagir. L'écologie politique, en pleine déconfiture, tente de sortir du trou en créant le parti des Verts en 1984. L'affaire Greenpeace, en 1985, va achever de couper les ponts entre les écologistes et la gauche au pouvoir.

Pendant ce temps-là, les Français découvrent que les problèmes d'environnement vont bien au-delà de l'aménagement du territoire, de la protection de la nature et de la qualité de la vie dans son terroir. Après Tchernobyl, même le nucléaire n'est plus une querelle franco-française, mais une question planétaire. Trafic de déchets, pluies acides, pollution chimique, nuages radioactifs : pollutions et nuisances n'ont plus de frontières.

Le gouvernement français fait donc l'apprentissage de cette problématique nouvelle, où l'exigence écologique dépasse désormais les frontières géographiques et politiques. À son tour, il doit agir localement en pensant globalement. Il apprend à gérer l'environnement. Commence pour lui l'ère des grands dossiers.

L'état de grâce

Le 10 mai 1981 donne un coup d'arrêt à l'agitation écologiste. Comme il l'avait promis, François Mitterrand annonce l'abandon de l'extension du camp militaire du Larzac et l'arrêt du projet de centrale nucléaire à Plogoff. Ayant été un peu chahuté lors de sa visite au Larzac, lorsqu'il n'était que candidat, Mitterrand a compris que ce projet était devenu politiquement absurde et concrètement infaisable. De même, il a bien vu que la population bretonne, après la guérilla menée sur le terrain, ne se résignerait jamais au projet de centrale nucléaire à la pointe du Raz.

Sur sa lancée, le nouveau président de la République fait un geste qui touche la corde sensible des pacifistes et antimilitaristes, qui forment encore les gros bataillons de la mouvance écolo : en visitant le salon aérien du Bourget, en juin 1981, il boude ostensiblement les avions militaires équipés de missiles. C'est l'état de grâce de la gauche généreuse et pacifique. À Plogoff, le 28 juin, ils sont quarante mille à célébrer leur victoire et presque autant au Larzac en août pour les Rencontres internationales de la paix. On baigne dans l'euphorie de la victoire du « peuple de gauche »

Au ministère de l'Environnement, Mitterrand choisit un homme qui vient de se présenter contre lui à l'élection présidentielle au nom des radicaux de gauche : Michel Crépeau. Il ne juge donc pas ce département ministériel assez important pour y mettre un proche : le maire de La Rochelle a seulement pour lui d'avoir institué dans sa ville une collecte sélective des déchets et mis à disposition du public des vélos gratuits pour les déplacements urbains. Et comme Alain Bombard s'est démené pour que le parti socialiste se préoccupe un peu d'écologie, Mitterrand le récompense par un poste de secrétaire d'État. Mais l'ancien naufragé volontaire fait une sortie malencontreuse contre la chasse à courre et se voit sèchement remercié. On ne touche pas à la chasse lorsqu'on est au gouvernement de la France, même de gauche.

Les RIENA

Avant d'entrer au gouvernement, Michel Crépeau avait fait la connaissance à la préfecture d'une jeune énarque en stage, Bettina Laville, qu'il avait recrutée comme secrétaire générale des radicaux de gauche. Lorsqu'il devient ministre de l'Environnement, le conseil général de Charente-Maritime se retrouve dans le camp majoritaire et son président demande à Bettina Laville de trouver une formule de festival pour relancer l'action culturelle du département. Avec la complicité à Paris d'Antoine Reille, qui fait des films « nature » pour la télévision, Bettina Laville propose d'organiser un festival de cinéma qui va s'appeler Rencontres internationales pour l'environnement et la nature.

Ainsi naissent en 1982 à Royan ces RIENA, qui vont drainer chaque année en septembre tout ce que la France et ses voisins comptent en matière de réalisateurs de cinéma et de défenseurs de l'environnement. Même Greenpeace peut se glisser dans ces journées fastueusement organisées, avec la bénédiction du ministre de l'Environnement.

D'autres festivals vont suivre, à commencer en 1983 par le Festival du film ornithologique de Ménigoute, simple chef-lieu de canton des Deux-Sèvres. Malgré l'isolement du lieu, malgré la saison retenue (novembre), sans aucune vedette du petit ou du grand écran, il fait aussitôt le plein de tous les ornithologues amateurs, « miroiseurs » et passionnés de nature de toutes provenances. L'année d'après, c'est au tour de la FRAPNA d'organiser près de Grenoble un Festival international du film nature et environnement. Naturaliste passionné et fin pédagogue, Jean-François Noblet a su convaincre le conseil général de l'Isère, la ville de Grenoble et d'autres communes de la région, qui vont fidèlement soutenir cette semaine de projections, rencontres et animations sur le thème de la nature.

Ces trois festivals du film écolo vont s'inscrire dans la durée puisque, vingt ans après, ils tiennent encore l'affiche. Certes, les meilleurs films sont souvent étrangers, mais la production nationale n'est plus ridicule depuis que sont entrés en lice des cinéastes animaliers comme Laurent Charbonnier, Yves Trottignon, Philippe Barbeau ou Christian Bouchardy, l'homme qui a réhabilité la loutre grâce à ses talents de conteur et de réalisateur.

Sauver le saumon

Les pêcheurs à la ligne, qui constituent en France une corporation reconnue, ont alors un grave souci : ils prennent de moins en moins de poissons migrateurs. Qu'il s'agisse de ceux qui naissent en mer et remontent les rivières, comme les anguilles, ou de ceux qui naissent en rivière et grandissent en mer, comme les saumons, la constatation est la même : les effectifs plongent. Au fil des ans, les pêcheurs capturent de moins en moins d'esturgeons, de saumons, d'aloses, de lamproies ou d'anguilles. Pour une association amateur de poissons « nobles » comme Truite-Ombre-Saumon (TOS), c'est une véritable catastrophe.

Les raisons ? Elles sont nombreuses. On a d'abord multiplié les obstacles sur les cours d'eau avec des barrages dont certains sont infranchissables même pour des saumons. Rien qu'avec le barrage de Poutès-Monistrol, construit sur l'Allier en 1941, on a stérilisé les deux tiers des frayères du haut Allier, qui étaient jusqu'alors les plus belles écloseries naturelles du saumon atlantique en France. Quant au barrage de Golfech, construit sur la Garonne en 1971, il fait obstacle à la remontée de tout migrateur dans le Tarn et la haute Garonne. On a détruit aussi beaucoup de frayères en aménageant des berges et en multipliant les extractions de sable dans le lit des rivières, ce qui est aujourd'hui interdit.

Le ministère de l'Environnement a réagi dès 1975 en lançant un « plan saumon », suivi en 1980 d'un plan « grands migrateurs ». En 1981, le CEMAGREF (Centre du machinisme agricole, du génie rural, des eaux et forêts) de Bordeaux est chargé d'élaborer un « plan de restauration de l'esturgeon », qui débouche l'année d'après sur le classement de l'esturgeon dans la catégorie des espèces protégées, donc interdites de pêche. Ce poisson préhistorique est devenu rarissime.

En 1982, le ministère de l'Environnement signe avec EDF une convention qui engage l'entreprise à « s'associer à l'effort de restauration des populations de poissons migrateurs ». L'électricien crée donc une « cellule passe à poissons », qui s'efforce de mettre au point des dispositifs de franchissement adaptés aux besoins. L'entreprise a pris beaucoup de retard en la matière, car les « échelles à poissons » existent depuis longtemps en France, comme celle de Mauzac, sur la Dordogne, construite en 1843 sur un barrage destiné à la navigation. Mais la loi pêche de 1984 impose que « tout ouvrage implanté sur un cours d'eau classé devra comporter des dispositifs assurant la circulation des poissons migrateurs ». Dès lors se multiplient les passes, échelles et même ascenseurs à poissons. La passe de Bergerac, achevée en 1984, est équipée d'un poste de contrôle vidéo et d'un piège pour capturer les géniteurs, qui sont transportés par camion à plus de 30 kilomètres de là ! Il en a coûté plus de 10 millions de francs. Le barrage de Golfech est quant à lui équipé d'un ascenseur qui a coûté 23 millions de francs.

Si l'on consacre tant d'argent à la remontée des poissons, ce n'est pas seulement pour maintenir la diversité biologique du milieu. Rien que dans l'estuaire de la Gironde, la pêche professionnelle représente un chiffre d'affaires de 40 millions de francs. Or elle ne pourra se maintenir que si les migrateurs continuent à se présenter chaque saison à l'entrée des fleuves. Le ministère de l'Environnement édicte chaque année une réglementation draconienne de la pêche, qui interdit la capture du saumon dans l'Allier et limite les prises partout ailleurs. Quant à l'esturgeon, au bord de l'extinction et toujours interdit de pêche, on le remplace depuis 1987 par l'élevage du saumon de Sibérie, afin de produire du caviar aujourd'hui vendu sur le marché.

Le retour du lynx

Depuis 1971, Michel Fernex rêve de réintroduire le lynx en Alsace, comme ont fait chez eux les Suisses et les Autrichiens. Professeur de médecine tropicale, le mari de Solange Fernex est bien placée pour savoir que la rage a décimé le renard et que la nature a besoin d'un prédateur pour rétablir l'équilibre chez les grands mammifères sauvages. Mais l'entreprise est nouvelle en France : si Antoine Waechter a réintroduit le castor dans le Haut-Rhin et les frères Terrasse le vautour fauve dans les Cévennes, ils ont puisé dans le cheptel national. On n'a encore jamais réintroduit une espèce sauvage disparue de l'Hexagone, qui plus est un félin naguère considéré comme nuisible.

Le ministre de l'Environnement d'alors, Michel Crépeau, n'accepte qu'à une condition : que toutes les parties concernées soient d'accord sur le protocole, financé par le WWF. En avril 1983, trois lynx achetés en Tchécoslovaquie débarquent à Orly avec leurs colliers de radiopistage. Pour les besoins d'un film, ils sont relâchés prématurément dans les Vosges, en l'absence des élus et des chasseurs qui devaient assister à l'événement. Fureur des chasseurs qui se sentent floués. Quant aux pouvoirs publics, ils ont bien du mal à contenir leur colère, et promettent que, le cas échéant, les lynx seront capturés grâce aux colliers émetteurs.

Finalement, plusieurs autres lynx vont être lâchés dans les Vosges, sans susciter de levée de boucliers. On en retrouvera un tué par balle, en janvier 1984, mais cela restera un cas isolé. Le lynx est aujourd'hui revenu en France.

Les tourterelles du Médoc

Sous prétexte que la chasse est une conquête démocratique, Michel Crépeau annonce aux chasseurs du Médoc qu'ils peuvent ignorer l'interdiction de chasser la tourterelle des bois au printemps. Une interdiction décidée courageusement en 1969 par Robert Boulin, maire de Libourne devenu ministre de l'Agriculture, puis confirmée par une directive européenne en 1979. Les chasseurs du Médoc, qui montaient de moins en moins dans leurs pylônes au 1er mai, recommencent alors à le faire, au grand scandale de la Ligue pour la protection des oiseaux (LPO). Dès lors, chaque 1er mai devient l'occasion d'un affrontement entre protecteurs et chasseurs de tourterelles, sous l'œil des télévisions toujours friandes de noms d'oiseaux.

Antoine Reille reçoit d'abord le renfort de Théodore Monod, opposant résolu à toute forme de chasse, puis son successeur Allain Bougrain-Dubourg mobilise des vedettes plus médiatiques comme Brigitte Bardot et Sophie Marceau, grandes amies des animaux. Brigitte Bardot s'est acquis une nouvelle

notoriété en se rendant au Canada pour dénoncer avec Greenpeace le massacre des bébés phoques.
Allain Bougrain-Dubourg, lui, avait commencé par monter des spectacles de foire avec des reptiles. Recruté par Jean-Paul Hutin pour présenter l'émission de télévision « 30 millions d'amis », il s'est imposé comme un ardent défenseur de la gent animale et a finalement succédé à Antoine Reille comme président de la LPO. Les tourterelles du Médoc ont désormais un allié de poids.

La fondation Cousteau

Soucieux de s'attirer le soutien du grand public pour financer ses expéditions à travers le monde, le commandant Cousteau a créé dès 1974 aux États-Unis une Cousteau Society, qui s'est hissée très vite au cinquième rang des associations américaines de défense de l'environnement. Car la Cousteau Society obtient un franc succès auprès du public américain, subjugué par les émissions de télévision où le commandant, toujours affublé de son bonnet rouge de plongeur, fait sa leçon d'écologie avec l'accent français.
Le commandant attend 1981 pour créer l'équivalent en France, sous le nom de Fondation Cousteau. Les adhérents de la fondation reçoivent alors un bulletin de liaison appelé *Calypso Log*, qui les informe sur les dernières campagnes de la *Calypso* à travers les océans ou les grands fleuves du monde. Mais le public français ne se montre pas aussi réceptif que les Américains. Les dons vont plus volontiers à l'humanitaire qu'à la sauvegarde de la planète. Cousteau se heurte aussi à la réglementation française qui veut qu'une fondation, pour avoir le droit de recevoir des dons exonérés d'impôts, soit agréée par la Fondation de France. Mais la Fondation Cousteau est une affaire de famille,

dont le vice-président est son fils Jean-Michel, qu'il n'est pas question de placer sous la tutelle de qui que ce soit. Bien que son fondateur soit français, la Fondation Cousteau aura donc cinq fois moins d'adhérents que la Cousteau Society américaine. Par la télévision, elle touche surtout les enfants, eux aussi subjugués par l'homme au bonnet rouge et ses histoires d'animaux. Mais les adultes sont plus réticents, et les cotisations n'affluent pas autant que le commandant l'espérait. Il ciblera donc ses productions pour le public américain.

L'ARPE

En France, c'est la région Provence-Alpes-Côte d'Azur qui dispose du patrimoine naturel le plus riche. Elle abrite trois parcs nationaux (Écrins, Mercantour et Port-Cros), des réserves naturelles fameuses (Camargue, Lubéron, Haute-Provence), des sites classés fabuleux (les gorges du Verdon, les calanques de Marseille, le mont Ventoux, la Sainte-Baume et la Sainte-Victoire) et une biodiversité exceptionnelle : quelque quatre mille espèces végétales sur les quatre mille sept cents répertoriées dans l'Hexagone. Voilà pourquoi, à la faveur de la loi de décentralisation, le conseil régional crée en 1982 une agence régionale pour la protection de l'environnement ou ARPE. C'est la première fois en France qu'une région prend en main la protection de son environnement, traditionnellement laissée jusque-là au pouvoir central. L'ARPE aidera les communes littorales à se doter de stations d'épuration, à ouvrir des déchèteries et à enlever les épaves automobiles jetées dans les ravins. Elle se montre si efficace que les autres régions, à leur tour, vont l'imiter en créant chacune leur propre ARPE.

Le conseil régional de Provence-Alpes-Côte d'Azur avait au moins deux bonnes raisons pour créer l'ARPE. D'abord, tous ses sites prestigieux étaient déjà placés sous la protection de l'État, ce qui est parfois irritant pour des décideurs locaux. Ensuite, les mouvements de défense de l'environnement avaient pris naissance hors de son contrôle, avec des associations parfois très combatives comme l'URVN de René Richard, auteur en 1971 de *La Côte d'Azur assassinée*, et le GADSECA (Groupement des associations de défense des sites et de l'environnement de la Côte d'Azur), créé à Nice par Noël Perna. Ce double aiguillon a décidé les élus régionaux à se ressaisir. Dans une région très touchée par le clientélisme et les scandales immobiliers, il fallait prouver que, faute de pouvoir nettoyer les écuries d'Augias de la politique locale, on était décidé à nettoyer au moins l'air, l'eau et les calanques.

Les fûts de Seveso

À la fin de 1982, Greenpeace révèle que les fûts de dioxine stockés en Italie après l'accident de Seveso (1976) ont été introduits clandestinement en France. Une journaliste du mensuel *Science et Vie*, Jacqueline Denis-Lempereur, s'empare de l'information et mène l'enquête : impossible de retrouver la trace des fameux fûts, mystérieusement évaporés après la traversée de la frontière. *Science et Vie* paraît donc avec une couverture accrocheuse : « Mais où sont passés les fûts de Seveso ? », et une enquête qui jette le trouble en répertoriant tous les sites de l'Hexagone où pourrait se cacher la terrible dioxine.

Gros émoi au ministère de l'Environnement où, en mars 1983, Huguette Bouchardeau a succédé à Michel Crépeau. L'ex-secrétaire nationale du PSU n'a eu droit cette fois qu'à un strapontin, intitulé secrétariat d'État à l'Environnement et à la qualité de la vie. Encore une fois, le président a choisi pour l'environnement une personnalité qui s'est présentée contre lui.

Le poste n'est donc pas un cadeau. Professeur de philosophie et militante féministe, Huguette Bouchardeau se retrouve soudain plongée dans une affaire de déchets industriels auxquels elle ne s'est jamais frottée, même dans sa bonne ville de Saint-Étienne. Pour la conseiller, Michel Mousel a recruté des écologistes proches du PSU, comme Claude-Marie Vadrot, le journaliste, et Patrick Legrand, un architecte alors passionné d'écologie urbaine qui deviendra président de la FFSPN.

L'affaire des fûts de Seveso empoisonne le cabinet de Mme Bouchardeau, contraint de mener à son tour l'enquête au lieu d'améliorer la qualité de la vie. Les Français découvrent alors que les fûts de dioxine, propriété du conseil régional de Lombardie, ont été confiés à un transporteur allemand, Mannesmann, par l'entremise d'un courtier de Marseille. On perd ensuite leur trace... Finalement, après bien des péripéties, les fûts sont retrouvés par les gendarmes dans l'entrepôt désaffecté d'une boucherie de Saint-Quentin (Aisne). Des camions de l'armée sont alors réquisitionnés pour les transporter jusqu'au camp militaire de Sissonne, d'où ils sont reconduits à la frontière suisse pour être restitués à leur producteur, le groupe suisse Hoffmann-La Roche, à Bâle.

Avec cette affaire écologico-policière, l'opinion française découvre que les déchets industriels sont du genre « baladeurs », car personne ne veut en assumer la charge. Comme pour l'*Amoco Cadiz*, l'affaire des fûts de Seveso offre un cas d'école : une usine suisse implantée en Italie, des déchets « italiens » transportés en France par un camionneur allemand, par l'entremise d'un courtier français... Une fois de plus, l'actualité montre que le principe pollueur payeur est d'une application difficile, même lorsque le pollueur est une multinationale suisse prospère et responsable.

La guerre du Rhin

Le gouvernement français va se trouver lui-même confronté au principe pollueur payeur avec l'épineux dossier des saumures déversées dans le Rhin. Depuis la convention de Bonn de 1976, que la France n'a pas ratifiée encore, les pays riverains du Rhin se sont engagés à ne plus rejeter au fleuve le sel produit par l'exploitation de la potasse. Les Allemands, qui boivent l'eau du Rhin, se sont donc mis à stocker le sel en surface, où d'immenses terrils se sont ainsi formés.

En France, les Mines de potasse d'Alsace, entreprise d'État, continuent à rejeter toutes leurs saumures dans le Rhin. Allemands et Néerlandais sont furieux car cela les oblige à de coûteuses opérations pour rendre l'eau potable. Ils sont d'autant plus choqués qu'ils ont versé des millions à la France pour qu'elle mette ses installations aux normes. La ville d'Amsterdam va même jusqu'à porter plainte contre l'État français, par l'entremise d'un spécialiste du droit pollueur payeur, maître Christian Huglo.

En 1983, la coupe est pleine pour nos voisins, qui mettent la France en demeure de respecter ses engagements. Le gouvernement cherche alors une alternative au « saumoduc » des Potasses d'Alsace. Ils envisagent de créer une saline sur place, mais les industriels lorrains, déjà excédentaires en sel, ne veulent pas de cette concurrence à leur porte. Et lorsqu'il est question d'injecter les saumures en sous-sol, les Alsaciens s'insurgent car ils ne veulent pas voir polluer « la plus grande nappe phréatique d'Europe », où ils s'approvisionnent en eau douce.

C'est l'impasse. Les relations diplomatiques entre la France et les Pays-Bas, par ailleurs excellentes, sont empoisonnées par cette affaire. Paris temporise car les mines de potasse sont vouées à disparaître de toute façon. Mais, à La Haye, on en a assez d'attendre et la France doit se plier en 1986 à un dernier ultimatum. Il aura fallu dix ans pour que la France accepte de ne plus utiliser le Rhin comme un égout.

L'enquête Bouchardeau

Le problème du Rhin relevant surtout des Affaires étrangères, Huguette Bouchardeau s'attelle à un dossier qui lui tient à cœur : la démocratisation des enquêtes publiques. Le dossier a été ouvert par Michel Crépeau, mais c'est elle et son cabinet PSU qui vont mettre en œuvre cette réforme « de gauche », attendue non seulement par les écologistes mais par tous les citoyens qui s'estiment bafoués dans leurs droits à être consultés.

L'enquête publique, en France, a un défaut : elle n'est pas démocratique. Les projets sont soumis tout ficelés, à la dernière minute, sans que le public puisse vraiment donner son avis quand il est encore temps. Les commissaires enquêteurs, généralement ingénieurs des Ponts et Chaussées en retraite, sont désignés par l'administration et souvent rémunérés par le maître d'ouvrage. Ils ont donc intérêt à ce que les projets soumis à enquête se réalisent et ils s'arrangent pour que la procédure soit expédiée à la sauvette.

En faisant voter sa loi en 1983, Huguette Bouchardeau opère une percée importante dans la pratique du droit français. La loi contraint d'organiser l'enquête de façon plus transparente et moins bâclée. Les délais sont allongés, le recrutement des commissaires enquêteurs est diversifié et s'ouvre aux représentants des associations. Enfin, c'est désormais le tribunal administratif qui désigne les commissaires enquêteurs et c'est l'État qui les paie. Surtout, l'enquête n'est plus seulement prescrite avant une expropriation, mais pour tout projet ayant une incidence importante sur l'environnement. L'étude d'impact, procédure lourde créée par la loi de 1976, devient plus souple d'emploi et donc plus facilement utilisée. C'est le premier pas en France de la prise en compte systématique de l'environnement avant tout projet de quelque importance. La propriété, certes, reste un « droit sacré », mais l'environnement devient une valeur à préserver, reconnue par le législateur.

Pluies acides

Depuis des années déjà, Suédois et Canadiens s'inquiétaient de voir leurs lacs s'acidifier et perdre leur vie aquatique. Ils incriminaient les fumées d'usine en provenance de leurs voisins européens ou états-uniens, transportées par le vent et la pluie. Puis, vers 1978, des chercheurs allemands ont commencé à analyser les causes d'un dépérissement nouveau observé sur certains arbres forestiers. Au point que les Nations unies ont réuni en 1983 à Nairobi un sommet pour envisager les moyens de lutte contre les « pluies acides ». En Allemagne, le nouveau mal a déjà un nom : *waldsterben* (dépérissement forestier). Toujours très réactive en matière d'environnement, l'opinion allemande s'alarme pour l'avenir de ses forêts qui font partie du patrimoine national et même de l'âme germanique. Pour elle, le *waldsterben* est donc une catastrophe écologique nationale. Les forestiers français, eux, s'étonnent de cette précipitation, qu'ils jugent romantique et irrationnelle. Ils connaissent bien certains cas de dépérissement forestier, comme autour des usines métallurgiques de Saint-Avold, en Lorraine, ou dans les sapinières de la Maurienne, attaquées par le fluor des usines d'aluminium. Mais cette pollution de proximité ne dépasse pas le périmètre du panache des fumées. Pour leur part, les architectes observent une attaque redoublée de la pierre des monuments anciens. Qu'il s'agisse de Notre-Dame de Paris ou de la cathédrale de Fribourg, en Allemagne, la pierre se délite comme elle ne l'avait jamais fait en plusieurs siècles d'intempéries. On en conclut qu'elle est attaquée par la pollution combinée des gaz d'échappement, des cheminées d'usine et du chauffage urbain. Même les médecins reçoivent dans leur cabinet de plus en plus de patients souffrant d'asthme, de bronchite ou de difficultés respiratoires.

Y a-t-il un lien entre la stérilisation des lacs, le dépérissement forestier, la dégradation des monuments publics et la santé des citadins ? Les pluies acides peuvent-elles s'en prendre en même temps à l'eau, aux arbres, à la pierre et aux poumons ? La communauté scientifique s'interroge. En France, les forestiers font valoir que, si les lacs des pays nordiques s'acidifient, c'est la rançon de l'enrésinement. Les aiguilles des résineux produisent en effet un humus beaucoup plus acide que les feuilles caduques. Cependant, la politique européenne commune oblige la France à participer aux recherches et le gouvernement institue donc un programme appelé DEFORPA (Dépérissement des forêts attribué à la pollution atmosphérique). On quadrille la forêt de « placettes » où les arbres sont inspectés chaque année par des « notateurs » qui décrivent précisément leur état de santé. Jamais les forestiers, qui raisonnent par parcelles et procèdent aux coupes par rotation, n'avaient ainsi surveillé la santé individuelle des arbres.

Il faudra plusieurs années pour comprendre que le dépérissement observé sur certains arbres est la conséquence de la sévère sécheresse de 1976. C'est pourquoi les arbres les plus atteints poussent dans les régions habituellement les plus humides, comme les Vosges en France ou la Forêt Noire en Allemagne. Mais les massifs forestiers, eux, n'ont pas dépéri. Les spécialistes auraient pu s'aviser plus tôt que si la pollution de l'air est capable de tuer des arbres, ce sont les platanes ou les tilleuls de nos villes qui auraient dû dépérir les premiers. Pour ce qui est des poumons des citadins et des monuments historiques, en revanche, les « pluies acides » existent bel et bien. Et voilà pourquoi va s'ouvrir un nouveau front : l'automobile.

Les certitudes de Peugeot

Le groupe automobile Peugeot, dont les usines sont implantées près des frontières suisse et allemande, est bien placé pour connaître le niveau d'exigence écologique de nos proches voisins. Mais, à l'époque, il est dirigé par un énarque aux certitudes bien ancrées, Jacques Calvet. Le patron du groupe de Sochaux ne veut pas entendre parler de « pot catalytique », cette invention américaine mise au point pour tenter de réduire la pollution à la source. Pour se justifier, il explique que l'industrie automobile française ne peut pas passer sous la coupe de Corning Glass, le groupe américain qui fabrique la céramique des filtres, et de Bosch, le fabricant allemand des capteurs électroniques nécessaires au bon fonctionnement de la catalyse.

Mais M. Calvet est un jour pris la main dans le sac : alors qu'il refuse le pot catalytique pour le marché français, il l'installe bel et bien sur les voitures vendues en Suisse et en Allemagne ! Mme Bouchardeau a bien du mal à convaincre l'ancien grand commis de l'État que la « voiture propre » est l'avenir, y compris dans l'Hexagone. Elle a aussi beaucoup de mal avec les compagnies pétrolières qui, toutes, poussent des hauts cris lorsqu'on leur demande de faire de l'essence sans plomb, pour permettre aux catalyseurs de fonctionner. Les compagnies font valoir qu'elles ont déjà beaucoup investi pour désulfurer leur carburant, pour lutter contre les pluies acides. Si on les oblige maintenant à remplacer le plomb de l'essence, elles vont devoir se délocaliser… Mais, un beau jour, après une campagne de publicité parfaitement orchestrée, toutes les compagnies pétrolières offrent du carburant sans plomb à la pompe. Il a suffi qu'elles se mettent d'accord entre elles pour réaliser ce que, quelques mois plus tôt, elles jugeaient impossible. Plusieurs mois après les autres Européens, la France se lance dans la « voiture propre ».

Conservatoires botaniques

La tradition des jardins botaniques, en France comme ailleurs, n'avait pour but que d'acclimater des plantes exotiques, qu'elles soient destinées à la science, à la consommation ou à l'agrément. En 1975, un botaniste breton, Jean-Loup Sueff, lance pour la première fois l'idée du « conservatoire botanique », destiné à sauver les plantes menacées de disparition. Ce premier conservatoire verra le jour à Brest, avec comme spécialité la conservation des plantes des îles océaniques.

Des conservatoires vont ensuite être créés dans toute la France, comme à Charance, dans les Hautes-Alpes, pour la conservation des plantes de montagne, ou à Porquerolles, dans le Var, pour la sauvegarde des plantes méditerranéennes. Et c'est en 1983 qu'est créée l'Association des conservatoires français d'espèces végétales, dont l'objectif majeur est « la coordination et le développement d'actions en faveur de la conservation d'espèces végétales sauvages ou cultivées ». Cet organe de coordination va devenir l'Association française pour la conservation des espèces végétales (AFCEV) qui, en liaison avec le Bureau des ressources génétiques basé au Muséum, va développer la recherche pour tout ce qui concerne la diversité biologique. On réalise alors que même la plus discrète des graminées, même la plus infime mousse, peut avoir, sinon une valeur commerciale, du moins un rôle à jouer dans l'écosystème. Cette notion de diversité biologique explosera dix ans plus tard sous le nom de « biodiversité » au sommet de la Terre de Rio. Pour une fois, la France n'est pas à la traîne.

Gibier ou faune sauvage ?

Les chasseurs français, qui sont encore les plus nombreux en Europe, supportent mal de voir leurs effectifs fondre d'année en année. Et ils vivent aussi très mal la mauvaise réputation que leur font les antichasse. En 1983, ils imaginent donc un contre-feu. À l'initiative de leur président, Jacques Hamelin, les fédérations départementales de chasseurs créent la Fondation nationale pour la protection des habitats français de la faune sauvage. Son but affiché ? Acquérir des territoires « en vue de préserver leur biodiversité et de les faire connaître ». Comme le Conservatoire du littoral ou Espaces pour demain, les chasseurs sont des protecteurs de la nature, qu'on se le dise !

Le résultat est maigre : en vingt ans, cette fondation n'a acquis que 5 000 hectares, car son véritable but n'est pas tant de préserver des habitats que de recruter des jeunes en leur faisant découvrir le gibier dans des « maisons de la chasse ». Mais le recrutement ne suffit pas à tarir l'érosion des effectifs « par le haut », qui pose un sérieux problème financier aux fédérations. Du fait de la prolifération du gros gibier, et en particulier du sanglier très friand de maïs, les dégâts de gibier à rembourser augmentent alors que les cotisations baissent. C'est une spirale infernale. En fait de faune sauvage, les chasseurs ne s'intéressent d'ailleurs vraiment qu'aux espèces chassables, c'est-à-dire le gibier proprement dit, et aux espèces nuisibles comme le renard, la fouine, la martre, la belette et le blaireau, qu'ils ont le droit de chasser toute l'année. Mais cette traque des animaux qui ne sont pas du gibier permet d'afficher le souci de la « faune sauvage ». Et

c'est pourquoi l'Office national de la chasse (ONC) a lui aussi ajouté « faune sauvage » à son nom, devenu « ONCFS ». Et ses missions, naguère cantonnées à la police de la chasse, se sont élargies à la police de toute la nature.
Mais les vieux réflexes subsistent. Lorsque l'Office publie une plaquette intitulée « Que faire lorsqu'on est en présence d'un animal sauvage blessé ou mort ? », il ne mentionne que les espèces chassables et les nuisibles que l'« inventeur » peut naturaliser « à des fins strictement personnelles ». Il ne donne aucune information pour le cas, beaucoup plus fréquent, où l'on trouve un hérisson ou une chouette tués sur la route. La faune sauvage protégée n'est pas le souci premier de l'Office. Ce qui ne l'empêche pas d'intituler son cahier technique *Faune sauvage* – le mot « chasse » a disparu de la couverture... Même les sociétés autoroutières ont franchi le pas avec leurs passerelles aménagées pour la traversée des grands animaux. Ce qu'elles appelaient naguère « passages à gibier » s'appelle aujourd'hui « passages de faune », ce qui sonne écologiquement correct.

Les derniers ours

Un gibier qui n'en est plus un en France, c'est bien l'ours, puisque sa chasse est interdite depuis 1957. Mais on a continué à le traquer jusqu'en 1972, à l'occasion de battues administratives diligentées par les préfets et menées par la gendarmerie et les lieutenants de louveterie – sans oublier les empoisonnements à la strychnine par les bergers et les « bavures » de chasseurs de sangliers surpris en pleine action de chasse. Tant et si bien que, au début des années 1980, *Ursus arctos* compte moins de vingt spécimens dans les Pyrénées françaises. Si rien n'est fait pour le préserver, le plantigrade est condamné à disparaître, expliquent André Etchelecou, de l'université de Pau, et Gérard

Caussimont, agent du parc national des Pyrénées. À leur initiative est mis en place localement un Fonds d'intervention écopastoral (FIEP) pour aider les bergers qui montent leurs troupeaux en estive et redoutent toujours les attaques de l'ours. Le Fonds finance notamment le transport par hélicoptère du matériel dont les bergers ont besoin dans leurs « cabanes » pour faire leur fromage.

En 1984, le ministère de l'Environnement lance à son tour un « plan Ours », qui vise à faire doubler la population ursine des Pyrénées. Une enveloppe de 2 millions de francs est accordée à cet effet, à la vive indignation des chasseurs, des éleveurs et de tous ceux qui, localement, estiment que cet argent serait mieux employé à autre chose. Du jour où les « Parisiens » s'en occupent, les Béarnais n'aiment plus leurs ours. Cette politique, renouvelée contre vents et marées en 1985 et 1986, ne permet pas à l'ours de croître et prospérer dans les Pyrénées françaises. De fait, la stricte protection de l'ours est impossible du fait que, sous la pression des chasseurs et des propriétaires forestiers, son habitat a été exclu du périmètre du parc national des Pyrénées. La concurrence de la chasse et de l'exploitation forestière condamne irrémédiablement le dernier grand fauve de France.

Nos voisins espagnols et italiens cohabitent parfaitement avec l'ours, comme dans le parc national des Abruzzes, à seulement 150 kilomètres de Rome. Mais il suffit chez nous qu'un ours renverse une ruche pour que chacun demande sa peau. Au pays de la grande bouffe, fromage de brebis et miel de sapin valent mieux qu'un grand fauve en liberté. Seuls quelques « technocrates parisiens » s'obstinent encore à vouloir le sauver en renforçant le dernier noyau par des ours achetés en Slovénie. Sans grand espoir.

Le retour du tram

Supprimés dans les années 1950 pour laisser la place aux voitures, les tramways semblaient avoir fait leur temps. Du moins en France, puisque, en dehors de Saint-Étienne et de quelques rares villes du Nord, on n'en trouvait plus dans les années 1970. Ce qui restait bon pour les Belges, les Néerlandais, les Allemands, les Danois, les Suisses et les Autrichiens n'était plus digne de la France, pas plus que le vélo devenu symbole des privations de l'Occupation.

C'est la ville de Nantes qui, en 1985, prend l'initiative de relancer le tram. Elle est suivie par Strasbourg et Grenoble qui, malgré le changement de majorité municipale, inaugure son nouveau tramway en 1987. Ainsi, ce sont les villes les plus dynamiques qui reviennent au tramway. Beaucoup vont suivre, comme Bobigny en région parisienne, puis Rouen, Lyon, Orléans, Montpellier, Nancy, Bordeaux, Paris, Le Mans, etc. Non seulement on retrouve un mode de transport urbain « propre », silencieux et confortable, mais l'installation de nouveaux réseaux permet de restructurer complètement la circulation urbaine, et même de reverdir certains quartiers. On replante des arbres et, à Nantes et Montpellier, par exemple, les rails du tram se dissimulent dans l'herbe. Certes, la priorité ainsi donnée aux transports en commun pénalise la circulation automobile, privée de certaines voies, mais c'est le but de l'opération.

Dans les municipalités les plus entreprenantes, à cet égard, le retour du tram est aussi l'occasion de repenser la circulation des autobus, trolleybus, taxis et vélos. Pendant des décennies, la voiture particulière a été considérée comme « reine », y compris en tissu urbain dense. Les exemples étrangers montrent que cette situation est parfaitement abusive et nocive à tous égards, aussi bien pour la pollution que pour le bruit et l'encombrement de l'espace public. Symbole des villes ouvrières d'autrefois et des banlieues industrielles de l'entre-deux-guerres, le tram est devenu aujourd'hui le transport urbain de l'après-pétrole, donc un véhicule d'avenir.

La France épinglée

Si, en métropole, la France fait de louables efforts pour préserver son environnement, ce n'est pas toujours le cas outre-mer. Ainsi en est-il du projet de piste d'atterrissage en Terre-Adélie, sur le continent antarctique, pour approvisionner la base de recherche scientifique Dumont d'Urville. En 1984, les travaux ont déjà commencé lorsque Greenpeace lance l'alarme, avec l'appui de Jean Dorst, le directeur du Muséum, ainsi que la LPO et la FFSPN. Il apparaît que la construction d'une piste d'atterrissage suppose l'arasement de plusieurs îles rocheuses qui représentent le seul lieu de nidification pour les colonies de manchots empereurs, symbole de la faune antarctique, mais aussi des manchots Adélie, des pétrels, des fulmars, des skuas et des damiers du Cap. En Terre Adélie, la France gère pratiquement les colonies d'oiseaux les plus importantes du continent blanc, et voilà qu'elle y fait passer ses bulldozers !

Finalement, la piste ne verra jamais le jour. Non pas parce que Greenpeace est intervenu en 1989 à bord du *Gondwana* pour filmer les opérations, mais simplement parce que la piste en chantier va être emportée par une tempête en 1994. Les ingénieurs réalisent alors que le projet est pratiquement irréalisable dans les conditions très rudes de l'Antarctique. Les tronçons de piste restants servent aujourd'hui de débarcadère au *Marion Dufresne*, le navire de liaison de l'administration des Terres australes et antarctiques françaises.

À plusieurs milliers de kilomètres de là, dans l'île de la Réunion, une autre affaire suscite l'ire des écologistes. À l'incitation du député Michel Debré, soucieux de trouver des activités économiques pour une île qui n'en compte guère, il a été créé en 1977 un élevage de tortues marines. Chaque année, la ferme de Saint-Leu reçoit de très jeunes tortues vertes (*Chelonia mydas*) capturées dans les îles éparses d'Europa et de Tromelin par des militaires et des agents de la Météorologie nationale. Ces jeunes tortues sauvages, élevées et gavées en bassin, grandissent assez vite pour offrir d'intéressants débouchés. On utilise leur peau en maroquinerie et des artisans locaux transforment l'écaille de leur carapace en objets d'art et souvenirs pour les touristes. Quant à leur chair, on en fait de la soupe en boîte qui a la saveur de l'exotisme.
Las, *Chelonia mydas* figure sur la liste des espèces protégées par la convention de Washington (CITES), qui réglemente le commerce international en la matière. Et comme la France a signé cette convention en 1978, elle se retrouve accusée à la réunion de la CITES réunie en 1985 à Buenos Aires. Les délégués français expliquent que les tortues fraîchement écloses sur les plages des îles Éparses sont presque toutes dévorées par les crabes, les frégates et les poissons une fois en mer. Les prélèvements effectués pour alimenter l'élevage de Saint-Leu seraient donc équivalents à la prédation naturelle. Mais la communauté internationale ne l'entend pas de cette oreille et la ferme de Saint-Leu n'aura plus le droit d'exporter sa production.
En Guyane, en revanche, la France protège efficacement ses tortues luths (*Dermochelys coriacea*), des monstres marins pouvant atteindre 400 kilogrammes. Sur la plage des Hattes, à 200 kilomètres de Cayenne, gendarmes, chercheurs et écolos montent la garde pour empêcher les touristes ou les chiens errants de perturber leur ponte nocturne. On voit même des militants allemands de

Greenpeace collaborer avec des gendarmes pour ramasser les œufs abandonnés et les placer en écloserie !

Naissance des Verts

En ce début des années 1980, les rangs des militants écolos se dégarnissent. Les Amis de la Terre, si actifs durant les années 1970, n'ont plus que trois mille adhérents, quatre permanents et deux objecteurs de conscience, au moment même où leurs camarades anglais ont vingt-cinq mille adhérents, vingt-cinq permanents et un immeuble à Londres en toute propriété. Greenpeace France revendique aussi trois mille adhérents, chiffre dérisoire par rapport aux effectifs américains, allemands ou néerlandais, où les donateurs se comptent par dizaines ou centaines de milliers.

La presse alternative, qui a déjà vu disparaître *La Gueule ouverte* et *Le Sauvage*, perd aussi le dessinateur Reiser, qui meurt d'un cancer à quarante-deux ans le 5 novembre 1983. Après Michel-Hervé Julien, Pierre Fournier et Michel Brosselin, c'est le quatrième écolo d'envergure à disparaître ainsi prématurément, laissant un grand vide dans le paysage écologique français.

C'est dans ces conditions calamiteuses pour l'activisme écologique que se crée à Clichy (Hauts-de-Seine) le parti des Verts, le 31 janvier 1984. Après les *Greens* anglais, fondés en 1973, et les *Grünen* allemands, qui ont obtenu vingt-huit sièges au Bundestag en 1983, le MEP français a décidé de sauter le pas en devenant un parti politique. Mais le scrutin majoritaire ne lui donne aucun élu aux élections européennes de 1984. Avec mille cinq cents adhérents et un permanent et demi, les Verts français font figue de groupuscule.

La situation est la même pour les autres associations. Leur moral est descendu si bas qu'elles n'ont plus le courage de se déchirer entre elles, comme au beau temps des années 1970. C'est ainsi qu'en janvier 1985, à Paris, leurs représentants n'hésitent pas à monter à la même tribune pour dénoncer les multinationales de la chimie au lendemain de la catastrophe de Bhopal, en Inde. Ce jour-là, toutes rancœurs oubliées, on peut voir côte à côte Brice Lalonde (Amis de la Terre), Jean-Claude Delarue (SOS Environnement) et les représentants des Verts, de Greenpeace, de la FFSPN, de Nature et Progrès, de la Fondation Cousteau, de l'UFC, etc.

Oubliées la morgue et la jactance des années 1970, oubliée la fière assurance de 1981, oubliées les querelles de chapelles entre réalistes, fondamentalistes, autogestionnaires et alternatifs divers. La mouvance écolo touche le fond. Le lobbying a remplacé les pancartes et l'étude des dossiers prend le pas sur les coups de gueule.

L'affaire Greenpeace

La branche française de Greenpeace, déjà très fragile, connaît une crise majeure en mai 1985. Des huit salariés que compte le bureau de Paris, trois doivent démissionner en raison de désaccords sur la stratégie à mener. Pour reprendre le bureau en main, Greenpeace international dépêche une militante néo-zélandaise, qui survient au plus mauvais moment. Quelques semaines plus tard, en effet, le navire amiral de l'organisation, le *Rainbow Warrior*, est coulé dans le port d'Auckland, en Nouvelle-Zélande, par un commando français de nageurs de combat.

Ce 10 juillet 1985 restera un jour noir pour la Marine française, le gouvernement, la diplomatie et l'image de la France. Non seulement Paris fait exploser des bombes aux antipodes, dans l'océan Pacifique, mais voilà maintenant qu'on coule un navire écolo venu protester contre les tirs, et dans un pays allié ! Le ministre de la Défense, Charles Hernu, doit démissionner. Le Premier ministre, Laurent Fabius, court-circuité par « les services », avoue son impuissance. Quant au ministre de l'Environnement, Huguette Bouchardeau, elle se fait discrète. Désireuse d'obtenir une circonscription pour se faire élire députée, elle choisit de faire profil bas.

Cette peu glorieuse affaire donne le coup de grâce à Greenpeace France, qui voit son principal dissident, Jacky Bonnemains, créer un mouvement concurrent, Robin des Bois. Malgré le renfort d'Yves Lenoir, transfuge des Amis de la Terre, puis de Valéry Laramée, venu à l'écologie par l'affaire du *Rainbow Warrior*, le bureau de Paris va mettre plusieurs années à recouvrer son autonomie. L'affaire Greenpeace achève de brouiller les écolos avec un gouvernement de gauche qui poursuit la politique nucléaire des gouvernements de droite précédents. Le 7 septembre 1985 est mis en route Superphénix, « le monstre du plutonium », qui avait mobilisé les énergies de la planète alternative. Les écolos n'ont plus le courage de protester contre une politique qui les tient pour quantité négligeable.

Des lois poudre aux yeux

Les lois de décentralisation, qui confient aux maires la délivrance du permis de construire, ont un effet pervers auprès des maires des petites communes rurales qui, parfois, disposent de vastes territoires en montagne ou en bord de mer. Tout naturellement, ces édiles ne demandent pas mieux que de lotir à tout va, ne serait-ce que pour augmenter leur faible population. Et tant pis pour l'environnement, sacrifié sur l'autel du développement. Le gouvernement s'en rend compte et va donc proposer un contre-feu. Le 9 janvier 1985 est donc adoptée une loi pour

« le développement et la protection de la montagne », qui soumet le développement de l'économie montagnarde à certaines contraintes. En particulier, pour éviter le mitage de la montagne par les stations de ski, on prévoit de réglementer strictement les « unités touristiques nouvelles ».

Sur le littoral, la situation est encore plus inquiétante. Le mitage y est aggravé parce qu'à l'afflux saisonnier des sportifs et des vacanciers s'ajoute l'installation à demeure des retraités et des actifs désireux d'avoir vue sur la mer à longueur d'année. Or, un « petit maire » n'a aucun moyen, ni souvent aucune envie, de résister aux tentations de la promotion immobilière. Le 2 janvier 1986 est donc adoptée une loi « relative à la protection, l'aménagement et la mise en valeur du littoral », qui proscrit toute construction nouvelle à moins de 100 mètres de la ligne de côte et interdit l'urbanisation en continu du littoral. La loi doit inciter les communes littorales à aménager leur arrière-pays et à préserver les espaces littoraux encore « naturels ».

Malheureusement, ni la loi montagne ni la loi littoral ne vont empêcher les promoteurs de continuer à bétonner, aussi bien dans les Alpes que sur la Côte d'Azur. En Bretagne, les pavillons se multiplient, à plus de 100 mètres du rivage, mais sur des collines d'où l'on voit encore mieux la mer. Et malgré ces facilités, les élus du littoral vont quand même s'associer pour réclamer des assouplissements à la loi !

Tout se passe comme si les élus du peuple, à l'Assemblée et au Sénat, qui votent des lois dans l'intérêt général, avec parfois un réel souci de la protection de l'environnement, ne pensent plus, une fois revenus dans leur terroir, qu'à faire plaisir à leurs amis pour conserver leur petit pouvoir. Quant aux préfets chargés de faire respecter la loi, il leur faut une volonté de fer pour résister à la demande ou sévir contre les contrevenants. Et cela, en général, ne leur vaut que des ennuis.

Le Larzac de José Bové

Après l'abandon officiel de l'extension du camp militaire du Larzac, beaucoup ont cru que les néoruraux, un temps galvanisés par la lutte, décrocheraient peu à peu avec la paix revenue. Erreur. Non seulement ils sont restés, pour la plupart, mais ils ont dopé l'économie du causse. Guy Tarlier, le « stratège » venu de Centrafrique, a fait souche en développant un élevage de moutons ultra-moderne, qu'il partage avec un « néo » venu du Nord en 1979. À la ferme de Las Mayou, un couple de « zonards » venu participer en 1972 à la construction de la « bergerie reproche » de la Blaquière, est en 1985 à la tête d'un élevage de chèvres prospère, qui dispose de plus de 200 hectares de parcours. « Ils nous ont acceptés cheveux longs, gauchistes et pas mariés, disent-ils des paysans caussenards, alors on les accepte chasseurs et cathos ! »
Non seulement les « néos » sont restés, mais ils ont apporté aux paysans caussenards ce qui leur manquait : l'esprit d'innovation. Certains se sont lancés dans l'apiculture, dans l'élevage du lièvre ou du canard, d'autres ont fait le « fromage à la ferme » au lieu de livrer leur lait à Roquefort, et plusieurs ont osé l'élevage du mouton en parc, sans berger, ce qu'on n'avait jamais vu sur le causse. « Ces hippies qui venaient pour élever des abeilles ou des lièvres paraissaient complètement farfelus, reconnaît Léon Maillé, un paysan caussenard devenu directeur du mensuel *Gardarem lo Larzac*. Maintenant, ce sont les paysans qui imitent les nouveaux installés. Dans tout l'Aveyron, c'est au Larzac qu'il y a le moins d'abandons et le moins d'endettement au Crédit agricole ! »

Si ces nouveaux installés tiennent bon, c'est aussi grâce à la présence de Joseph Bové, dit José, un ancien objecteur de conscience devenu éleveur de moutons à Montredon. José Bové a été élu président de la Société civile des terres du Larzac (SCTL), l'organisme qui loue les terres à l'État et les baille à ferme aux nouveaux exploitants. En 1985, si Guy Tarlier, le stratège, continue à tirer les ficelles, la relève est assurée par le moustachu de Montredon, dont l'autorité est incontestée. Il réussit à imposer la dure loi du causse nouveau : tout locataire de la SCTL devra rendre sa maison et ses terres avant de prendre sa retraite.

Action solaire

Pour montrer sa bonne volonté, EDF a construit dans les Pyrénées-Orientales une installation qui produit de l'électricité à partir du rayonnement solaire. Cette coûteuse centrale expérimentale, baptisée Thémis, se révèle vite une impasse technique et économique, ce qui permet à EDF d'enterrer alors l'électricité solaire. Mais en 1985, arrive à la tête du Comité d'action pour le solaire (CAS) un architecte qui a découvert cette énergie dans le Sud algérien, où il installait des pompes à eau solaires. Convaincu qu'il tient là l'énergie de l'avenir, surtout après le premier choc pétrolier, Alain Liébard se lance dans la construction de HLM solaires à Toulouse. Et il entend bien développer cette énergie dans toute la France, y compris au Nord car, comme chacun sait, « le soleil brille pour tout le monde ».
Alain Liébard est rejoint par un ancien journaliste de *La Gueule ouverte*, Yves-Bruno Civel, qui diffuse toutes ces nouvelles technologies dans la revue *Systèmes solaires*, avec l'espoir que l'industrie française, à son tour, va se lancer dans l'aventure.

Malheureusement, la France s'est fait doubler par l'Allemagne, le Japon et les États-Unis, qui ont beaucoup investi dans la recherche et le développement de cette énergie renouvelable. Leurs chercheurs ont mis au point des piles photovoltaïques « rentables » et des panneaux solaires appréciés pour le chauffage de l'eau sous tous les climats, même proches du cercle polaire.

Déçus par la passivité des industriels français, Alain Liébard et Yves-Bruno Civel s'engagent vaillamment dans l'exportation des technologies solaires dans le tiers-monde. Avec leur association Énergies pour le monde, ils s'efforcent de monter des projets de développement où l'on fait appel aussi bien à l'énergie solaire qu'aux éoliennes ou à la biomasse. À la différence d'EDF, qui veut toujours rester l'unique fournisseur d'énergie, Énergies pour le monde plaide pour que chaque communauté locale produise et maîtrise sa propre énergie. Cette action menée dans le tiers-monde est hélas l'aveu d'un échec en France même où, en 1985, tout consommateur est un client captif d'EDF. Le monopole mettra encore vingt ans à se fissurer.

Mitterrand et la forêt

Ayant perdu tout crédit auprès des écologistes et des protecteurs de la nature, le président Mitterrand veut se donner malgré tout une image « verte », qui est dans l'air du temps. Conseillé par Jacques Attali, qui connaît l'amour de son patron pour les arbres, il imagine de réunir à Paris un sommet pour la forêt baptisé Silva, qui permettrait de traiter à la fois du dépérissement forestier en Europe et de la déforestation en zone sahélienne ou tropicale humide. François Mitterrand, c'est vrai, aime les arbres, que ce soit dans son ancienne circonscription de Château-Chinon, au cœur du Morvan, ou dans sa bergerie landaise de Latché, où il montre fièrement à ses visiteurs les chênes qu'il a plantés. Il aime aussi les animaux, puisqu'il a un âne dans sa bergerie et un labrador à l'Élysée, comme avant lui Giscard d'Estaing. Mais, à la différence de VGE, lui a raccroché son fusil et laisse François de Grossouvre organiser les chasses présidentielles. Un président qui aime les arbres, les animaux et qui ne chasse plus est forcément un ami de la nature.

Réuni en février 1986, le sommet Silva va permettre à la France de se montrer un hôte attentionné pour des palabres de haut niveau, mais sans enjeu. Certes, on aborde le dépérissement forestier en Europe, qui n'a pas vraiment eu lieu, et aussi la déforestation, qui est un mal bien réel dans toute la ceinture tropicale et intertropicale de la planète. Mais, évidemment, aucune décision ne sera prise, l'important étant d'afficher sa conscience verte et sa bonne volonté. Silva n'aura jamais de suite, sinon une association formée en 1986 pour faire connaître et défendre les forêts du monde. Sous l'impulsion des agronomes Jean Clément et Arthur Ridacker, très impliqués en Afrique, l'association Silva crée un Réseau international des arbres tropicaux, qui aide les forestiers africains à exercer leur métier dans des conditions difficiles.

Le nom sera aussi repris par des forestiers français soucieux d'une exploitation « écologique » de leur propriété, qui vont former le réseau Pro Silva. Ces propriétaires forestiers pratiquent des élagages doux, des coupes sélectives et l'exploitation « jardinée » de leurs parcelles, c'est-à-dire arbre par arbre. Ils s'efforcent donc de maintenir une diversité biologique dans leur forêt, tant au niveau des arbres que pour la faune et la petite flore. À l'époque, cependant, ils ne sont qu'une infime minorité.

La déroute des Verts

Les élections législatives et régionales de 1986 sortent l'écologie politique de sa torpeur. Les Verts, conscients de la faiblesse de leur groupe, se déclarent « à la fois verts et ouverts », notamment à l'égard de l'extrême gauche. Ils espèrent ainsi avoir des élus comme leurs camarades allemands, très influencés par leur aile gauchiste. Après l'échec des élections de 1984, où ils ont frôlé la barre des 5 %, ils se sont retrouvés avec 1,5 million de francs de dette, tandis que les *Grünen*, eux, empochaient près de 20 millions de marks ! Mais c'est finalement la droite qui va tirer les marrons du feu et devenir majoritaire à l'Assemblée nationale. Non seulement l'opération séduction menée à gauche a échoué, mais elle provoque une hémorragie dans les urnes. Aux élections législatives, les Verts récoltent moins de quatre cent mille voix (2,7 %), alors qu'ils en avaient obtenu six cent vingt mille en 1978 (4,7 %), avec moins de candidats. Aux élections régionales, pourtant beaucoup plus favorables aux petites formations, le reflux est du même ordre. Les Verts n'obtiennent que six cent soixante mille voix (2,5 %) contre près de neuf cent mille voix en 1979 (4,4 %). C'est une déroute de l'écologie politique. Brice Lalonde, devenu directeur de l'Institut pour une politique européenne de l'environnement, voit dans ces résultats la confirmation de son pronostic : les Verts se trompent en pariant sur une alliance à gauche.

Au mois de novembre 1986, les Verts désavouent leur direction « gauchiste ». La motion d'Antoine Waechter, qui proclame que « l'écologie n'est pas à marier », finit par l'emporter. C'est maintenant un virage à droite, ou du moins un net recentrage. Mais cela n'empêche pas l'écologie politique de rester divisée, comme en Allemagne, entre les « réalos » (réalistes), partisans d'une alliance électorale, et les « fundos » (fondamentalistes), déterminés à mener un combat pur et solitaire.

Le nuage de Tchernobyl

Après l'explosion du réacteur numéro 4 de la centrale nucléaire de Tchernobyl, en Ukraine, le 26 avril 1986, c'est l'émoi général en Europe. Les Suédois, premiers à avoir décelé une anomalie, décident d'abattre une partie de leurs rennes, qu'ils pensent contaminés par l'ingestion de lichen radioactif. En Allemagne, des femmes préfèrent avorter plutôt que de mettre au monde un enfant « irradié ». Partout en Europe, on prend des dispositions pour se protéger contre le « nuage » de Tchernobyl.

En France, c'est la sérénité totale. Le Service de contrôle et de protection contre les rayonnements ionisants (SCPRI), dirigé par le professeur Pellerin, explique que le panache de radioactivité a perdu toute nocivité en arrivant au-dessus de la France. Certains se demandent pourquoi nos voisins prennent tant de précautions alors qu'on nous explique qu'il n'y a rien à craindre en France. Le nuage radioactif se serait-il arrêté miraculeusement à la frontière ? À Montélimar, une jeune agrégée de biologie, Michèle Rivasi, veut en avoir le cœur net. Elle recueille dans son département de la Drôme des échantillons de lavande et de thym et constate qu'ils sont bel et bien chargés d'isotopes radioactifs. En septembre, elle passe à l'émission *Droit de réponse* de Michel Polac, où elle annonce la création d'un comité de recherche et d'information indépendant sur la radioactivité (CRII-Rad). Son projet de laboratoire indépendant lui vaut une avalanche de chèques, qui lui permettent de s'installer à la faculté des sciences de l'université de Valence.

Dans un pays où la recherche nucléaire est entièrement concentrée dans les mains de l'État (CEA, EDF, Alsthom), ce laboratoire indépendant apparaît comme un défi. C'en est un, en effet, que Michèle Rivasi jette au professeur Pellerin et aux pouvoirs publics, toujours trop enclins à retenir les informations jugées « sensibles », voire stratégiques. Le CRII-Rad va contraindre les autorités à plus de transparence, dans un domaine où l'opacité et la rétention d'information étaient la règle.

Sandoz et « Tchernobâle »

Quelques mois plus tard, c'est l'incendie d'un entrepôt de produits chimiques Sandoz à Bâle, en Suisse, qui relance la hantise du nuage toxique. Les autorités françaises prennent très vite des dispositions au cas où il faudrait demander à la population alsacienne de se confiner chez elle. La leçon de Tchernobyl a servi. Mais l'alerte au nuage toxique apparaît comme une fausse alerte, et tout le monde respire, à commencer par la direction du groupe Sandoz, qui venait de fêter glorieusement son centenaire. Une semaine plus tard, pourtant, la surface du Rhin est jonchée de cadavres d'anguilles, qui flottent dans une eau devenue rouge. C'est le résultat de la lutte contre le feu : en inondant l'entrepôt sous des tonnes d'eau, les pompiers ont lessivé les produits chimiques qui se sont peu à peu infiltrés dans le fleuve tout proche. Il en est résulté un cocktail mortel pour les poissons.

Sur la rive allemande du Rhin, les *Grünen* défilent avec des corbillards en annonçant la mort du Rhin. En France, on se borne à dénoncer « Tchernobâle », par un jeu de mot aussi approximatif qu'inexact. Au gouvernement, on boit du petit-lait : oubliée la guerre des saumures des Potasses d'Alsace, oublié le nuage de Tchernobyl arrêté par le Rhin. Comme à Seveso, c'est la chimie suisse qui pollue ! Le nouveau ministre de l'Environnement, Alain Carignon, se rend sur les lieux et confie à Brice Lalonde le soin de présenter un plan de restauration du milieu,

qui sera ensuite transmis à Sandoz. La multinationale suisse va prendre en charge toutes les dépenses et financer un plan de restauration étalé sur dix ans.
Plutôt que de traîner les pieds, comme la France pour ses saumures dans le Rhin ou comme la Standard Oil après le naufrage de l'*Amoco Cadiz*, le groupe suisse a compris qu'il avait intérêt à s'appliquer lui-même le principe pollueur payeur. Tout le monde s'en félicite.

Les écolos sans voix

En 1986, les contempteurs de la société de consommation et du productivisme se trouvent pris à contre-pied. La crise économique frappe si durement la France que les grands projets se retrouvent pratiquement en panne, sans que leurs adversaires y soient pour rien. Les aciéries lorraines, championnes de pollution, ferment leurs hauts-fourneaux les uns après les autres. Fos-sur-Mer (Bouches-du-Rhône), la plate-forme industrielle de l'avenir, tourne à la moitié de sa capacité. Antifer (Seine-Maritime), qui devait recevoir un flux ininterrompu de navires, attend le client. Bref, c'est la crise. Dans ces conditions, le discours écologiste passe mal.
En reportant sur les collectivités locales la responsabilité des chantiers en projet, la décentralisation coupe l'herbe sous le pied de tous ceux qui vouaient l'État jacobin aux gémonies. Voilà les écolos désemparés, sans voix, condamnés à protester localement contre des élus qui leur sont proches. Cette situation nouvelle les amène à se convertir à d'autres méthodes. Après la décennie fiévreuse des manifestations avec pancartes et « coups de gueule », ils se recentrent maintenant sur l'examen des dossiers, l'analyse des rapports de bureaux d'étude et la participation aux prises de décision. Une véritable révolution culturelle.

Ils participent donc aux enquêtes publiques et ils entrent dans les commissions chargées d'examiner les projets. Ils les attaquent devant le tribunal administratif lorsqu'ils les jugent illégaux ou nuisibles, avec la possibilité de se porter partie civile lorsque leur association est agréée pour la protection de l'environnement. Ils ne portent plus de pancartes mais des dossiers et des documents. Ils ne boudent plus dans leur coin mais s'attaquent de front aux réalités quotidiennes de leurs concitoyens. Même le combat antinucléaire a changé. Si des militants comme Jean Carlier ou Didier Anger restent viscéralement antinucléaires, Brice Lalonde et ses Amis de la Terre ont mis de l'eau dans leur vin. « Les centrales existent, il faut vivre avec », constate-t-il. C'est aussi le point de vue de responsables comme Huguette Bouchardeau ou Haroun Tazieff, qui jugent l'industrie nucléaire plus sûre en France que l'industrie chimique.
Les irréductibles du comité Malville créent en 1987 le « Réseau pour un avenir sans nucléaire », qui deviendra le réseau « Sortir du nucléaire », basé à Lyon. Mais il est trop tard pour défiler avec des banderoles, maintenant que la France dispose de trente-quatre réacteurs de 900 mégawatts, six réacteurs de 1 300 mégawatts, deux surgénérateurs et même encore quatre vieilles unités graphite-gaz. Un parc nucléaire à nul autre pareil, qui fait déjà de la France le champion toutes catégories. Les antinucléaires vont donc devoir changer de tactique.

Pollutec

Les industriels aussi vont devoir changer de tactique. Naguère harcelés par des écolos accusateurs qui les clouaient au pilori en toute occasion, les voici qui commencent à prendre les devants et se posent en défenseurs actifs de l'environnement. Dans les années 1970, déjà, ils avaient tenté de présenter leur matériel de dépollution dans un salon qui, du Bourget, avait déménagé en 1976 au Palais des expositions de la porte de Versailles. On n'y abordait guère que la qualité de l'air et de l'eau.

Le salon Pollutec prend vraiment son envol en 1986 à Lyon, où il s'ouvre à tous les industriels qui se proposent de nettoyer l'air, de traiter l'eau, de dépolluer les sols, de trier les déchets, d'économiser l'énergie, d'étouffer les bruits et de transporter sans nuisances. Comme dans tous les autres salons qui se respectent, on y croise des centaines d'exposants venus de toute l'Europe avec leur mallette bourrée de dépliants. Certains viennent même avec du gros matériel. À partir de 1990, le salon Pollutec se tiendra tantôt à Lyon tantôt à Paris. Au Palais des expositions de Villepinte, les exposants dépassent le millier et les visiteurs se comptent par dizaines de milliers. Les industriels de la propreté n'ont plus peur de se montrer et les autres s'efforcent par tous les moyens de prouver qu'ils économisent la ressource et préservent donc la planète. L'environnement devient un marché qu'il est avisé d'investir, même en France.

Les industriels ont désormais une devise : la protection de l'environnement est une chose trop importante pour être laissée aux écologistes.

Chapitre 10 : 1988-1992

Une fulgurante percée

Après des années de stagnation, l'écologie politique reprend vigueur à l'occasion des consultations électorales de 1988 et 1989. Elle entre même au gouvernement en la personne de Brice Lalonde, premier écologiste français devenu ministre. L'écologie en général sort de son ghetto et devient un sujet public qui monte en puissance à la faveur de la préparation du Sommet de la Terre, réuni en 1992 à Rio de Janeiro.

Dans tous les compartiments de la vie sociale, écologie et environnement deviennent des concepts à la mode. Chefs d'entreprise, hommes politiques, intellectuels et sociologues se mettent au « vert ». Non seulement il n'y a plus honte à se dire écologiste en France, mais cela fait moderne et ouvert. Au point que, souvent, les professions de foi ne sont suivies d'aucun effet. Paradoxalement, se déclarer soucieux de l'environnement est chic, mais pratiquer l'écologie au quotidien reste ringard aux yeux de beaucoup.

Un écologiste aux commandes

Brice Lalonde, qui se veut écologiste libéral et ouvert, se trouve bien embarrassé pour adopter une ligne avant l'élection présidentielle de 1988. Il élimine d'emblée le candidat des Verts Antoine Waechter, qu'il juge fondamentaliste, dogmatique, et dépendant de l'extrême gauche, qui attend son heure. Il hésite alors entre Raymond Barre, libéral de droite, et Michel Rocard, libéral de gauche. Raymond Barre, en effet, a pris comme conseiller en environnement un énarque écologiste, Lucien Chabason, dont Brice Lalonde apprécie la compétence et l'engagement. Mais il penche davantage vers Michel Rocard, ancien PSU comme lui, qui a de bonnes chances de devenir Premier ministre… Il se résigne donc à appeler à voter Mitterrand dès le premier tour et, du coup, est recruté pour la campagne par Claude Allègre, conseiller Environnement du PS. Exclu du gouvernement en 1981, Alain Bombard a pris ses distances. Quant à Haroun Tazieff, l'ennemi intime de Claude Allègre, il est passé au service d'Alain Carignon, alors ministre de l'Environnement et président RPR du conseil général de l'Isère… Claude Allègre a fait l'analyse suivante : « La préoccupation écologique, aujourd'hui, pèse du même poids que le PCF. » Amener des écologistes au PS peut donc rétablir l'équilibre au sein de la gauche.

Au premier tour, les Verts, emmenés par Antoine Waechter, obtiennent à peine plus de voix (1 149 642) que Brice Lalonde sept ans plus tôt (1 126 254). En pourcentage, cela correspond à un léger recul (de 3,87 % à 3,78 %). Ce recul est largement imputable à la personne même du candidat des Verts, qui n'a pas le charisme ni l'aisance de Brice Lalonde. Mais il confirme aussi que les écologistes, en politique, ne sont pas sortis du tunnel. Réélu, Mitterrand nomme Rocard Premier ministre, qui va former un gouvernement de cohabitation avec le président, son allié-rival-adversaire. Brice Lalonde est nommé secrétaire d'État à l'Environnement. C'est le troisième challenger de

Mitterrand en 1981 qui obtient ce portefeuille, décidément considéré comme un lot de consolation. « Je préfère avoir un strapontin dans la salle des commandes plutôt qu'un fauteuil dans la salle des machines », observe le nouveau secrétaire d'État.

De fait, il considère qu'il n'a de compte à rendre qu'à Rocard, le vrai patron de la politique environnementale du nouveau gouvernement. Et, pour bien marquer son indépendance à l'égard du PS, il choisit Lucien Chabason, barriste notoire, comme directeur de cabinet, et s'entoure de ses fidèles des Amis de la Terre : Dominique Bidou, Cédric Philibert, Dominique Martin-Ferrari, Robert Fidenti, Muriel Labrousse, etc. Pas un seul socialiste en carte dans son cabinet !

L'abcès de Serre de la Fare

La Loire, « dernier fleuve sauvage d'Europe », est alors sous la coupe de l'EPALA (Établissement public pour l'aménagement de la Loire et de ses affluents), présidée par le maire de Tours, Jean Royer. Après une crue cévenole qui, en 1980, a entraîné la mort de sept personnes à Brives-Charensac, près du Puy-en-Velay (Haute-Loire), l'EPALA a conçu un nouveau projet de barrage qu'elle envisage de construire dans des gorges sauvages au lieu dit Serre de la Fare. La presse locale décortique ce projet et constate que les habitants de la haute Loire, montagne pauvre, vont une fois de plus perdre un site naturel précieux au profit des habitants de la basse Loire, plaine riche. Et cela pour une mauvaise raison : s'il y a eu sept morts à Brives-Charensac en 1980, c'est parce que trois personnes ont été noyées en retournant chercher des affaires dans leur maison contre l'avis des gendarmes, et que les quatre autres étaient une famille d'étrangers en caravane qui n'avaient pas été prévenus. Bien

gérée, la crue n'aurait dû faire que des dégâts matériels. Un nouveau barrage n'est donc pas indispensable.
Se forme alors au Puy-en-Velay, au début de 1988, l'association SOS Loire vivante, calquée sur l'association Loire vivante créée en 1986 par Monique Coulet à Lyon et Jean-Claude Demaure à Nantes. Animée par un jeune éducateur sportif qui a appris le combat écologique en Californie, Martin Arnould, elle reçoit bientôt le renfort d'un vétéran suisse allemand de la protection des fleuves, Roberto Epple, et d'une jeune militante du WWF, Christine Jean, chargée de projet à Nantes. Cette présence d'éléments « étrangers » aurait pu rendre méfiants les habitants du Puy, mais les Ponots se montrent au contraire sensibles à leurs arguments. Eux aussi veulent conserver les gorges sauvages de leurs promenades dominicales. La campagne de presse contre le barrage s'enfle.
Le nouveau ministre de l'Environnement, Brice Lalonde, qui a signé la déclaration d'utilité publique du barrage, comprend que quelque chose se passe au Puy et organise en janvier 1989 une réunion à la préfecture d'Orléans avec l'EPALA. Il propose alors de lancer une étude complémentaire sur l'aménagement du fleuve et offre un budget à Loire vivante pour la mener. Jean Royer enrage. Sur le terrain, où les travaux se préparent, SOS Loire vivante passe à l'action. Les opposants au barrage bloquent l'accès du site aux engins de chantier. Et ils construisent sur place un chalet pour pouvoir occuper les lieux jour et nuit. Ils vont ainsi rester sur le terrain durant cinq ans ! Et Roberto Epple, le Suisse engagé à la pointe du combat, habite aujourd'hui encore à côté du site.
De leur côté, les scientifiques rendent leur rapport à Brice Lalonde, qui prend acte de l'intérêt d'un fleuve laissé à ses débordements naturels. Le maire de Tours et son EPALA ont

beau faire, le barrage de Serre de la Fare est abandonné en 1990. Deux des quatre ouvrages envisagés par l'EPALA ne se feront pas.

L'expérience Valorga

Il est rare en France qu'un écologiste d'origine se lance dans une activité technique qui débouche sur un procédé industriel. C'est bel et bien le cas de Michel Bonhomme, un Grenoblois qui s'est d'abord battu contre Superphénix et s'est présenté avec Cédric Philibert aux élections municipales de 1977. Au cours de ses diverses activités professionnelles, il rencontre un ingénieur agronome en retraite qui a été dans sa jeunesse un pionnier de la méthanisation et qui le convertit à la valorisation organique des ordures ménagères. Tous les deux construisent donc à Grenoble une unité pilote expérimentale, qui enthousiasme notre écologiste et l'incite à créer son entreprise.
Installé en 1981 dans la banlieue de Montpellier, Michel Bonhomme commence à démarcher les villes de France pour vendre son procédé de valorisation organique des ordures ménagères baptisé Valorga. Plusieurs municipalités de gauche, sensibles à son profil de militant autodidacte, se déclarent intéressées, et c'est la ville d'Amiens, municipalité alors communiste, qui signe avec lui le premier contrat, en 1985. C'est un contrat intéressant, qui prévoit de construire une véritable usine, capable de traiter tous les déchets de la ville d'Amiens pour 53 francs la tonne, avec une production de biogaz racheté par Gaz de France, du compost vendu comme engrais et de la chaleur pour alimenter des serres florales. Une prouesse écologique, 100 % française, que les communistes sont fiers de réaliser pour leurs concitoyens, et que le ministre Brice Lalonde se fera un plaisir d'inaugurer en 1988, quelques mois avant les élections municipales…

Las, au bout de quelques semaines de fonctionnement, la belle machine s'enraye. Les trémies s'encrassent, les broyeurs cassent, les presses se grippent, ce qui occasionne de multiples pannes. Il faut embaucher du personnel pour réparer, entretenir et suppléer les automatismes défectueux, ce qui porte le prix de traitement à 230 francs la tonne, soit le coût de l'incinération, le procédé le plus cher ! Le biogaz n'a pas la teneur adéquate pour Gaz de France et le compost est plein de résidus solides qui le rendent invendable.
Pour des raisons de calendrier électoral et de politique de prestige, on s'est précipité pour monter une belle usine sans avoir testé les procédés en vraie grandeur. Ce fiasco fait perdre les élections aux communistes, qui doivent céder la mairie à Gilles de Robien (UDF). Pourtant, le procédé Valorga reste ingénieux dans son principe. Il va donc être racheté par un groupe allemand qui, moyennant les ajustements indispensables, va le commercialiser avec des usines clés en main qui se vendent aujourd'hui très bien.

La percée des Verts

Aux élections législatives qui suivent la présidentielle de mai 1988, les Verts frôlent la barre des 5 %. Aux cantonales de l'automne, qui donnent la température de la France profonde, leur pourcentage grimpe à 6,8 %. Un déclic se produit alors chez les élus qui, à la veille des élections municipales de mars 1989, commencent à voir l'intérêt de faire figurer une sensibilité « verte » sur leur liste.
Et c'est ainsi que le maire PS de Saint-Herblain, Jean-Marc Ayrault, invite Jean-Claude Demaure sur sa liste et emporte la mairie de Nantes. De la même façon, à Toulouse, Philippe Dufetelle devient maire adjoint à l'environnement, comme

Michel Duchêne à Bordeaux et Alain Vérilhac, militant de la FRAPNA, à Lyon. À Grenoble, c'est le conseil général qui embauche Jean-François Noblet, autre militant de la FRAPNA, pour faire de l'Isère un modèle de gestion écologique. Vingt ans après 1968, les écologistes ne font plus peur dans les instances politiques de décision. Ils sont même souvent souhaités.

Les élections municipales de mars 1989 marquent pour eux une progression fulgurante. Au Puy-en-Velay, capitale de la dentelle et cité mariale vouée aux pèlerinages, la liste conduite par Martin Arnould obtient 22 % des voix ! À Orthez, où se démène un universitaire écologiste, Michel Rodes, les Verts dépassent 16 %. En Bretagne, les scores de Saint-Brieuc, Quimper, Rennes, Vannes et Saint-Nazaire dépassent tous 11 %. Au total, les Verts ou assimilés envoient quelque deux mille élus dans les conseils municipaux.

Les élections européennes de juin confirment cette forte poussée. Les Verts frôlent les deux millions de voix et dépassent la barre des 10 % de l'électorat. C'est un succès éclatant, qui leur permet de faire pour la première fois leur entrée dans un parlement. Ils font même mieux que les *Grünen*, qui n'ont obtenu cette fois que 9 % des voix en Allemagne. Et ce sont donc huit Français qui, pour la première fois, vont faire entendre la voix verte à Strasbourg. Parmi eux, des vétérans comme Didier Anger, Andrée Buchmann, Yves Cochet, Marie-Anne Isler-Béguin, Solange Fernex et Antoine Waechter. Un siège a même été offert à un simple compagnon de route, Jean-Pierre Raffin, qui adhérera aux Verts plus tard.

Brice Lalonde ne veut pas laisser aux seuls Verts le bénéfice de la vague montante et il crée donc son propre mouvement, baptisé « Génération Écologie ». On y retrouve des gens très divers comme le docteur Minkovski, à Paris, Yves Pietrasanta, le maire de Mèze (Hérault), Robert Fidenti à Avignon, Jean-Claude Demaure à Nantes, Noël Mamère, maire de Bègles (Gironde), Jean-Louis Borloo, maire de Valenciennes (Nord), Haroun Tazieff, maire de Mirmande (Drôme) et Corinne Lepage, qui piaffe d'entrer en politique.

Par trop hétéroclite, le mouvement va très vite éclater. Yves Pietrasanta et Noël Mamère vont rejoindre les Verts. Jean-Louis Borloo va reprendre sa liberté. Quant à Corinne Lepage, qui deviendra ministre de l'Environnement dans le gouvernement Juppé, elle va créer son mouvement, Cap 21, et se faire élire à Cabourg (Calvados). Il ne reste plus alors à Brice Lalonde qu'à se faire élire à son tour, pour la première fois de sa carrière politique. Il choisit d'être le maire de Saint-Briac (Côtes-d'Armor) où il possède une résidence secondaire. La génération Écologie s'est dissoute dans le corps social.

Au secours de la couche d'ozone

Le protocole pour la protection de la couche d'ozone, adopté à Montréal en 1987, est entré en vigueur le 1er juin 1989. Le gouvernement français, poussé par Brice Lalonde, se doit donc de faire quelque chose pour montrer sa bonne volonté. Les industriels français, d'abord réticents, se rendent compte qu'ils ne peuvent pas échapper à l'opprobre jeté sur les gaz CFC qu'ils utilisent dans leurs bombes aérosols, leurs climatiseurs, et les mousses isolantes des réfrigérateurs.

Le 7 février 1989, une convention est donc signée entre le ministre de l'Industrie, Roger Fauroux, le secrétaire d'État à l'Environnement, Brice Lalonde, le représentant de la compagnie ELF-Atochem et les organisations professionnelles qui regroupent les utilisateurs de CFC. Tout le monde est donc d'accord pour bannir l'usage des CFC, destructeurs de la couche d'ozone, comme on avait banni le pyralène quelques années plus tôt. Quand les industriels français se rendent compte qu'il y a consensus international pour interdire une production dangereuse, ils l'acceptent, pourvu que les autres en fassent autant. En matière de protection de l'environnement, il ne faut pas leur demander de prendre des initiatives, mais on peut les rallier au peloton.

Sentant que la protection de la couche d'ozone et le réchauffement climatique sont dans l'air du temps, le président de l'Assemblée nationale, Laurent Fabius, organise à l'hôtel de Lassay un colloque scientifique sur le thème « Atmosphère et climat ». Il s'agit pour lui d'anticiper la conférence de La Haye où Michel Rocard, en compagnie de quelque quarante chefs d'État et de gouvernement, plaidera lui aussi pour la protection de l'atmosphère, comme le fera le président Mitterrand quelques mois plus tard.

Le parc national de Guadeloupe

Le 20 février 1989 est officiellement créé le parc national de la Guadeloupe. C'est la première fois que l'institution se risque hors de France métropolitaine, qui plus est dans un département frondeur, travaillé depuis longtemps par les indépendantistes. Les Guadeloupéens avaient déjà dû consentir à voir le massif de la Soufrière érigé en forêt domaniale, donc échapper totalement aux pouvoirs locaux. Et voici maintenant que le volcan de la Soufrière et son massif boisé sont érigés en parc national... C'est à ce jour le dernier créé par la France. Tous les autres projets ont été ou abandonnés ou remis à plus tard, qu'il s'agisse de la Guyane, de la mer d'Iroise, de la Corse ou du Mont-Blanc. Même la forêt de Fontainebleau, qui poserait beaucoup moins de problèmes que la Guadeloupe, rencontre

l'opposition des élus et de l'Office national des Forêts, jaloux de ses prérogatives.
En réalité, la création de nouveaux parcs nationaux se heurte à un obstacle créé par la loi de décentralisation. Ni les élus ni les simples citoyens n'acceptent de se voir imposer une institution de droit régalien. Le parc national, lancé en France sous l'ère gaullienne, apparaît comme une réaction de méfiance à l'égard des élus locaux jugés incapables de défendre un patrimoine commun. Même en Guyane, où des engagements très fermes ont été pris par les ministres successifs, le projet piétine. La France voudrait bien montrer au monde qu'elle protège sa part de forêt amazonienne, symbole mythique de biodiversité. Mais sa gendarmerie se débat tellement avec l'orpaillage, le braconnage, les trafics d'animaux sauvages et l'immigration clandestine que le moment paraît mal venu pour sauter le pas.
Sans attendre le parc national, le botaniste Francis Hallé, de l'université de Montpellier, a posé son radeau des cimes au sommet des grands arbres de la forêt guyanaise. C'est pour lui le seul moyen d'étudier la richesse de la flore et de la faune équatoriales, qui s'épanouissent bien plus à la lumière des cimes que dans les sous-bois humides et sombres. Ses équipes pluridisciplinaires y mènent des recherches croisées qui sont le prototype de l'écologie scientifique, c'est-à-dire liées à un milieu donné, dont on étudie toutes les facettes.

Jean-Louis Étienne aux Pôles

Spécialiste de nutrition et de biologie du sport, le docteur Jean-Louis Étienne a d'abord exercé son métier en mer, où il a notamment accompagné les navigateurs Alain Colas et Éric Tabarly. Puis il s'est lancé dans la marche en montagne et dans les glaces, au Groenland, en Patagonie et dans l'Himalaya. En

1985, il a vainement tenté une marche solitaire vers le pôle Nord, qu'il a réussie le 11 mai 1986.
À force de naviguer et de marcher à travers le monde, comme avant lui Paul-Émile Victor et le commandant Cousteau, Jean-Louis Étienne découvre que la planète n'est pas seulement un milieu parfois rude pour l'explorateur, mais aussi une nature fragile à préserver. Il décide donc de monter une expédition internationale sur le continent antarctique afin d'obtenir qu'il soit érigé en « parc naturel mondial ». C'est l'expédition Transantarctica, menée en 1989 avec des traîneaux à chiens.
Dès lors, complètement converti à l'écologie, Jean-Louis Étienne s'assigne deux missions : faire connaître aux jeunes les milieux extrêmes de notre planète, en les faisant participer activement à ses expéditions lointaines ; et plaider pour la préservation totale de l'Antarctique. Soutenu dans ce combat par le commandant Cousteau et Paul-Émile Victor, il va obtenir que le gouvernement français réunisse en 1990 à Paris une conférence internationale pour la protection du sixième continent.
De fait, un nouveau traité sera signé à Madrid en 1991, qui institue un moratoire de cinquante ans avant toute exploitation minière. Grâce à Jean-Louis Étienne, le gouvernement français et Greenpeace sont pour une fois d'accord. Le continent blanc doit rester terre de science et d'exploration, pas d'exploitation.

Agriculteurs pollueurs

Après les célébrations du bicentenaire de la Révolution, à l'été 1989, Brice Lalonde jette un beau pavé dans la mare en déclarant publiquement que « les agriculteurs sont aussi des pollueurs ». Comment ? Jamais un ministre de la République n'avait osé briser ce tabou : en France, on ne touche pas aux agriculteurs, ni aux bouilleurs de cru, ni aux chasseurs. Et voilà qu'un écolo de la ville, promu ministre par les voies mystérieuses de la politique, sans avoir jamais été élu, ose défier les agriculteurs ! Stupéfiant : de toute éternité, les paysans ont été considérés comme les meilleurs amis de la nature.

Pour les organisations paysannes, cette attaque est ressentie comme un sacrilège, une profanation. Du moins dans les déclarations publiques car, *in petto*, les responsables de l'agriculture savent pertinemment que les nouvelles pratiques agricoles ont des incidences dommageables pour l'environnement. Ils savent combien, en Bretagne notamment, les élevages industriels produisent de lisier de porc ou de fiente de volaille, qui font monter le taux de nitrate dans l'eau jusqu'à la rendre impropre à la consommation. De même pour les engrais azotés et les pesticides dont on abreuve le maïs. Mais cela, ils ne doivent pas le dire, car la situation de beaucoup d'agriculteurs est trop précaire. S'il y a un reproche à faire, c'est à la PAC, cette toute puissante politique agricole commune élaborée à Bruxelles.

Ni Mitterrand ni Rocard, qui a été ministre de l'Agriculture, ne désavouent le ministre de l'Environnement. Ils savent que Brice Lalonde a raison, et ils lui sont finalement reconnaissants d'avoir crevé l'abcès à leur place. Électron libre au sein d'un gouvernement sous surveillance, l'ancien animateur des Amis de la Terre a pu dire leur fait aux agriculteurs sans provoquer de levée de fourches. Une fois cette vérité digérée et acceptée, les organisations agricoles vont faire assaut de bonne volonté écologique. Les vendeurs d'engrais chimiques vont susciter le programme « Ferti-mieux », qui encourage les cultivateurs à mieux doser et fractionner leurs épandages d'engrais. On n'encourage certes pas l'agriculture biologique, mais on ne la méprise plus comme par le passé. Et l'on se vante d'être à l'avant-garde d'une production de qualité, pour une alimentation saine. C'est du moins le discours tenu par les responsables agricoles pour ne plus être en butte aux attaques des écologistes et de tous ces « rurbains » qui, résidant à la campagne, sont témoins de pratiques agricoles fort peu écologiques.

Déchets baladeurs

Les agriculteurs ont cependant de bons arguments pour se défendre. C'est à eux, par exemple, que l'on demande d'épandre les boues d'épuration produites par les eaux usées des citadins. Beaucoup d'ailleurs refusent d'utiliser « la merde des villes », en affirmant qu'elles sont pleines de métaux lourds qui polluent les sols. Non seulement les citadins se déchargent sur les campagnes de leurs eaux usées et de leurs ordures ménagères, mais ils veulent maintenant y enfouir leurs déchets nucléaires. Un comble !

Le gouvernement a prévu en effet quatre sites d'enfouissement correspondant à une géologie propice. Le granite, c'est à Neuvy-Bouin, dans les Deux-Sèvres, dans un bocage où l'on élève la vache parthenaise à l'excellent beurre. Lorsqu'il apprend le projet par la presse, en février 1987, le maire socialiste de Parthenay est furieux et le fait savoir. L'argile, c'est à Montcornet-Sissonne (Aisne), dans la riche plaine céréalière de Thiérache. Là, les grands céréaliers ne bronchent pas car ils ne se sentent pas concernés. Le schiste, c'est dans le secteur de Segré (Maine-et-Loire), où le projet d'enfouissement provoque une véritable jacquerie. En juin 1987 et mars 1988, les malheureux ingénieurs et ouvriers qui tentent de procéder à leurs forages sont proprement éconduits, comme des occupants étrangers. Le sel, c'est la Bresse, haut lieu du poulet fermier labellisé. Le 5 novembre 1988, un millier de manifestants envahissent la commune de Saint-Trivier de Courtes, brûlent les documents de l'ANDRA (Agence nationale des déchets radioactifs) et neutralisent une pelleteuse qui s'apprêtait à terrasser.

Devant cette levée de fourches, les pouvoirs publics temporisent. Lorsqu'il succède à Jacques Chirac en 1988, Michel Rocard tente de reprendre la main, mais rien n'y fait. L'enfouissement des déchets radioactifs provoque des réactions de rejet que l'on ne maîtrise plus. Ainsi, en janvier 1990, les paysans du Maine-et-Loire font le siège de la ferme où l'ANDRA est installée, sous la protection de cinq cents gendarmes mobiles mousqueton à l'épaule. Toute la population les soutient, de sorte qu'aucun forage ne peut être entrepris. Finalement, Michel Rocard prend une décision d'apaisement qui ne règle rien mais calme au moins les esprits. Il est annoncé que les quatre sites retenus initialement sont abandonnés et qu'une nouvelle étude va être entreprise. Soulagement de Brice Lalonde, débarrassé d'une fameuse épine dans le pied. Le seul chantier qui peut démarrer, c'est le Centre de l'Aube, à Soulaines, où l'ANDRA va entreposer les déchets à faible et moyenne activité. Depuis 1969, ces déchets ont été stockés au Centre de la Manche, à côté de l'usine de La Hague, mais le site est saturé.

Le Centre de l'Aube sera inauguré en 1992 sans opposition déclarée, et même finalement bien accueilli par les élus, trop heureux de voir s'installer une activité économique dans un secteur oublié de la Champagne pauvre. Quant aux dernières centrales nucléaires, construites à Civaux (Vienne) et à Golfech (Tarn-et-Garonne), elles ne connaîtront que des barouds d'honneur. Elles provoqueront la naissance d'un mensuel intitulé *Les Réalités de l'écologie*, publié à Toulouse.

Désormais, avec plus de cinquante réacteurs en activité, EDF produit 80 % de son électricité à partir de l'uranium enrichi.

Malgré la présence au gouvernement d'un écologiste au passé antinucléaire notoire, la France est devenue « le pays le plus nucléarisé du monde ». Quant aux combustibles irradiés, ces déchets décidément bien encombrants, ils attendent toujours une solution d'élimination.

Écologie et pouvoir

Pour clore cette année 1989 décrétée « année de la planète » par le magazine américain *Time*, Brice Lalonde mobilise une douzaine de ses collègues ministres pour les faire plancher sur un thème qui ne leur est pas forcément familier : « Écologie et pouvoir ». Après l'ouverture officielle, en présence du président Mitterrand et du commandant Cousteau, recevant dans son nouveau Parc océanique des Halles, les membres du gouvernement ont dû se livrer successivement à un exercice nouveau pour eux : faire le bilan de leur action en faveur de l'environnement…

Jamais un gouvernement, en France, n'avait ainsi consacré trois jours à se pencher sur les problèmes d'environnement et sur l'avenir de la planète. Mais les résultats électoraux en France et la pression internationale sont tels que nul ne peut décemment se dérober à une réflexion sur le sujet. Chaque ministre s'est donc dévoué, parfois très maladroitement, pour montrer sa bonne volonté écologique. Il est significatif qu'un gouvernement à dominante socialiste accepte ainsi de relever le défi lancé par un ministre marginal, devenu turlupin de l'écologie. Mais il n'apparaît plus possible, en 1989, d'ignorer la montée de la préoccupation écologique. On constate même qu'elle éclipse le bicentenaire d'une Révolution dont les célébrations paraissent bien vieillottes au regard des nouveaux défis qui sont lancés à la planète.

Sans doute parce qu'il était en déplacement à l'étranger lors du colloque des Halles, Michel Rocard oubliera l'environnement lorsqu'il présentera au printemps suivant ses « onze travaux d'Hercule ». Ce souci connaît donc encore des ratés au plus haut niveau... D'autant que certains ministres présents au colloque s'empresseront d'oublier les engagements pris dans la chaleur communicative de journées qui leur ont été imposées par un « écolo » sans mandat électoral...

Plans verts

Cette montée de la vague verte débouche en 1990 sur deux programmes de politique environnementale ambitieux, présentés l'un par un député d'opposition, l'autre par le gouvernement. Vingt ans après les cent propositions du rapport Armand, qui avaient entraîné la création d'un ministère de l'Environnement, Michel Barnier, député RPR de Savoie, apporte à son tour « cent propositions pour une nouvelle politique de l'environnement ». Il a rédigé ce rapport à la demande de la commission des finances de l'Assemblée nationale.

Michel Barnier propose d'abord qu'un droit à l'environnement soit inscrit dans la Constitution, afin de lui conférer un statut supérieur et presque moral. Il suggère la création d'une Haute autorité de l'environnement, qui puisse suspendre des décisions administratives et saisir des juridictions. Le ministère de l'Environnement deviendrait un ministère d'État, regroupant les services de l'environnement, de l'équipement et les services d'autres ministères comme les forêts, prises à l'Agriculture, la sécurité industrielle et la sûreté nucléaire, enlevées à l'Industrie, et enfin l'hygiène du milieu, enlevée à la Santé. Du coup, les crédits du ministère seraient doublés, de sorte que 1 % du budget de l'État serait consacré à l'environnement.

Le député préconise la création d'un Institut national de la recherche sur l'environnement et d'une École nationale du génie de l'environnement, qui formerait des hauts fonctionnaires capables de tenir tête aux énarques, ingénieurs des Mines, IGREF et autres « grands corps » de la machine administrative. Il demande enfin la création d'un Observatoire national chargé de collecter les données de l'environnement, chose qui sera faite quelques mois plus tard avec la création de l'Institut français de l'environnement, qui s'installera à Orléans en 1992. Michel Barnier propose d'élargir les missions du Conservatoire du littoral à tous les espaces naturels du territoire, comme le National Trust anglais. Il s'inspire en cela des Conservatoires régionaux d'espaces naturels (CREN) qui ont obtenu leur charte nationale en 1989 à l'initiative de Daniel Béguin, lui-même fondateur du conservatoire des sites lorrains en 1984. L'inspiration remonte même plus loin puisque c'est en 1976 qu'une simple association avait créé le conservatoire des sites alsaciens. Le député de Savoie, qui a chez lui le premier parc national français (la Vanoise) plaide pour la création de nouveaux parcs. Il propose aussi une fiscalité nouvelle avec la « taxe sur la valeur écologique », l'exonération de la taxe sur le foncier non bâti pour les espaces protégés ou inscrits à l'inventaire, et l'application aux agriculteurs de la redevance aux agences de bassin. Enfin il avance l'idée de « brigades vertes » dans chaque département, avec des « gardes-nature » formés avec les gardes-pêche, les gardes-chasse et les agents des parcs.

L'autre « plan vert », présenté quelques mois plus tard à l'Assemblée nationale par Brice Lalonde, devenu « ministre délégué » est appelé « plan national pour l'environnement ». Rédigé sous la haute autorité de Lucien Chabason, le plan prévoit la création de directions régionales de l'environnement

(DIREN) pour combler un vide cruel : à la différence des autres ministères, en effet, l'environnement n'a aucun service décentralisé. Les DIREN vont effectivement voir le jour en 1991, vingt ans après la création du ministère.
Quant aux directions régionales de l'industrie et de la recherche (DRIR), elles deviendront DRIRE, car on y ajoutera l'environnement. Ainsi, les inspecteurs d'installations classées seront sous la double tutelle de l'industrie et de l'environnement. Enfin, les différentes agences qui s'occupent des déchets, de la qualité de l'air et des économies d'énergie seront regroupées en une Agence de l'environnement et de la maîtrise de l'énergie (ADEME). Pour Brice Lalonde, il ne s'agit pas tant de faire un « super ministère », comme le propose Michel Barnier, mais de donner au ministère de l'Environnement les mêmes armes que les autres.

Entreprises pour l'environnement

Le 17 mars 1992, dans les salons feutrés de l'hôtel Meurice, à Paris, se retrouvent à la même table une « brochette » de grands patrons de l'industrie comme Jean-René Fourtou, président de Rhône-Poulenc, Bertrand Colomb, PDG de Lafarge, Jérôme Monod, patron de la Lyonnaise des Eaux, Francis Mer, PDG d'Usinor et Pierre Delaporte, patron d'EDF. Ces chefs d'entreprise ont versé chacun 500 francs pour appartenir à un nouveau club baptisé Entreprises pour l'environnement.
Le patron du groupe Rhône-Poulenc a très mal vécu d'être accusé de polluer la planète en livrant aux lessiviers des phosphates qui eutrophisent l'eau et en fabriquant des pesticides qui empoisonnent les sols. Il a donc pris l'initiative de rassembler les chefs d'entreprise désireux de montrer leur bonne volonté en faveur de l'environnement, et en particulier ceux qui sont

accusés de produire des fumées ou des poussières, de creuser des trous ou de construire des barrages. Lorsqu'il présente son association à la presse, il précise qu'il se donne trois mois pour constituer son club au complet, avec les grands de l'automobile, du pétrole ou du papier. Mais que va donc faire Entreprises pour l'environnement ? Du lobbying, bien sûr, et notamment à Bruxelles, où le président de la Commission européenne, Jacques Delors, se désole de l'absence des industriels français. Sera-ce donc du lobbying en faveur de l'environnement ? « Pour empêcher les décideurs de faire des erreurs », répond Jean-René Fourtou.

Les industriels les plus pollueurs s'inquiètent de la montée du consumérisme vert et des exigences européennes, qui imposent des normes de plus en plus sévères pour la protection de l'environnement. Ils sont donc décidés à prendre l'affaire en main, afin de ne plus courir après les décisions mais de les anticiper ou, mieux, de les infléchir dans le bon sens. Ce que Francis Mer appelle « l'autogestion de l'environnement ». Les patrons français en ont assez de se voir infliger constamment des leçons d'écologie par des écolos irresponsables et des fonctionnaires confinés dans leurs bureaux.

Mécénat écologique

Pour montrer leur bonne volonté écologique, ils ne vont pas hésiter à parrainer des associations qui œuvrent pour la bonne cause. EDF et Rhône-Poulenc, par exemple, sont trop heureux de financer la fondation de Nicolas Hulot « pour la nature et l'homme », lancée en 1990. L'écolo de la télé séduit aussi Jacques Chirac avec son émission « Ushuaïa », ce qui lui permettra d'avoir aussi la mairie de Paris comme sponsor. En 1995, après l'arrivée de Jacques Chirac à l'Élysée, la mairie de

Paris est remplacée par L'Oréal et, après la fusion de Rhône-Poulenc avec Hoechst, c'est la chaîne des magasins Monoprix qui prend le relais. Les sponsors se bousculent en période de fièvre verte !

Avant de disparaître, Rhône-Poulenc parrainait aussi le radeau des cimes de Francis Hallé et des opérations menées par la FRAPNA en Isère. Gaz de France, de son côté, a créé sa fondation d'entreprise pour aider, entre autres, les opérations en faveur de l'environnement. C'est ainsi qu'elle a financé la restauration de la pointe du Raz et qu'elle parraine les rencontres organisées par l'association des journalistes de l'environnement (JNE). Le groupe Total parraine depuis 1990 le conservatoire botanique de Porquerolles. En 1992, sa nouvelle Fondation pour l'environnement finance un programme de lutte contre le bayoud, un parasite qui décime les palmiers-dattiers en Afrique du Nord. Un pétrolier au secours des oasis, c'est bon pour l'image... Mais cette belle image sera sérieusement écornée avec le naufrage de l'*Erika*... Le groupe Lafarge, de son côté, a souscrit un fabuleux contrat avec le WWF, dans l'espoir qu'on le laisserait tranquille avec ses carrières et ses poussières de cimenteries. Las, malgré les millions versés par Bertrand Collomb au Fonds mondial pour la nature, des membres du WWF Grande-Bretagne ont dénoncé l'achat par Lafarge d'une île en Écosse, destinée à être broyée menu pour faire du granulat... Une péripétie qui n'a pas empêché le partenariat de se renforcer au fil des ans, tant le groupe Lafarge et son patron restent persuadés qu'une industrie qui exploite des ressources naturelles doit respecter un cahier des charges écologiquement correct. Même un établissement public comme le Conservatoire du littoral est alors parrainé par Procter & Gamble, le marchand de lessives. Quant au groupe de vente par correspondance Les Trois

Suisses, alors dirigé par Daniel Richard, il décide en 1991 de se lancer dans un programme de gestion environnementale pour son propre compte. C'est son responsable « marketing produits », Rémy Souchon, qui va introduire une nouvelle politique dans cette vieille maison du Nord : catalogues sur papier recyclé, recyclage des déchets, éolienne sur le site de Villeneuve-d'Ascq et même un taillis à courte révolution pour alimenter une chaudière à bois ! Cette démarche écologique conduira Daniel Richard à Présider la WWF France.

Les intellectuels s'interrogent

Malgré les ruades des « nouveaux philosophes », durant les années 1980, la plupart des intellectuels français sont encore les héritiers obligés de Marx et de Freud. Mais le vent commence à tourner et, timidement, une forme de réflexion écologique vient se substituer au marxisme et à la psychanalyse. Disciple de Sartre aux *Temps modernes* et agitateur d'idées au *Nouvel Observateur*, où il écrit sous le nom de Michel Bosquet, André Gorz fait ses « adieux au prolétariat » et entreprend une réflexion socio-écologique qui débouche en 1988 sur *L'Utopie réaliste* et, en 1991, sur *Capitalisme, socialisme, écologie.*

Sans rompre avec le socialisme, André Gorz estime que le productivisme est périmé et qu'il faut « fonder une civilisation du temps libéré », c'est-à-dire une société où l'on cesse de parler de « producteurs » et où l'on puisse « réduire la sphère de la marchandise ». C'est aussi l'avis de Félix Guattari, pour qui la société marchande débouche sur « un idéal de consommation qui confine à l'infantilisme ». Il propose donc ce qu'il appelle une « écosophie » qui, elle-même, repose sur les « trois écologies », titre de son ouvrage paru en 1989. L'homme complet, pour lui, devra pratiquer l'écologie environnementale, celle des écologistes, l'écologie « sociale », qui conteste le « capitalisme mondial intégré » et crée de nouveaux rapports sociaux en privilégiant l'autonomie, et enfin l'écologie « mentale », qui permet à l'individu d'affirmer sa singularité et sa subjectivité. Des trois écologies, cependant, l'expert en psychanalyse privilégie les deux dernières : « Il appartient à l'écologie, écrit-il, de réinventer de nouvelles façons d'être au monde et des nouvelles formes de socialité. L'écologie sera d'abord sociale et mentale, ou elle ne sera rien ». Les orphelins de Marx et de Freud écologisent à leur façon...

Le sociologue Edgar Morin est arrivé à l'écologie par deux chemins de traverse. Lors de son séjour au Salk Institute de San Diego, dans la Californie de l'après 1968, il a découvert sur le campus l'écologie spontanée et provocatrice des partisans de l'amour libre et de la paix au Vietnam. Après ce choc d'un autre monde, plus proche de Woodstock que de la Sorbonne, l'épistémologue Edgar Morin a constaté que les grandes découvertes se font souvent à la marge ou par erreur : c'est Darwin qui, indépendamment de sa formation savante, bâtit sa théorie de l'évolution à partir de l'observation d'un pinson, ou Wegener qui, en regardant la mappemonde, découvre le principe de la dérive des continents. Edgar Morin constate que, de Descartes à Claude Bernard, la science est passée à côté des phénomènes complexes en détachant de son milieu l'objet de sa recherche. « La méthode expérimentale a contribué à désécologiser les choses », écrit-il. Au savoir parcellisé, à l'étanchéité des disciplines, il préfère la science que l'on appelle écologie, « la première qui traite du système global ». Il combat aussi « la conception insulaire de l'homme », telle qu'elle a été transmise par la Bible, Marx ou Nietzsche. L'homme n'est ni le « roi de la Création », ni le « nouvel homme communiste », ni le « surhomme », mais un être naturel intégré dans son milieu, dépendant du mouvement des planètes, de la photosynthèse et des abeilles qui fécondent les fleurs. Enfin, Edgar Morin développe la notion de « Terre Patrie », où l'internationalisme prolétarien est remplacé par la convivialité, c'est-à-dire la conscience d'être tous solidaires sur la même planète. Il résume ainsi son propos : « L'homme doit cesser d'agir comme un Gengis Khan de la banlieue solaire et se considérer, non pas comme le berger de la vie, mais comme le copilote de la nature. Un double pilotage est désormais requis par la conscience écologique. »

Autre épistémologue, Michel Serres, lui, ne s'est jamais senti proche du marxisme. Mais, comme Edgar Morin, il a connu aussi son expérience californienne. Alors qu'il enseigne à l'université de Stanford, près de San Francisco, la terre se met à trembler le 17 octobre 1989. Notre philosophe ressent alors l'émotion physique du nouveau-né relié à sa mère par le cordon ombilical. Il se sent totalement solidaire de la Terre-Mère et prend conscience de faire partie de l'écosystème planétaire. Dans cette situation, écrit-il en 1990 dans *Le Contrat naturel*, l'homme passe « de la terre à la Terre », « de la glèbe au globe ». Ce lien métaphysique, Michel Serres le présente comme la troisième étape de l'histoire de l'humanité. On a d'abord un contrat passé entre Dieu et Moïse (« Tu ne tueras point »), étendu ensuite par le Christ (« Aimez-vous les uns les autres »). Après ce contrat « divin » survient le « contrat social » à la Rousseau, qui débouche sur la déclaration des droits de l'homme et du citoyen. Et vient maintenant le temps du « contrat naturel », où l'homme s'engage à aimer aussi le monde, la nature et tout ce qui l'entoure, selon *La Nouvelle Alliance* décrite en 1979 par Ilya Prigogine et Isabelle Stengers.

Les chercheurs basculent

L'écologie suscite aussi des vocations dans la recherche scientifique. À l'image de Francis Hallé, professeur de botanique tropicale à l'université de Montpellier, qui multiplie les expéditions scientifiques avec son radeau des cimes et installe à chaque fois en pleine forêt un laboratoire multidisciplinaire où tous les chercheurs partagent le résultat de leurs observations. Botanistes, entomologistes, herpétologues, microbiologistes, climatologues, tous participent à l'élaboration d'un savoir nouveau que l'on peut qualifier d'écologie en marche.

Ayant étudié l'agroforesterie à Java, puis la structure de l'arbre et enfin l'écosystème de la canopée tropicale, cet océan de verdure qui fait le lien entre la terre humide et l'air surchauffé, Francis Hallé n'hésite pas à bousculer les idées reçues. Par exemple, à l'ancien découpage entre faune et flore, il préfère une répartition des êtres vivants entre ceux qui sont mobiles et ceux qui sont fixés, comme les coraux au rocher, dont les branches repoussent après cassure, et qui sont pourtant des colonies animales. De même, certaines plantes communiquent entre elles pour se prémunir contre les attaques par dégagement de toxines. Les « règnes » à la Buffon s'entremêlent car le monde vivant est en fait un continuum.

Nourri de mathématiques et de physique nucléaire, l'astrophysicien québécois Hubert Reeves a lui aussi fait sa révolution « verte » depuis son installation en France, en 1965. À la contemplation des étoiles, son métier, il préfère désormais la contemplation d'une sittelle à la fenêtre de sa maison de Malicorne, dans l'Yonne. Il s'emporte aujourd'hui contre la dictature des mathématiques sur toutes les sciences, y compris naturelles. Or, fait-il remarquer, il est plus facile de prédire à la seconde près une éclipse de lune que de prévoir le parcours d'un nuage dans le ciel ou d'un incendie dans une forêt. Il a donc pris la succession de Théodore Monod à la présidence du ROC. Hubert Reeves, le patriarche de Malicorne, a un concurrent français : Albert Jacquard. Ce polytechnicien, lui aussi nourri de mathématiques, en est venu à une forme d'écologie philosophique par l'étude de la démographie et de la génétique des populations. Albert Jacquard n'est certes pas un défenseur de la nature en soi, mais il pense que nous sommes tous menacés par deux maux : la croissance et la vitesse, suscitées par l'esprit de compétition. Or, pour lui, l'important n'est pas la compétition mais le partage, seul moyen de survie de l'homme sur cette planète.

Ainsi, lorsque des scientifiques se mettent à philosopher, ils basculent dans l'écologie, comme les philosophes qui s'intéressent aux sciences.

Objectif Rio

À l'approche du Sommet de la Terre qui doit se tenir à Rio en juin 1992, les pouvoirs publics en France deviennent fébriles. Le président Mitterrand décide un moratoire des essais nucléaires pour pouvoir se présenter la tête haute au Brésil. Surtout ne pas recommencer l'erreur de 1972 au moment du Sommet de Stockholm ! Pourtant, il a commandité plus de tirs entre 1981 et 1991 que le général de Gaulle entre 1960 et 1969…

Au gouvernement, c'est aussi une rafale d'initiatives en faveur de l'environnement. Le Premier ministre Édith Cresson signe le décret de création de l'IFEN (Institut français de l'environnement), la banque de données statistiques qui manquait pour une politique efficace de l'environnement. Après l'« Ange bleu » des Allemands et le « Cygne blanc » des Suédois, la France crée

son propre label, « NF Environnement », pour certifier les produits de son industrie. Prenant exemple sur le Dual System allemand, le gouvernement suscite la création en 1992 de la société Eco-Emballages pour financer le tri et le recyclage des ordures ménagères.
Au ministère de l'Environnement, la direction de la protection de la nature est sur les dents pour se préparer à la directive Habitat qui, en 1992, demande à tous les États européens de recenser les zones naturelles à conserver, les fameuses zones Natura 2000. Quant à la recherche, les ministres Hubert Curien et Brice Lalonde décident de faire passer la part de l'environnement de 3 % à 5 % en cinq ans. Mais tous les grands organismes de recherche publics (CNRS, INRA, BRGM, CEMAGREF, IRD, IFREMER) affirment déjà mener des études à caractère environnemental. Ce qui n'est pas faux, mais trop souvent sans lien entre eux, ce qui disperse les résultats.
Brice Lalonde aurait aimé représenter la France au Sommet de la Terre, après quatre années passées au ministère de l'Environnement. Mais il a dû passer la main à Ségolène Royal, qui se retrouve alors au neuvième rang dans la hiérarchie gouvernementale. À la veille du grand rendez-vous de Rio, le ministère de la rue de Ségur n'est plus une administration négligeable. Pourtant, à Rio, déception : les journalistes ignorent Ségolène Royal, totalement inconnue. Ils n'ont d'yeux que pour le commandant Cousteau, invité spécial de l'ONU, qui trouvera le moyen de figurer sur la photo de famille des chefs d'État, entre Fidel Castro et George Bush (le père). Et ce n'est pas l'apparition de Pierre Mauroy, de Michel Rocard ni même de Simone Veil, initiatrice en 1987 d'une Année européenne de l'environnement, qui peut modifier l'image d'une France considérée comme peu sensible aux problèmes d'environnement.

L'image de la France est aussi brouillée par une pétition qui a été lancée à l'initiative d'une agence de communication française pour l'industrie pharmaceutique : l'appel d'Heidelberg. En prévision du Sommet de Rio, cette agence a organisé un congrès international à Heidelberg, en Allemagne, où elle a fait circuler une pétition demandant aux décideurs de ne pas écouter les écologistes « irrationnels » mais seulement les scientifiques raisonnables. Plusieurs dizaines de prix Nobel ont signé, dont beaucoup de Français, ce qui a jeté le trouble dans la belle unanimité du sommet mondial. Et pas en faveur de la France, qui se retrouve une fois de plus parmi les mauvais élèves de la communauté internationale en matière de protection de l'environnement.

CHAPITRE 11 : 1993-1996
Retour au calme

Comme on pouvait s'y attendre, le Sommet de Rio a marqué un point culminant de la conscience écologique, y compris en France. Mais, cette échéance passée, la fièvre verte est vite retombée, et on entre dans un cycle de digestion lente. On n'oublie pas l'« ardente obligation » de l'environnement, mais on le fait tranquillement, à son rythme, et parfois en traînant les pieds, sans la moindre ardeur. Avec la reprise des essais nucléaires à l'été 1995, Chirac prend le risque d'affronter la communauté internationale et fait de la France un cancre écologique. Cependant, la protection de l'environnement ne rencontre plus vraiment d'objection, ni chez les décideurs ni dans le grand public. Tout le monde s'y met, bon gré mal gré, parce que c'est dans l'air du temps.

Les retombées de Rio

Si la France n'a pas particulièrement brillé au Sommet de la Terre, elle en subit tout de même les retombées. L'encre des conventions signées à Rio est à peine sèche que le gouvernement décide d'augmenter le budget du ministère de l'Environnement de presque 10 %, alors qu'il avait déjà doublé en trois ans sous Brice Lalonde.

Dans les milieux industriels, on se dote de nouveaux instruments de mesure comme l'écobilan, popularisé par la société du même nom, créée en 1993 par un ingénieur innovant, Bruno Heintz. On s'aperçoit alors que la comptabilité analytique des flux entrants et sortants permet de faire d'importantes économies d'énergie et de matières premières. Et l'on découvre que l'analyse du cycle de vie d'un produit, « du berceau à la tombe », est le seul moyen de faire des progrès en ce domaine.

Les milieux agricoles, à leur tour, se mettent à innover en développant l'« agriculture raisonnée ». Le mouvement est parti d'Allemagne en 1993, puis a essaimé au Royaume Uni sous l'appellation *integrated farming*, et en France avec le réseau FARRE (Forum de l'agriculture raisonnée respectueuse de l'environnement). Il s'agit d'un réseau européen d'exploitants agricoles qui, tout en ayant recours aux produits chimiques, s'efforcent d'en faire meilleur usage pour produire autant en polluant moins. Mais ce réseau est alors très minoritaire dans le monde agricole, avec quelque trois cents fermes en Allemagne, une vingtaine au Royaume Uni et à peine plus en France.

À la presse écologique des années 1970-1980, très combative, succèdent des magazines tournés vers le monde économique et les collectivités locales. C'est le cas de *Décision Environnement*, lancé par Alain Mamou-Mani, un proche de Brice Lalonde, et de *Valeurs vertes*, « le mensuel de l'économie de l'environnement », créé en 1993 par Danielle Nocher, chargée de la publicité au *Quotidien de Paris*. Quant au très vieux titre devenu *L'Environnement Magazine* en 1991, sous la houlette de Charles-Henri Dubail, il va s'imposer lui aussi dans le domaine de l'économie de l'environnement.

Reprenant l'antienne du « développement durable », répétée à satiété à Rio, l'ancien directeur du cabinet d'Huguette Bouchardeau, Michel Mousel, crée en 1993 l'association « Dossiers et débats sur le développement durable », bientôt nommée 4D. L'association va devenir un club de réflexion carrefour, qui se penche aussi bien sur le « droit à l'eau » que sur les transports urbains ou le commerce équitable. On y développe une notion très large de l'écologie, considérée comme la bonne manière de gouverner et l'art d'être un bon citoyen.

On démolit sur le littoral

Brice Lalonde se désolait de voir constamment bafouée la loi littoral, malgré ses rappels à l'ordre adressés aux maires et aux préfets. Soudain, le vent tourne. Le 30 décembre 1992, à Saint-Tropez, un bulldozer entre dans la propriété d'Olivier Mitterrand, neveu du président de la République, et démolit des constructions en contravention avec le permis de construire. Le propriétaire n'est pas surpris car c'est lui qui a fait venir l'engin pour se conformer à la sommation du maire. Tout neveu du président de la République qu'il soit, il a été contraint de se soumettre à la loi.

Quelques jours plus tard, le 6 janvier 1993, le préfet du Morbihan fait démolir deux pavillons de résidence secondaire édifiés en zone inconstructible sur le littoral de Pénestin. Cette fois, le maire était complice et le conseil municipal de Pénestin décide donc de démissionner en bloc pour protester contre ce « coup de force ». Si le préfet a agi, toutefois, c'est pour exécuter le jugement du tribunal de Vannes qui a condamné les deux propriétaires pour constructions illégales, à la suite d'une plainte déposée par les associations locales de défense de l'environnement. Ces démolitions, d'abord, surprennent. Mais elles font comprendre que, désormais, tout propriétaire qui s'avise de lotir son domaine littoral en dépit de la loi est menacé de mesures de rétorsion. L'État va même jusqu'à raser toutes les constructions parasites de la pointe du Raz, déclarée « grand site national », alors que, quelques années auparavant, il voulait y construire la centrale nucléaire de Plogoff ! Même la Marine, qui possède un nombre important de terrains militaires sur les côtes de France, signe un accord avec le Conservatoire du littoral pour lui accorder la priorité en cas de cession. Elle lui a déjà cédé 300 hectares à des prix de faveur et s'engage donc pour l'avenir à maintenir cette ligne de conduite. L'armée française qui se sacrifie au profit de l'environnement, c'est nouveau !

Le canal Rhin-Rhône

Un projet d'aménagement suscite alors des passions en France : le canal Rhin-Rhône, censé relier Marseille et Lyon à la voie royale du Rhin. Michel Pezet, élu PS des Bouches-du-Rhône, estime que le canal est vital pour le Sud. Georges Sarre, secrétaire d'État aux Transports fluviaux et fidèle de Chevènement, maire de Belfort, lui est naturellement favorable aussi. Mais ils sont à peu près les seuls. Dominique Voynet, à Dole, s'y oppose farouchement et Raymond Forni, député PS du Territoire de Belfort, préfère la construction d'un TGV Rhin-Rhône.
La ministre de l'Environnement, Ségolène Royal, est contre le canal, et Jean-Louis Bianco, ministre de l'Équipement et des Transports, pourtant élu des Alpes-de-Haute-Provence, réclame une nouvelle étude d'impact et un débat public. Antoine Waechter, le Mulhousien, réclame lui aussi le TGV Rhin-Rhône et l'abandon du canal, qualifié par une représentante de Génération Écologie de « projet conjuguant désastre écologique et faillite économique ». Il est vrai que l'on se propose de

dépenser 20 milliards de francs pour construire un canal non rentable, en sacrifiant la vallée du Doubs… Cinq ans plus tard, lorsqu'il prendra Dominique Voynet comme ministre de l'Environnement, Lionel Jospin annoncera l'abandon du projet, ainsi que de Superphénix. Cela n'est pas sans rappeler l'abandon de Plogoff et du Larzac par Mitterrand en 1981.

Le tunnel du Somport

Un autre équipement, plus modeste, fait débat à l'autre bout de la France : la construction d'un tunnel routier sous le col pyrénéen du Somport, pour assurer la « liaison européenne » entre Pau et Saragosse. Un accord en ce sens a été signé en 1991 entre la France et l'Espagne. La traversée des Pyrénées, à cet endroit, se fait alors par une route nationale à deux voies, qui serpente dans une vallée encaissée et encombrée de camions. L'autre mode de transport, la voie ferrée, a été désaffecté en 1970 après un accident sans gravité. La SNCF en a profité pour arrêter l'exploitation d'une ligne jugée par trop déficitaire, car constituée d'une suite de viaducs et de tunnels d'un entretien coûteux. Et les Espagnols se sont retrouvés avec leur gare de Canfranc, immense et magnifique, devenue cul-de-sac pour les voyageurs montés de Saragosse.

Côté français, l'opposition au projet de tunnel routier se cristallise dans la gare désaffectée de Cette-Eygun, occupée par une communauté alternative dont le responsable, Éric Petetin, se montre intraitable. Il ne supporte pas l'idée que cette vallée où il a choisi de vivre comme guide de montagne devienne un « couloir à camions ». Il multiplie donc les actes de sabotage sur les engins de chantier si bien que, après un heurt avec les gendarmes, il est finalement incarcéré. La lutte contre le tunnel va mobiliser bien au-delà de la vallée d'Aspe. Outre les associations comme la SEPANSO et la FFSPN, qui veulent sauver le site, arrivent bientôt les défenseurs de l'ours, les partisans du rail contre la route et enfin les défenseurs des droits de l'homme qui n'admettent pas qu'un militant écolo soit jeté en prison comme un malfaiteur.

Coup de théâtre en décembre 1992 : le tribunal administratif de Pau, saisi par la SEPANSO, annule la déclaration d'utilité publique du tunnel. Le gouvernement renonce à faire appel et ordonne une nouvelle étude d'impact. Les élus pyrénéens sont furieux et le font savoir par une marche où se retrouvent au coude à coude François Bayrou, pour l'UDF, Michel Inchauspé, pour le RPR et André Labarrère pour le PS. Seule la CGT, partisan du rail, préfère la réfection de la voie ferrée au tunnel routier. Six mois plus tard, Éric Petetin est condamné à neuf mois de prison ferme. Il sera gracié en août 1993 par le président Mitterrand. Mais il refera de la prison car il s'obstine à combattre un tunnel qui, finalement, se fera.

Chasse, pêche, nature et traditions

Malgré leur nombre et leur poids politique encore considérable en France, les chasseurs se sentent mal aimés de l'opinion, brimés par la réglementation, voire traqués par les antichasse. Leur effectif ne cesse de décroître, et pourtant les critiques montent à leur égard avec tous les citadins qui s'installent à la campagne sans connaître les traditions rurales. S'ajoute maintenant une réglementation européenne tatillonne qui veut imposer des mœurs étrangères à la France. C'est pourquoi les chasseurs les plus mécontents, notamment en Aquitaine et en Picardie, décident de créer un mouvement appelé Chasse, Pêche, Nature et Traditions (CPNT), qui présentera des candidats aux législatives de mars 1993. Le mouvement organise des manifestations de masse à Bordeaux, Amiens et Privas, brocardant les directives de Bruxelles et affirmant sa volonté de chasser « comme avant », en dépit des nouvelles réglementations.

Même si CPNT ne représente qu'une partie des chasseurs et des pêcheurs, surtout ruraux, ce sont eux qui se font le plus entendre et qui imposent leur ton aux revues cynégétiques comme *Le Chasseur français*, *Le Saint-Hubert* ou *Connaissance de la chasse*. Toutes se font l'écho d'un « vaste mouvement d'indignation » contre les nouvelles règles concoctées dans les bureaux parisiens ou bruxellois. Ce nouveau poujadisme rencontre un écho certains dans les campagnes, où les agriculteurs, eux aussi, se sentent cernés par les citadins et la politique européenne. Mais il embarrasse les responsables de la chasse ou de la pêche qui, dans leur grande majorité, ne souhaitent pas transformer leurs fédérations en agent électoral.

Les candidats CPNT réussissent à semer le trouble dans les rares circonscriptions où ils sont présents, comme André Goustat à Bergerac, qui recueille plus de voix que les Verts (8,25 %) ou Henri Sabot à Bordeaux et Jean Seinlary à Arcachon, qui écrasent Génération Écologie (GE) avec respectivement 13,8 % et 11 %. Mais cette percée locale, sans troupes au plan national, ne débouche sur rien politiquement. La France, même attachée à ses traditions, n'est plus un pays à majorité rurale. Pour la plupart des Français, la chasse et la pêche restent un loisir, et non un mode de vie ni une culture identitaire.

Résultats mitigés

Tandis que les chasseurs menacent, les écologistes se prennent à rêver. Sûrs que la gauche, épuisée par dix ans de pouvoir presque continu, va perdre les élections législatives, ils espèrent

faire leur entrée, enfin, au Palais-Bourbon. Et, pour une fois, les militants des Verts et de GE enterrent la hache de guerre et s'entendent pour se répartir les circonscriptions.
Cette union les rend lyriques et même parfois emphatiques. Antoine Waechter proclame : « L'écologie est une histoire d'amour. » Sa collègue alsacienne, Andrée Buchmann, constate fièrement : « L'ensemble de la classe politique a été obligée de reprendre nos thèmes. Le Big Bang, c'est nous ! » Brice Lalonde ironise : « On a d'un côté les éléphants (du PS) et, de l'autre, les dinosaures (la droite)... Nous refusons de faire allégeance... Nous sommes des non-alignés. » Noël Mamère, enfin, se montre sûr de lui : « Les écologistes sont les seuls à porter un changement et une espérance... Nous deviendrons le socle de la recomposition politique dont le pays a besoin. »
Au lendemain du 21 mars 1993, cependant, on déchante. En dehors de Dominique Voynet, qui arrive en deuxième position à Dole (Jura) avec 17 % des voix, aucun Vert ne peut rester en lice et donc se faire élire. Même Brice Lalonde, qui obtient aussi 17 % à Paris, n'arrive qu'en troisième position, comme Yves Cochet à Rennes. Antoine Waechter, qui fait le meilleur score des Verts à Mulhouse (17,10 %), n'arrive qu'en quatrième position, derrière le Front national ! Quant à Noël Mamère, qui réalise la plus belle performance de GE à Bordeaux (17,7 %), il est condamné à regarder se battre le RPR et le PS au second tour.
C'est un fait : les candidats écologistes ont été laminés par ces « éléphants » et ces « dinosaures » dont Brice Lalonde faisait des gorges chaudes. Pourtant, à y bien regarder, ils ont recueilli plus de voix que jamais lors d'un scrutin national. Au total, ils frôlent les 11 % de suffrages exprimés, avec plus de 2 700 000 voix, ce qui est moins que le Front national mais plus que le parti

communiste. La gauche social-démocrate sait désormais que les écolos peuvent devenir un partenaire pour remplacer le PCF défaillant.

Les états d'âme de Michel Barnier

Tout naturellement, c'est donc Michel Barnier qui prend le portefeuille de l'Environnement. Ancien membre du cabinet de Robert Poujade, en 1971, auteur du « plan vert » ambitieux en 1990, il arrive rue de Ségur avec une expérience environnementale incontestable. Mais, tout de suite, il se rend compte des résistances au changement, malgré sa nécessité. Il explique : « Il faudra une révision déchirante, car l'écologie ne se décrète pas. Les agriculteurs ne sont pas rémunérés pour le service public qu'ils rendent. Les communes qui protègent sont pénalisées. Voilà deux injustices qu'il faut réparer par une taxe professionnelle au profit de la nature. On doit faire comprendre qu'un environnement de qualité est un élément d'unité sociale. Quand on ne peut pas distribuer du pouvoir d'achat ou du travail, il faut donner de la qualité de vie. »

Pendant ses deux années au ministère, Michel Barnier va s'efforcer bravement de mener le bon combat, dans une conjoncture économique difficile. Il se heurte aux industriels de la chimie qui se plaignent de « surréglementation » et demandent une pause pour digérer les efforts déjà accomplis. Il entend les constructeurs automobiles se plaindre : « On a réduit la pollution de nos véhicules de 95 %, dit-on chez Peugeot, et ils veulent que l'on passe à 97 %, ce qui va nous coûter 20 milliards de francs ! » Quant à la voiture électrique, lancée en 1990 avec les encouragements d'EDF, elle ne fait guère recette.

Certes, les industriels regroupés dans Entreprises pour l'environnement acceptent de verser chaque année 15 millions de francs à l'ADEME pour dépolluer ce qu'on appelle les « points noirs orphelins », c'est-à-dire les anciens sites industriels abandonnés. Mais ils ne veulent pas « prendre en charge le passé industriel de la France » et se plaignent que la politique environnementale soit dictée par « les pulsions et les émotions ». Malgré la résistance des industriels et de sa majorité politique, Michel Barnier va réussir à faire adopter en décembre 1995 une loi qui, en reprenant les grandes lignes de son plan vert de 1990, va servir de socle aux futures mesures en faveur de l'environnement. Elle va notamment permettre de mieux prendre en compte le risque naturel, dont les citoyens français avaient tendance à oublier la menace. Et elle prévoit une « commission nationale du débat public » pour tous les grands travaux d'infrastructure, ce qui représente une révolution en France.

Cigognes et grues cendrées

Oiseau symbole de l'Alsace, la cigogne a failli disparaître. En 1974, il ne restait plus que neuf couples nicheurs dans toute la région ! Il a fallu que des ornithologues amateurs se mettent à capturer des petits au nid pour les élever en enclos et les empêcher de migrer en Afrique. Cette technique apparemment brutale, associée à la pose de nichoirs sur des toits ou des poteaux, a permis de fixer des couples libres et de favoriser la reproduction. De sorte que les neuf couples sont aujourd'hui deux cent cinquante, qui migrent ou non selon leur envie.

Ailleurs en France, on a constaté le retour de la cigogne dans des régions où on ne l'avait jamais vue nicher, comme en Normandie ou en Charente. En Aquitaine, on a favorisé son acclimatation en disposant des nichoirs. Mais aujourd'hui, les cigognes reviennent spontanément, colonisant même les portiques du TGV, où elles se sentent plus en sécurité que dans un arbre !

Avec quatre cents à cinq cents couples nicheurs en France, la cigogne blanche fait de nouveau partie du patrimoine naturel. On la voit même se concentrer autour de certaines décharges en Alsace, lorsque l'animal y passe l'hiver. Au point que l'on ne sait plus si c'est le réchauffement climatique ou l'abondance des ordures ménagères qui incitent le bel oiseau à rester...

Longtemps, sa cousine la grue cendrée n'a fait que passer en France, se posant pour quelques jours dans les tourbières des Landes ou les étangs de la Champagne humide. Le grand échassier faisait seulement étape lors de sa migration entre les plaines du nord de l'Europe, où il niche, et les marais d'Andalousie, du Portugal ou du Maroc, où il hiverne. Aujourd'hui, la grue cendrée séjourne longuement en France, que ce soit dans le lac artificiel du Der, en Champagne, ou dans les marais de Captieux, en Gironde. On note même des grues cendrées qui hivernent depuis 1977. Le réchauffement climatique, là encore, explique sans doute le phénomène, amplifié par l'extension de la culture du maïs, dont la grue cendrée raffole et qu'elle glane dans les champs après la récolte.

On voit même le retour de rapaces presque disparus comme le pygargue à queue blanche et le balbuzard pêcheur, qui remonte aujourd'hui jusqu'en forêt d'Orléans. Non seulement les Français ne traquent plus les grands oiseaux, mais ils sont fiers de leur présence et font beaucoup pour la favoriser. On mesure le chemin parcouru depuis 1912, lorsque des pionniers ont fondé la Ligue pour la protection des oiseaux, à une époque où un bon rapace était un rapace mort. Certes, on ressent encore des démangeaisons chez certains, par exemple contre le cormoran, accusé de piller les poissons des étangs et des bassins de pisciculture, ou contre les goélands qui souillent les bâtiments des villes portuaires. Mais, pour quelques oiseaux devenus gênants en proliférant, combien sont devenus des amis, voire des curiosités que l'on montre aux touristes !

Alerte à l'algue tueuse

Un jour de 1984, un plongeur croisant du côté de Monaco découvre une algue jusqu'alors inconnue en Méditerranée, la *Caulerpa taxifolia*. Le plongeur, c'est Alexandre Meinesz, directeur du laboratoire Environnement marin littoral à l'université de Nice. Il connaît la flore des fonds et sait que la caulerpe est une algue tropicale. Il se dit donc que l'algue va disparaître au prochain hiver... Cinq ans plus tard, les quelques algues aperçues au pied du « Rocher » ne recouvrent encore que 1 hectare, mais elles s'étendent sur 39 hectares en 1991 et 1 300 en 1993, de la Riviera italienne aux Pyrénées-Orientales. Alerte ! Alexandre Meinesz sonne le tocsin, car il voit dans cette algue envahissante une menace pour la flore indigène de Méditerranée, et notamment la posidonie, cette herbe qui forme des prairies sous-marines très précieuses pour la reproduction des poissons. Une menace d'autant plus réelle que la caulerpe contient des toxines qui dissuadent les animaux brouteurs de la manger. D'où son surnom d'algue « tueuse ».

Après enquête, on découvre que la caulerpe, une algue à la fois élégante et très résistante, cultivée depuis des années par les aquariophiles, a été introduite en 1982 au Musée océanographique de Monaco pour embellir ses aquariums. Alimentés directement par la mer au pied du musée, les aquariums ont libéré quelques algues dans le milieu naturel, où elles sont fixées. Au Musée océanographique, on ne s'alarme pas. Après le tournage de plusieurs films sous la mer, on est même en mesure d'affirmer que l'algue « tueuse » cohabite parfaitement avec les posidonies et les poissons qui viennent s'y réfugier. On fait

même observer que la caulerpe est le seul végétal capable de coloniser un fond nu et dégradé, et que c'est donc plutôt bien pour l'environnement ! À la préfecture de Marseille, où l'on écoute surtout les spécialistes locaux, très inquiets, c'est le branle-bas de combat. Mais les tentatives d'éradication se soldent toutes par des échecs. Ni l'arrachage manuel, ni le faucardage mécanique, ni l'eau brûlante, ni l'asphyxie sous bâche plastique ne peuvent venir à bout d'une algue qui peut se reproduire à partir d'un minuscule bout de tige.
La caulerpe, aujourd'hui, fait partie du paysage méditerranéen, comme bien d'autres espèces exotiques venues par le canal de Suez, le ballast des navires ou l'ancre des voiliers. La plus grande menace pour la posidonie et sa faune associée, ce sont les ancres des plaisanciers, les marinas et le bétonnage du littoral. La caulerpe, elle, ne fait que boucher les trous, à la faveur du réchauffement climatique.

Reprise des essais à Mururoa

Lorsqu'il est élu président de la République en 1995, Jacques Chirac veut marquer la différence avec son prédécesseur et reprendre les essais nucléaires à Mururoa. Qui, en France, va s'y opposer ? La candidate des écologistes, Dominique Voynet, n'a recueilli que 3,32 % des voix, soit moins que Brice Lalonde douze ans plus tôt. L'environnement pèse si peu pour l'ancien maire de Paris que la nouvelle ministre de l'Environnement, Corinne Lepage, est placée en vingt-troisième position dans la hiérachie gouvernementale. Jacques Chirac annonce donc la reprise des essais pour une dernière série de tirs avant la fermeture définitive du site polynésien.
C'est aussitôt l'indignation dans le monde entier. Australiens, Néo-Zélandais, Japonais, Chiliens, Américains et Européens

protestent énergiquement, menaçant parfois de boycotter les produits français. Même en France, l'opinion est réservée. Si 60 % des Français jugent « utile » de posséder l'arme nucléaire, presque autant se déclarent opposés à la nouvelle série d'essais, qui apparaît comme un baroud d'honneur inutile, voire nuisible à la position internationale de la France. Comme Huguette Bouchardeau lors de l'affaire Greenpeace, dix ans plus tôt, Corinne Lepage se tient coite. Elle ne veut pas connaître le sort de ses collègues, les malheureuses « jupettes » évincées si rapidement du gouvernement Juppé ... En récompense de sa discrétion, et grâce à la disparition des « jupettes », elle se retrouve deux mois plus tard en dixième position dans la liste des ministres.
C'est donc seulement Greenpeace, une fois de plus, qui mène la campagne contre les essais français en envoyant une flotte dans le Pacifique Sud. Mais, le 1er septembre 1995, la Marine française arraisonne sans coup férir les deux unités majeures de la flotte écolopacifiste, mettant un terme, sinon à la polémique, du moins à la tension. Après les derniers tirs, le site de Mururoa sera effectivement démantelé et le lagon rendu aux coraux.

Carburants verts

Bloqués dans leur développement par la politique agricole commune, betteraviers et céréaliers font pression pour que la France se lance vraiment dans la production de « carburants verts ». En effet, si les cultures destinées à l'alimentation sont plafonnées, les cultures à usage industriel ne le sont pas. D'où la multiplication de ce que les professionnels appellent des « jachères industrielles », c'est-à-dire des terres plantées pour alimenter l'industrie. En 1993, on ne comptait que 30 000 hectares plantés de colza à cet effet, et déjà 300 000 hectares en 1996, ainsi que 50 000 hectares de tournesol.

De la betterave et du blé, on tire de l'éthanol, qui peut être mélangé à l'essence. Du colza et du tournesol, on extrait des esters méthyliques que l'on peut mélanger ou substituer complètement au gazole pour les moteurs diesel, avec un carburant végétal appelé diester. En Autriche et en Suisse, des cultivateurs font déjà tourner leurs tracteurs avec leur propre production de diester. En France, le lobby agricole se heurte au lobby pétrolier, qui ne veut pas perdre la moindre part de marché et trouve stupide de fabriquer à grands frais des substituts au pétrole. Mais le gouvernement se montre plus sensible aux pressions des milieux agricoles, avec un argument imparable : les carburants verts aident à la dépollution de l'air. Justement, la ministre de l'Environnement, Corinne Lepage, prépare sa loi sur l'air « que respirent nos enfants ».

C'est pourquoi le Premier ministre Alain Juppé annonce à la conférence agricole de 1996 que la future loi sur l'air exigera l'adjonction de composants d'origine végétale dans les carburants à partir de l'an 2000. Le problème, c'est que les carburants verts échappent à la taxe sur les produits pétroliers. Lorsque des agriculteurs de Dordogne se mettent à rouler au seul diester, ils sont considérés comme des hors-la-loi puisqu'ils ne paient plus la taxe. Un peu d'éthanol dans l'essence, oui. Le plein de diester dans le réservoir, non. L'enjeu n'est plus écologique, mais fiscal.

Natura 2000 suspendu

Pour lancer la mission Natura 2000, Michel Barnier avait prévu une concertation préalable qui n'a pas eu lieu. Outre que la directive Habitat n'est pas explicite sur la situation juridique des sites Natura 2000, et donc sur l'engagement de protection des propriétaires, le gouvernement français n'a pas su ou voulu présenter la directive au public concerné, c'est-à-dire les agriculteurs, les forestiers, les chasseurs et, d'une manière générale, les propriétaires fonciers.

Des maladresses aussi ont été commises par les scientifiques chargés de l'inventaire. Trop souvent, faute de moyens, ceux-ci se sont contentés de transmettre les données d'un site qu'ils connaissent sans en aviser le propriétaire. Certains même sont venus en reconnaissance sur le terrain sans avertir ni se faire connaître. Il est certes parfois difficile de prendre contact avec un propriétaire absent, et même de l'identifier, mais, s'agissant d'une affaire aussi délicate, il aurait fallu prendre davantage de précautions, ne serait-ce que pour impliquer activement les propriétaires dans une gestion protectrice de leur patrimoine.

La fronde des propriétaires privés débouche donc sur un inventaire très peu scientifique, où l'on privilégie les forêts domaniales et les parcs nationaux, c'est-à-dire les terres appartenant en propre à l'État ou déjà placées sous sa protection. Ce n'est pas du tout ce que prévoyait la directive Habitat, et la France apparaît alors une fois de plus comme le mauvais élève de la classe. Assailli de reproches par ses amis forestiers et chasseurs des Landes, Alain Juppé capitule et demande à Corinne Lepage de trouver une formule d'apaisement. Celle-ci, qui est pourtant juriste, demande… qu'on n'applique pas la directive ! L'inventaire des sites Natura 2000 est purement et simplement suspendu.

Finalement, le gouvernement Juppé n'aura pas le temps de mettre en œuvre sa politique. Celle-ci sera tellement contestée que le président Chirac, pour dénouer la crise, va dissoudre l'Assemblée nationale et ramener une majorité de gauche au pouvoir. Cette gauche « plurielle » va, pour la première fois, permettre aux Verts d'accéder à une parcelle de pouvoir.

Chapitre 12 : 1997-2001

Les Verts au pouvoir

Avec l'arrivée de la gauche « plurielle » au gouvernement, les Verts font leur entrée dans les rouages du pouvoir. Cantonnée jusque-là dans la contestation, l'écologie politique devient pour la première fois une force de proposition et même un partenaire de l'équipe dirigeante. Une révolution.

Cependant, le partenariat avec la gauche déçoit. Pris dans les jeux politiques de la majorité au pouvoir, les Verts délaissent la cause environnementale et s'abandonnent aux « poisons et délices du système », comme disait de Gaulle. En entrant dans un gouvernement où ils sont très minoritaires, les Verts sont en fait neutralisés, comme les communistes.

Une nouvelle force de contestation apparaît : l'altermondialisme, porté en France par la Confédération paysanne et le mouvement ATTAC. L'écologie politique se voit à son tour dépassée sur sa gauche.

Les Verts dans le fruit

Les élections législatives de 1997 ramènent donc la gauche au pouvoir, après une parenthèse de deux ans seulement. Mais, cette fois, la gauche a un nouveau partenaire : les écologistes. Car, pour la première fois, des élus à l'enseigne des Verts font leur entrée au Palais-Bourbon. Noël Mamère avait bien été déjà élu en 1994, mais sous l'étiquette Énergie radicale de Bernard Tapie. Il est réélu en Gironde, mais cette fois officiellement Vert. Dominique Voynet, chef de file des Verts, est élue dans le Jura avec le soutien de la gauche. Yves Cochet, le Rennais, se fait élire dans le Val-d'Oise, avec aussi le soutien de la gauche. Dans le Nord, Guy Hascouët réussit enfin sa percée grâce à une triangulaire avec le Front national. Quant à Michèle Rivasi, fondatrice de la CRII-Rad, elle se fait élire dans la Drôme comme « apparentée socialiste ».

Ainsi, l'écologie politique sort de son ghetto et va se frotter aux dures réalités du pouvoir. Le nouveau Premier ministre, Lionel Jospin, confie à Dominique Voynet le ministère de l'Aménagement du territoire et de l'Environnement. Curieusement, on en revient à la tradition gaullienne de l'aménagement du territoire, considéré comme prioritaire par rapport à l'environnement. Mais ce choix vient de la volonté de défaire la loi Pasqua de 1995, qui portait précisément sur l'aménagement du territoire.

Dans le sillage de Dominique Voynet, des écologistes font leur entrée dans les organes de l'État. Deux anciens responsables de la FFSPN, Jean-Pierre Raffin et Jean-Patrick Le Duc, entrent au cabinet. Pierre Radanne prend la direction de l'ADEME et Cédric Philibert entre à la Mission effet de serre confiée à Michel Mousel. Bettina Laville devient « Madame Environnement » auprès de Lionel Jospin à Matignon.

Comme Mitterrand en 1981, avec le Larzac et Plogoff, le Premier ministre annonce d'emblée l'abandon du canal Rhin-Rhône et du surgénérateur Superphénix. Il lâche donc du lest sur deux conflits emblématiques, avec l'espoir d'être tranquille ensuite. Le budget de l'environnement n'est pas gâté pour autant : il n'augmente que de 1,3 % alors que, avec Corinne Lepage juste avant, il avait augmenté de 5,9 %.

Présentée comme une battante, Dominique Voynet va en fait passer son temps à avaler des couleuvres : elle n'obtient pas la taxation du diesel, mais seulement la « pastille verte », censée permettre aux véhicules « propres » de rouler lors des pics de pollution. Une « mesurette » qui sera brocardée aussi dans ses propres rangs. La troisième piste se construit à l'aéroport de Roissy, malgré son opposition et les protestations d'Yves Cochet, le député du Val-d'Oise riverain. Le projet Vulcania de Valéry Giscard d'Estaing, président du conseil régional d'Auvergne, obtient le feu vert du gouvernement. Malgré l'opposition résolue des Verts aux OGM (organismes génétiquement modifiés), le gouvernement autorise la culture du maïs transgénique. Enfin, Jean-Pierre Chevènement, le ministre de l'Intérieur, occupe le terrain avec sa loi sur l'intercommunalité, ce qui repousse d'autant son projet de loi sur l'aménagement du territoire. Arc-boutée sur une poignée de députés qui ne pèsent rien à l'Assemblée, Dominique Voynet doit chaque fois céder.

Au conseil national des Verts, en décembre 1997, Dominique Voynet a bien du mal à défendre son travail de ministre. Elle ne peut en effet alléguer que trois « succès » : la relance du programme Natura 2000 avec l'inventaire de 535 sites, la pastille verte, et l'abandon de l'autoroute A51 entre Gap et Sisteron. Noël Mamère déplore que la ministre n'ait pas informé les Verts sur les projets du gouvernement à propos des OGM, et Jean-Luc Bennahmias, secrétaire national, regrette que le débat s'instaure une fois la mesure prise. Quant au « succès » de Natura 2000, il va se transformer en déroute lorsque le Conseil d'État, par deux fois, cassera les décisions prises et que la Cour de justice européenne condamnera la France à payer de lourdes astreintes.

Relance de l'agriculture biologique

Tandis que Dominique Voynet peine à se faire entendre au gouvernement, c'est le ministre de l'Agriculture, Louis Le Pensec, qui décide de relancer l'agriculture biologique. Objectif : aboutir en cinq ans à vingt-cinq mille exploitations « bio » et 1 million d'hectares cultivés sans intrants chimiques. Il débloque pour cela un crédit de 60 millions de francs pour 1998, soit quatre fois plus que l'année d'avant. Sans vouloir condamner « l'agriculture dite productiviste », le ministre explique que l'agriculture bio est « un modèle de développement qui n'est ni utopique ni ringard ». On mesure le chemin parcouru en moins de dix ans après le pavé des agriculteurs pollueurs lancé par Brice Lalonde...

Bien sûr, la crise de la vache folle et la méfiance du consommateur à l'égard de tout ce qui apparaît frelaté, manipulé ou artificiel, aide le ministre de l'Agriculture à se lancer dans ce qui, dix ans plus tôt, aurait fait pousser les hauts cris. Le marché, aussi, impose sa loi d'airain. Les produits bio ne représentent en France que 1 % du marché, alors qu'ils atteignent déjà 10 % chez nos voisins du Nord. Mais leur consommation progresse très vite : entre 1993 et 1996, l'importation de produits bio a été multipliée par vingt ! La France se trouve donc dans la situation paradoxale du plus gros exportateur européen de produits agricoles, mais obligé d'importer ses produits bio ! Car la vogue du bio s'impose en France, avec un développement lui aussi paradoxal. Ce sont de petits exploitants de régions pauvres (Lozère, Ardèche, Drôme) qui produisent le bio français, alors que ce sont les citadins riches et « bobos » (bourgeois bohèmes),

qui achètent les produits bios vendus plus cher. Le plus ancien marché bio de Paris, significativement, a lieu chaque semaine boulevard Raspail (7e), dans l'un des quartiers les plus chics de la capitale...
Le successeur de Louis Le Pensec, Jean Glavany, institue en 1999 un nouveau type d'aide pour maintenir la petite agriculture en zone difficile : le contrat territorial d'exploitation. Certes, on ne garantit pas la production bio, mais on encourage l'agriculture artisanale, à taille humaine, avec un cahier des charges favorisant les bonnes pratiques agricoles, autant dire une agriculture écologique. Ces CTE seront supprimés en 2002 par la droite revenue au pouvoir.
Dominique Voynet tente tout de même d'intervenir dans le domaine agricole en proposant une « taxe générale sur les activités polluantes » qui frapperait les grands céréaliers et betteraviers, c'est-à-dire ceux qui utilisent le plus d'intrants chimiques et touchent le plus de primes. Ils vont lui faire payer cette audace en saccageant son bureau de ministre le 8 février 1999. Et ils vont la poursuivre de leur hargne lors de son passage, pourtant très discret, au Salon de l'Agriculture.

Les anti-OGM

Les agriculteurs du Larzac, eux, n'en veulent pas spécialement à Dominique Voynet, mais ils refusent catégoriquement les OGM, considérés comme le cheval de Troie des multinationales américaines sur le marché de la semence. En janvier 1999, José Bové et René Riesel procèdent à la « neutralisation » de semences transgéniques à Nérac, dans le Lot-et-Garonne. Puis, en juin 1999, ils saccagent une serre du CIRAD de Montpellier (Centre international de recherche pour l'aménagement et le développement, devenu IRD) , un centre de recherche voué au développement dans le tiers-monde.

Et voilà que le gouvernement américain, en représailles contre l'interdiction en Europe du bœuf aux hormones, décide de taxer à 100 % certains produits comme le foie gras, le roquefort et la moutarde. Surtaxer le roquefort, c'est s'attaquer au Larzac. Par mesure de rétorsion, le 12 août 1999, trois cents éleveurs de moutons de la Confédération paysanne, avec à leur tête José Bové et Léon Maillé, vont démonter un restaurant Mac Donald's en construction à Millau. Pour justifier le saccage, ils dénoncent les méfaits de la mondialisation qui asphyxie les petits producteurs et généralise la « malbouffe ».

Cette lutte contre les OGM ne fait pas l'unanimité dans l'opinion, surtout lorsqu'elle s'en prend aux travaux de la recherche publique française menés sous l'égide de l'INRA ou du CIRAD. Néanmoins, les consommateurs devinent que les OGM sont encore une trouvaille pour s'attacher une clientèle captive, obligée de racheter chaque année les semences estampillées Monsanto ou autre. L'Union européenne, sur la défensive, adopte un moratoire en juin 1999, au lendemain des premières livraisons de soja transgénique.

C'est alors que Corinne Lepage, très remontée contre les OGM et le brevetage du vivant, crée avec Michèle Rivasi le Comité de recherche et d'information indépendant sur le génie génétique ou CRII-Gen. Elles sont rejointes par Jean-Marie Pelt et Gilles Seralini, biologiste de l'université de Caen. Comme le CRII-Rad, le CRII-Gen se veut avant tout scientifique, avec pour mission d'informer le public. C'est donc aussi une machine de guerre du front écologique.

Les insurgés de la Confédération paysanne reçoivent bientôt le renfort d'un mouvement original qui porte un nom offensif : ATTAC (Association pour la taxation des transactions financières et l'action citoyenne). Ce mouvement « citoyen » a été lancé par Bernard Cassen, qui est en même temps professeur d'anglais et rédacteur en chef du *Monde diplomatique*. L'idée de base consiste à réclamer l'application d'une taxe sur les opérations boursières, telle qu'elle avait été proposée par l'Américain James Tobin, prix Nobel d'économie en 1981. Cette taxe permettrait de prélever une dîme sur les flux financiers entre pays riches afin de constituer une cagnotte pour aider les pays pauvres.

Le mouvement ATTAC suscite un nouvel élan dans la France rebelle, lasse du discours de la gauche au pouvoir et des positions écologiquement correctes. Il va déboucher sur l'altermondialisme, un mouvement planétaire de rébellion contre le capitalisme multinational, qui va faire parler de lui à Seattle (États-Unis), Porto Alegre (Brésil), Gênes (Italie) et Bombay (Inde), avec toujours au premier rang José Bové, prêt à en découdre.

Les chasseurs à l'affût

La chasse reste un dossier chaud en France, même à la veille du IIIe millénaire. Mais il l'est plus encore lorsqu'il est confié à une femme, écologiste de surcroît, ce qui apparaît une provocation pour les tenants de Chasse, pêche, nature et traditions. Dominique Voynet a confié le dossier à Jean-Pierre Raffin, nouvel élu des Verts mais ancien chasseur et bon connaisseur des milieux cynégétiques. Ils préparent donc ensemble une loi qui reconnaîtrait le droit de non-chasse, en permettant aux propriétaires fonciers qui ne chassent pas de refuser le passage des chasseurs sur leurs terres. Ils prévoient aussi un jour sans chasse, le mercredi, et l'application effective de la directive qui interdit la chasse aux oiseaux migrateurs pendant la période de reproduction, ce qui revient à raccourcir la saison de tir.

Pour les chasseurs crispés sur leurs droits acquis, le projet fait figure de provocation. Ils vont mener la vie tellement dure au cabinet que Jean-Pierre Raffin, écœuré, donne sa démission. Ils ne veulent rien entendre à une « chasse écologiquement responsable », comme essaye de la promouvoir Simon Charbonneau, le fils de Bernard, lui aussi chasseur passionné en Gironde en même temps que juriste et écologiste. Provocateurs à leur tour, en janvier 1999, ils défilent à trois mille dans les Landes pour exiger la levée de l'interdiction de la chasse à l'ortolan !

Dans les cantons ruraux où la chasse reste une passion atavique, les responsables cynégétiques considèrent les écologistes comme des ennemis acharnés à leur perte. Et ils mettent à leur compte la réduction constante de leurs effectifs, qui n'est pourtant due qu'à la transformation de la société française dans son ensemble. Ce repli les rend plus déterminés que jamais à conserver leurs privilèges. Ils n'hésitent pas à faire le coup de poing contre Daniel Cohn-Bendit, tête de liste des Verts pour la campagne des européennes, et ils contraindront Roselyne Bachelot, successeur de Dominique Voynet, à défaire le peu qui avait été obtenu par la ministre verte pour aligner les chasseurs français sur nos voisins.

Aux élections européennes du 13 juin 1999, CPNT prend sa revanche dans ses bastions les plus durs. Les chasseurs arrivent en tête dans la Somme, en deuxième position en Gironde, en Charente-Maritime et dans les Landes, et en troisième position dans le Loir-et-Cher, grâce à la Sologne. Cependant, les Verts se défendent bien, notamment à Paris, en Bretagne, en Alsace et en Rhône-Alpes. Ils réussissent même à battre CPNT en Dordogne, ce qui est un exploit. Au total, les Verts français, malgré des listes dissidentes, remplissent très correctement leur contrat, avec presque 10 % des voix et neuf députés. Ils ne sont dépassés que par leurs homologues de Finlande, des Pays-Bas et du Luxembourg. Ils font même un peu mieux que des voisins aussi vertueux que la Suède et l'Autriche, où la préoccupation environnementale n'est pas l'apanage des Verts. Quant aux *Grünen* allemands, alors en pleine déconfiture avec les retombées de la réunification, leur score plafonne à 6,4 %.

Les Verts français ont aussi la satisfaction de faire nettement mieux que les communistes et, à ce titre, ils apparaissent maintenant comme l'allié privilégié des socialistes. Mais cette situation a un revers : neutralisés par leur participation au gouvernement et devenus indispensables pour faire une majorité de gauche, les écologistes sont piégés. Ils se battent de moins en moins pour l'environnement.

Le désastre de l'*Erika*

En décembre 1999, Dominique Voynet doit participer à un congrès international à l'île de la Réunion lorsque survient le naufrage du pétrolier maltais *Erika* au large de la Bretagne. Comme il n'y a pas encore de marée noire sur le littoral, elle prend l'avion pour Saint-Denis et y emmène sa fille pour y passer ensuite les vacances de Noël. Mais ses vacances seront gâchées. Les premières plaques de goudron touchent le littoral vendéen dès avant Noël, et la ministre doit rentrer précipitamment en métropole pour faire son métier de ministre de l'Environnement.

Elle a naturellement été doublée par le président du conseil général de Vendée, Philippe de Villiers, qui n'a pas de mots assez durs contre les multinationales de l'or noir, les pavillons de complaisance… et la ministre « en vacances dans les îles » alors que la France vit une « catastrophe écologique ». Dominique Voynet arrive donc sur le littoral déjà souillé par la marée noire, au milieu des volontaires qui s'activent à pelleter le goudron. Et c'est alors qu'elle commet une deuxième gaffe : comme pour se défendre d'arriver en retard sur les lieux de la pollution, elle déclare tranquillement qu'il ne s'agit pas d'une « catastrophe écologique », comme l'a dit brutalement Philippe de Villiers.

L'effet est désastreux. Qu'une ministre de l'Environnement déclare sur les lieux d'une marée noire qu'il ne s'agit pas d'une catastrophe écologique est considéré, même si c'est sans doute vrai, comme une bourde politique. Le peuple écologique est consterné. Il se demande si la ministre n'a pas reçu des consignes pour épargner le groupe français Total, l'affréteur du bateau et le propriétaire de la cargaison. La militante verte aurait-elle perdu sa pugnacité en acceptant un maroquin ? Heureusement pour elle, le patron du groupe Total, Thierry Desmarest, fait des déclarations encore plus calamiteuses. Non seulement il refuse de reconnaître la moindre responsabilité de son groupe, sous prétexte que le navire ne lui appartient pas, mais, piégé à la radio par la question d'un journaliste, il va jusqu'à offrir une journée de son salaire pour compenser la marée noire !

Redevenue avocate, Corinne Lepage va plaider la cause des victimes de la marée noire et faire mettre neuf personnes en examen. Mais son argument de la cargaison devenue déchet, et donc propriété de Total, est rejeté dans un premier temps. En attendant le procès, prévu pour 2006, le Fonds d'indemnisation pour pollution (FIPOL) a versé 80 millions de francs aux victimes. Le principe pollueur payeur est d'une application toujours aussi délicate en France.

Vache folle

Dans les régions de grande production laitière, l'élevage des vaches au pré n'est plus qu'une activité annexe. Pour l'essentiel, les vaches laitières sont nourries à l'étable, avec parfois du foin mais plus souvent du maïs d'ensilage, du tourteau de soja... et des farines animales. Ce sont des poudres de viande fabriquées à partir de déchets d'abattoirs, de carcasses d'équarrissage et de résidus de l'industrie alimentaire. Ces mêmes farines se retrouvent aussi dans les mangeoires des porcheries et des poulaillers industriels. Au total, les usines d'alimentation animales produisent alors en France 23 millions de tonnes de tourteaux, granulés et farines diverses pour nourrir un cheptel qui ne va plus au pré qu'à temps partiel.

Bien sûr, les écologistes n'ont cessé de critiquer ces élevages industriels où les vaches par dizaines, les truies par centaines et les poulets par milliers, vivent entassés sur béton nu, souvent encagés. Pour eux, ces élevages ont tous les inconvénients : ils font mener aux animaux une vie dégradante, ils polluent par la concentration des déjections, et ils donnent une viande de qualité médiocre. Quant à nourrir des ruminants avec de la viande, cela paraît défier le bon sens. Mais les éleveurs s'en accommodent et ne craignent que les maladies comme la tremblante du mouton ou les cas de « vache folle ». Car on connaît la « vache folle » depuis longtemps, sans en connaître l'origine. Jusqu'à ce que les Anglais, puis les autorités européennes, se soient mis à soupçonner les farines animales. De sorte que, dès 1991, la réglementation européenne recommande de réserver les farines animales pour les animaux omnivores comme la volaille et les porcs. Beaucoup d'éleveurs, cependant, continuent à donner à leurs vaches ou à leurs moutons des farines animales, jusqu'à ce que l'on observe en Angleterre des cas de la maladie mortelle de

Creutzfeldt-Jakob qui auraient pu être transmis par l'encéphalite spongiforme bovine (ESB). On s'alarme dans toute l'Europe, puis l'on découvre que les fabricants anglais, pour améliorer la valeur nutritive des farines animales tout en économisant sur les coûts de fabrication, se sont mis à cuire leurs abats de viande à moins grand feu.

En 1996, Bruxelles édicte de nouvelles règles pour la fabrication des farines de viande en fixant la température et la durée de cuisson, ainsi que la pression dans la marmite. Ces nouvelles règles sont transcrites en droit français en février 1998. Les entreprises d'équarrissage se mettent alors en conformité et continuent donc à fabriquer leurs farines sans souci. Car il faut bien que quelqu'un se charge de ramasser les cadavres, depuis la disparition du loup et des vautours. L'industrie de l'équarrissage fournit non seulement des farines animales mais aussi du cuir, de la gélatine d'os, des graisses pour la cosmétique et aussi de la nourriture pour animaux de compagnie.

En juin 1999, le ministre de la Santé, Bernard Kouchner, propose l'interdiction définitive des farines animales, ce qui coûtera 5 milliards de francs selon le ministre de l'Agriculture, Jean Glavany. Le gouvernement décrète alors l'embargo sur le bœuf britannique et procède à l'abattage de tout troupeau où se manifeste un cas d'ESB. Puis, à la demande du président Chirac, les farines animales sont interdites pour l'alimentation du bétail. Mais que faire de ces farines qu'il faut continuer à fabriquer pour recycler les abats de viande et de poisson ? Une partie sera brûlée dans les cimenteries, une autre stockée dans des hangars, à la grande indignation des riverains qui hurlent à la pollution. Pendant ce temps, la consommation de viande bovine s'effondre car un Français sur cinq n'en mange plus. L'élevage industriel a mangé son pain blanc.

Les éoliennes patinent

Pays champion pour la fabrication des turbines hydrauliques et des hélices d'avion, la France rate le coche de l'énergie éolienne. Elle dispose pourtant du deuxième gisement éolien en Europe après la Grande-Bretagne. Mais ce sont nos voisins qui dressent partout d'immenses générateurs et c'est le petit Danemark qui exporte sa technologie. En 2000, la France arrive en queue de peloton, loin derrière l'Allemagne, les États-Unis, le Danemark, l'Espagne, l'Inde, les Pays-Bas, le Royaume-Uni, la Chine, l'Italie, la Suède et d'autres encore.

Pourquoi ce retard ? Jusqu'au lancement du plan Éole 2005, jamais les pouvoirs publics n'ont encouragé la construction d'éoliennes. EDF a bien construit un aérogénérateur géant sur l'île d'Ouessant, mais il a été abattu par la tempête et l'entreprise en a conclu que la filière était une impasse. Quant aux particuliers qui se sont risqués à dresser des mâts, ils les ont souvent retrouvés par terre après les protestations du voisinage.

Il a donc fallu une volonté locale forte pour que les premiers aérogénérateurs soient implantés en France, comme à Portel-les-Corbières, dans l'Aude, en 1984. Le premier parc relié au réseau EDF n'a vu le jour qu'en 1993 à Port-la-Nouvelle, grâce à l'accueil d'une cimenterie. Depuis, des aérogénérateurs ont été montés ici ou là dans le Finistère, la Corse, la Drôme, la Guadeloupe, à Dunkerque, sans la moindre politique d'ensemble. C'est seulement depuis la directive européenne demandant à chaque État de parvenir en 2010 à 21 % d'énergie renouvelable que le gouvernement français a pris l'initiative du plan Éole 2005 et que la ministre de l'Environnement, Roselyne Bachelot, a dû adresser une lettre circulaire aux préfets en 2003 pour qu'ils se mobilisent en faveur de l'énergie éolienne. En 2005, la plus grande ferme éolienne de France a été inaugurée sur le plateau d'Ally en Haute-Loire. Les vingt-six aérogénérateurs de 1,5 mégawatt ont été construits par une société... québécoise ! Mais c'est l'Aveyron qui va devenir champion de la production d'électricité éolienne lorsque le groupe Total, puis une filiale d'EDF, auront monté leurs parcs respectifs. Il aura fallu plus de vingt ans pour que les énergéticiens français se lancent vraiment dans l'éolien, le gisement naturel resté pratiquement vierge.

Le paysage réinventé

Trente ans après l'alerte à *La France défigurée*, les Français s'aperçoivent que l'on commet encore des fautes de goût impardonnables dans l'aménagement de notre territoire. Certes, on ne construit plus de barres ni de tours, mais c'est au nom de la sécurité publique et non pour le coup d'œil. Si l'on replante des haies où on les avait étourdiment supprimées, les charmants petits villages de France continuent à se hérisser de vilains hangars, silos, poulaillers et bacs d'ensilage couverts de vieux pneus. Les entrées de ville deviennent des « couloirs de chalandise » où l'affichage et les bâtiments commerciaux défigurent l'accès des cités les plus pittoresques. On nettoie et on restaure les centres historiques, mais on abandonne à leur sort les quartiers périphériques où prolifèrent les zones industrielles les plus sinistres et les centres commerciaux les plus outrageusement tapageurs.

Seules les grandes infrastructures, aujourd'hui, font l'objet de soins plus attentifs. Avec la montée du consumérisme et les revendications de plus en plus vives des riverains, les autoroutes et les lignes de TGV ne peuvent plus être construites en force et à l'économie. La ligne de TGV Sud-Est, qui traverse un paysage particulièrement sensible, a donc été spécialement soignée, avec des ouvrages de franchissement remarquablement profilés, de multiples passages de faune et des gares artistement conçues. Les sociétés autoroutières, aujourd'hui, embauchent des architectes paysagistes pour insérer harmonieusement leur ruban de bitume dans le paysage. C'est ainsi par exemple que Bernard Lassus oblige les terrassiers à remuer beaucoup de terre pour créer tout au long des voies des reliefs d'accompagnement. Il n'est plus possible de construire une autoroute avec déblais et remblais en tranchées rectilignes, taillés droit quel que soit le terrain. Chaque franchissement fait l'objet d'une recherche architecturale pour parvenir à un véritable « ouvrage d'art », qui doit surprendre par son agrément visuel. Le paradoxe, c'est que ces autoroutes, préservées d'affichage publicitaire, sont aujourd'hui beaucoup plus agréables à parcourir que les routes nationales ou départementales encombrées d'enseignes publicitaires et de poteaux disgracieux. Même nos petites routes de campagne sont enlaidies de lignes téléphoniques qui, chez tous nos voisins, sont enterrées. Sans parler des châteaux d'eau, autre spécialité française, qui défigurent parfois les villages où ils font une concurrence directe au clocher de l'église. Ce qui est étonnant, c'est que les défenseurs du paysage poussent les hauts cris dès que l'on parle d'éoliennes, alors qu'ils ne voient plus les pylônes à haute tension, les silos et les châteaux d'eau qui enlaidissent les sites les plus charmants de notre douce France.

Bois certifié

Pour « sauver les forêts tropicales », les associations internationales comme Greenpeace, les Amis de la Terre et le WWF se sont beaucoup mobilisées. Afin de garantir une exploitation durable de ces forêts, elles ont imaginé un système de certification des bois tropicaux appelé Forest Stewardship Council

(FSC), que l'on peut traduire par Comité pour une exploitation soigneuse de la forêt. Fiers de leur tradition séculaire d'exploitation, les forestiers français ne se sentaient pas concernés par le FSC. Mais lorsque les comités anglais et allemand ont demandé aux consommateurs de boycotter les bois non certifiés FSC, nos exploitants privés ont vu rouge : les Anglais, qui importent pratiquement tout leur bois, étaient capables de préférer des bois tropicaux estampillés FSC plutôt que les bons bois français !

Avec leurs collègues européens, ils ont donc créé en 1999 un système de certification bien à eux, appelé par ses initiales anglaises PEFC (Programme for European Forest Certification). Ce label européen garantit que le bois provient de forêts exploitées selon un cahier des charges rigoureux, avec un plan de gestion agréé et un suivi du bois depuis la coupe jusqu'à la vente au consommateur. France Nature Environnement a soutenu ce nouveau système, qui implique toutes sortes de bonnes pratiques : essences indigènes privilégiées, techniques d'exploitation douces, encouragement de la biodiversité, repérages des milieux remarquables, maintien des boisements de berge et de quelques arbres morts, etc.

L'objectif de PEFC France est de certifier d'abord 4 des 15 millions d'hectares forestiers du pays, puis de traiter avec les marchands de bois et les grandes surfaces pour que la marque soit promue. Aujourd'hui, les labels FSC et PEFC ne se font plus vraiment concurrence, car ils peuvent s'appliquer à la même forêt ou à la même usine de transformation, comme c'est le cas pour l'usine champenoise de Lapeyre, le spécialiste du chêne.

Les propriétaires privés, aujourd'hui, sont poussés à faire certifier leur forêt par les pouvoirs publics, car cela garantit que la forêt française va être exploitée, au lieu de grandir et, parfois, de pourrir sur pied sans profit pour personne.

Débats publics

Instituée par la loi Barnier de 1995, la commission nationale du débat public se met en place en septembre 1997. Le premier grand débat public, organisé deux mois plus tard, porte sur l'aménagement de Port 2000, soit la construction d'un nouveau port en eau profonde au Havre, afin de recevoir les porte-conteneurs géants. Pour la première fois en France, un projet du ministère de l'Équipement n'est plus seulement soumis à la consultation publique sous forme de dossier en mairie, mais débattu publiquement pendant plusieurs semaines sous l'autorité d'un président totalement indépendant.

Le deuxième débat public s'annonce beaucoup plus chaud, car il concerne le passage d'une ligne à haute tension à travers la Provence, de Boutre, en vallée du Rhône, à Carros, près de Nice. Une ligne de 400 000 volts à très hauts pylônes, dont le tracé empiète sur le site classé des gorges du Verdon, le camp militaire de Canjuers et tout l'arrière-pays varois. EDF appréhende d'autant plus ce débat que presque tous les élus locaux y sont opposés, comme ils l'ont montré lors d'un débat public « sauvage » organisé quelques mois plus tôt à Trigance (Var).

Finalement, le débat se déroule sans anicroche de mars à septembre 1998, à l'occasion de treize réunions publiques organisées dans les quatre départements concernés. Les participants ont eu largement le temps, d'abord de pousser leur cri, puis d'apprendre à connaître et à juger les autres partenaires. L'expérience prouve que même chez des Latins au sang chaud, on peut débattre de choses sérieuses sans en venir aux mains, comme le font depuis longtemps les Anglo-Saxons, les Québécois et nos voisins suisses. Le résultat, c'est qu'EDF modifie complètement son projet en renonçant à créer une deuxième ligne. Les 400 000 volts à transporter vont finalement emprunter la ligne existante de 225 000 volts, mais réaménagée. Pas d'emprise nouvelle, donc pas de gros travaux de terrassement, pas d'impact nouveau dans le paysage provençal, et les Niçois recevront quand même leur ration de kilowatts.

Ces premières expériences réussies n'empêchent pas le gouvernement de faire dès 2001 une entorse aux beaux principes : parce qu'il a décidé que l'avion géant A 380 se ferait à Toulouse, coûte que coûte, il décrète une procédure d'urgence qui dispense de débattre publiquement de la construction d'une route à grand gabarit pour transporter les pièces de fuselage entre Langon, près de Bordeaux, et l'usine de montage de Toulouse. La route se fera donc à travers les collines du Gers, une route spéciale qui ne pourra être empruntée que nuitamment. La France a donc encore des progrès à faire en matière de démocratie participative touchant aux problèmes d'environnement…

Littérature antinature

Après une génération sensible aux beautés de la nature et à une certaine forme d'écologie, comme Marguerite Yourcenar, Bernard Clavel ou Michel Tournier, les écrivains français de cette fin de siècle, curieusement, se montrent peu enclins à trouver des mérites à notre environnement naturel. Nullement soulagé que le sida soit aujourd'hui contenu en France, Angelo Rinaldi a ce mot : « Après le sida, la nature trouvera autre chose. Il faut toujours faire confiance à la nature pour le pire. » Passé de la montagne corse au maquis littéraire parisien, Angelo Rinaldi ne voit plus dans la nature qu'une inépuisable source de tourments.

Dans *Les Particules élémentaires*, Michel Houellebecq se moque des films animaliers qui prétendent faire aimer la nature : « Prise dans son ensemble, écrit-il, la nature sauvage n'était rien d'autre qu'une répugnante saloperie. » Pour ce démolisseur patenté, elle ne vaut pas mieux que la nature humaine, qui inspire aux petites filles « une stupide résignation femelle » et aux garçons en bande le goût « d'infliger aux êtres les plus faibles des humiliations et des tortures ». La nature, si on la laisse faire, est donc bête et méchante.

La question ne se pose pas pour Régis Debray qui, comme André Malraux, a toujours défendu les valeurs qui transcendent la nature, que ce soit l'idéal communiste, le volontarisme gaullien ou le sentiment religieux. Pour mériter de vivre, l'homme doit dominer la nature, et même sa nature. Si Régis Debray fait du vélo dans Paris, c'est par commodité et non par conviction ni pour préserver la qualité de l'air !

Quant à Paul Virilio, l'architecte sociologue devenu l'observateur privilégié des grandes catastrophes, il ne croit pas, à la différence d'Angelo Rinaldi, que les tourments de l'homme soient d'abord le fait de la nature, ni que les grandes menaces proviennent de la disparition de la forêt amazonienne ou de la fonte des glaces du Groenland. Dans *Villes paniques*, il constate que c'est la ville, le lieu de tous les dangers, depuis Guernica bombardée par l'aviation nazie jusqu'aux tours du World Trade Center percutées le 11 septembre 2001 par des avions suicides. Lorsque Paul Virilio affirme : « La grande catastrophe, ce n'est pas Tchernobyl, c'est la ville, les mégalopoles », il a partiellement raison. Les mégapoles, incontestablement, constituent des lieux de concentration humaine propices aux catastrophes. Mais la ville nouvelle de Pripiat, construite en rase campagne pour loger les employés de la centrale nucléaire de Tchernobyl, peut être considérée comme le symbole de la catastrophe écologique moderne, car l'explosion a obligé cinquante mille personnes à déguerpir en quelques heures. À New York, on va reconstruire sur Ground Zero. À Pripiat, ville morte, tout est gelé pour des décennies.

Chapitre 13 : 2002-2006
La mode du développement durable

Avec le sommet de Johannesburg, le développement durable devient une figure imposée à tous, que ce soit dans l'arène mondiale, dans le cadre national ou local. On ne parle plus de protection de la nature, ni même d'environnement, notions considérées comme des acquis que personne ne remettra en cause. Au sein de l'entreprise ou de la collectivité publique, on affiche maintenant sa bonne volonté par l'élaboration d'un programme ou la publication d'un rapport estampillés « développement durable ». Même le gouvernement français cède à cette mode en substituant au ministère de l'Environnement un « ministère de l'Écologie et du Développement durable ».
Doit-on se réjouir de cette mode ou la regretter ? Le débat est ouvert.

Définitions

C'est en 1987 que la notion de *sustainable development* fait son entrée officielle dans un rapport des Nations unies préparé pour le Sommet de Rio. Pour l'ONU, en effet, il est impératif d'arracher les pays du tiers-monde au sous-développement. La protection de l'environnement n'est qu'une modalité imposée au développement. En 1972, l'objectif du Sommet de Stockholm était « l'environnement humain ». En 1992, le Sommet de Rio visait « l'environnement et le développement ». En 2002, le Sommet de Johannesburg n'aborde plus que le « développement durable », la traduction adoptée par les Québécois de *sustainable development.* En anglais, l'expression signifie un développement que la planète peut physiquement supporter. En français, développement « soutenable » ou « supportable » est ambigu, car il laisse croire que le développement est supportable non pas par la planète Terre, mais par les hommes. D'où les propositions alternatives de développement « viable », « durable », « tenable » ou « soutenable ». Ce flottement dans la traduction, déjà, laisse augurer de multiples interprétations... De toute façon, même en anglais, la notion reste éminemment vague. Comment le développement, qui suppose une croissance continue, peut-il être durable à l'infini sur une planète aux ressources limitées ? Faut-il alors convenir que le développement bien conçu entraîne une baisse de la natalité et que, une fois les effectifs stabilisés, il pourra se poursuivre harmonieusement, sans nuire à l'environnement ?

Au Sommet de Rio, la définition officielle se résumait ainsi : « développement qui répond aux besoins du présent sans compromettre la capacité des générations futures à répondre aux leurs ». Les experts ont ensuite affiné la définition en expliquant que le développement durable reposait sur trois pieds, qui sont l'environnement, l'économie et l'équité sociale. Cette définition dite « des trois E » a une conséquence immédiate : l'environnement n'est plus qu'une des composantes de l'objectif. On peut légitimement s'inquiéter de voir la protection de l'environne-

ment ramenée à une tierce préoccupation, forcément moins importante que le développement économique et social.
Les défenseurs du développement durable font au contraire valoir que l'intégration dans le développement de la notion d'environnement est un progrès décisif. Dans un premier temps, l'humanité ne s'est préoccupée que de développement économique. Au XVIIIe siècle a surgi le souci de l'équité sociale et, depuis une quarantaine d'années, on s'inquiète pour l'environnement. C'est donc une percée historique, opérée en quelques décennies seulement.

Encore une commission

Conformément aux engagements de Rio, la France a créé sa commission du développement durable en 1993, composée de cinquante-quatre membres nommés pour trois ans. Elle en a d'abord confié la présidence à Christian Brodhag, ingénieur de l'École des Mines de Saint-Étienne et ancien Vert, intégré aujourd'hui au ministère de l'Écologie comme directeur délégué au développement durable. La commission a d'abord mis sur pied des « assises régionales du développement durable », où étaient conviés en même temps chefs d'entreprise, élus et associatifs. Cette consultation a débouché en 1996 sur des assises nationales, ouvertes par le Premier ministre Alain Juppé. La France faisait consciencieusement son devoir.
Concernant l'Agenda 21, engagement pris à Rio pour agir en faveur de l'environnement au XXIe siècle, que chaque pays s'est aussi engagé à élaborer en vue d'une meilleure « gouvernance », la France s'en remet aux collectivités locales, décentralisation oblige. Sous l'impulsion de son maire, Jean-Claude Antonini, ancien « Monsieur Bruit » au ministère de l'Environnement, la ville d'Angers a été parmi les premières à présenter un

Agenda 21. Ce concours des Agendas 21 fait aujourd'hui concurrence aux trophées des Éco-maires, l'association créée en 1989 par Yves Pietrasanta.
Les industriels, pour leur part, soutiennent financièrement une association créée par Serge Antoine, le Comité français pour l'environnement et le développement durable. Ce « Comité 21 » offre un carrefour de rencontre où se côtoient périodiquement chefs d'entreprise, hauts fonctionnaires, syndicalistes, élus et associatifs. Un carrefour qui marche en principe sur les trois pieds du développement durable, bien que le poids de l'économique, fatalement, l'emporte au bout du compte.

Dialogues pour la Terre

En février 2002, la ville de Lyon accueille un curieux rassemblement appelé « Les Dialogues pour la Terre ». Le nouveau maire socialiste, Gerard Collomb, a été trop heureux d'accepter une proposition de l'organisation Green Cross, présidée par Mikhaïl Gorbatchev et animée à Genève par Bertrand Charrier, ancien militant des Amis de la Terre et de l'équipe Cousteau. Il s'agit de réunir une palette de personnalités autour du thème consensuel du développement durable.
Autour de l'ancien numéro un soviétique se retrouvent donc Raymond Barre, ancien maire de Lyon, et Lionel Jospin, premier ministre, ainsi qu'une pléiade de personnalités et d'associations plus ou moins concernées par le thème du jour, dont le grand mufti du Tatarstan, invité personnel de Gorbatchev... On le constate à cette occasion : le développement durable est un concept onusien, fondé sur le consensus. Il permet de rassembler tout le monde autour de propos rituels sur le développement, l'environnement et la bonne gouvernance.

La conseillère en développement durable de Jospin, Laurence Tubiana, crée après cela à Paris un Centre international de développement durable. Ce n'est qu'une construction administrative censée coordonner la recherche entre six ministères et six organismes spécialisés (CNRS, INRA, IRD, CIRAD, ADEME et IFEN). Mais c'est alors qu'on s'aperçoit qu'il est difficile de coordonner des recherches aussi disparates que le réchauffement climatique, la biodiversité, la gouvernance mondiale, le traitement de l'incertitude et le principe de précaution ! Coquille vide en 1987, le développement durable devient une marmite débordante en 2002. Il est vrai que la notion d'environnement elle-même ne connaît pas de limite, sinon peut-être celle du système solaire. Mais ajouter un concept flou à un domaine déjà très vaste ne fait que semer la confusion.

Le choc du 21 avril

L'élection présidentielle de 2002 voit une nouvelle fois l'écologie politique divisée. Après un tour de piste pour rien d'Alain Lipietz, l'ancien trotskiste polytechnicien, c'est finalement Noël Mamère qui porte les couleurs de l'écologie de gauche. Et c'est Corinne Lepage qui représente l'écologie de droite depuis l'effacement d'Antoine Waechter. Noël Mamère recueille 5,25 % des voix, ce qui est décevant pour un parti « de gouvernement » mais mieux qu'en 1995 lorsque Dominique Voynet avait obtenu 3,32 % des voix. Le maire de Bègles a aussi la satisfaction de battre CPNT (4,25 %), le PCF (3,39 %) et Corinne Lepage (1,88 %). Cependant, l'écologie disparaît du débat politique avec la percée de l'extrême gauche (4,27 %) et surtout l'ascension de Jean-Marie Le Pen, arrivé devant Lionel Jospin ! Aux élections législatives qui suivent, les Verts n'ont plus que trois députés à l'Assemblée nationale : Yves Cochet et Martine

Billard à Paris, et Noël Mamère en Gironde. Dominique Voynet, candidate de la gauche plurielle, est battue dans le Jura. Michèle Rivasi est battue dans la Drôme et Guy Hascouët perd de justesse dans le Nord. Emportée dans la débâcle de la gauche, l'écologie politique reflue.

La droite revient donc, et le président Chirac propose le poste de ministre de l'Environnement à Nicolas Hulot, qui préfère rester à TF1 pour continuer à produire son émission « Ushuaïa ». Chirac se rabat alors sur la porte-parole de sa campagne, Roselyne Bachelot, qui devient ministre de l'Écologie et du Développement durable, flanquée d'une « beurette » comme secrétaire d'État au Développement durable, Tokia Saïfi. Avec ce titre ronflant, on pouvait croire que Roselyne Bachelot, une battante, allait faire des prouesses en matière d'environnement. Mais elle est seulement chargée de défaire le peu qu'avait pu faire Dominique Voynet avant elle. Même Nicolas Hulot s'en indigne et confie qu'il y a eu « erreur de casting ».

Dix ans après Rio, c'est donc l'Afrique du Sud qui accueille un nouveau Sommet de la Terre, réuni en septembre 2002 à Johannesburg. Côté français, c'est le gouvernement de gauche qui a préparé ce sommet du « développement durable », et la mission française est donc pilotée par Michel Mousel, président du comité préparatoire, et Bettina Laville, l'ex-conseillère de Matignon. Pour garder la main, le président Chirac doit frapper un grand coup. Avant de s'envoler pour Johannesburg, il consulte donc Nicolas Hulot pour trouver l'argumentaire et le ton qui feront mouche. Il en résulte un discours remarquable, qui va marquer le sommet : « Notre maison brûle et nous regardons ailleurs », dit le président d'un ton solennel. Le monde entier, ébahi, découvre alors un président français à la pointe du combat écologique planétaire ! Bien entendu, il ne s'agit que de paroles, qui n'engagent que ceux qui y croient. Pour le président, l'essentiel est que la chose ait été dite, entendue et répercutée à travers le monde. Mission accomplie.

Marées noires

Deux ans après l'*Erika*, nouveau naufrage d'un pétrolier dans l'Atlantique, le 19 novembre 2002. Battant pavillon des Bahamas, le *Prestige* en perdition a été remorqué au large par les Espagnols et coule à hauteur de la Galice. Cette fois, Roselyne Bachelot est dispensée de corvée de plage car la France n'est pas concernée tout de suite. Mais, au début de 2003, la côte aquitaine commence à voir arriver les « galettes » échappées des soutes du prestige. Plus de trois mille oiseaux mazoutés sont nettoyés aux frais du plan POLMAR, c'est-à-dire de l'État français. Au lieu d'éloigner le danger des côtes, le remorquage au large du pétrolier provoque une dispersion très large de la pollution. Les hôteliers français craignent de perdre la clientèle anglaise et allemande, qui risque de bouder la côte landaise et le bassin d'Arcachon à la saison prochaine.

La mer, justement, devient un enjeu pour la protection de l'environnement. Un accord a été conclu entre la France, Monaco et l'Italie pour établir une sorte de sanctuaire marin entre Nice, la Corse et Gênes afin de protéger les cétacés. On a en effet réalisé que ce triangle maritime voyait passer des centaines de baleines et de dauphins, qui deviennent un élément important du tourisme dans cette partie de la Méditerranée.

Sur la façade atlantique aussi la protection de l'environnement devient un thème à la mode. Que ce soit à l'Aquarium de la Rochelle, au centre Océanopolis à Brest ou au centre de la mer Nausicaa, à Boulogne-sur-Mer, tout est fait pour attirer le touriste et l'initier à la beauté et à la fragilité du milieu marin.

Marées noires et surpêche deviennent les deux fléaux dénoncés partout. Les défenseurs attitrés de la mer comme Greenpeace connaissent un nouvel essor. Le bureau de Paris a enregistré onze mille donateurs nouveaux en 2002 et son budget a quadruplé entre 1998 et 2002, lui permettant d'employer quarante permanents. Le chanteur Renaud lui offre même la recette de son gala au Zénith. Le directeur de Greenpeace France, Bruno Rebelle, est récompensé de ce succès en étant nommé directeur des programmes de Greenpeace International à Amsterdam. On mesure le chemin parcouru : moins de vingt ans après l'attentat contre le *Rainbow Warrior*, un Français est appelé dans les instances dirigeantes de la multinationale verte !

Incorrigibles Verts

Retournés à l'opposition, qui leur est pourtant plus confortable, les Verts se déchirent à nouveau. Déçus par le partenariat avec la gauche plurielle, ils choisissent un militant d'extrême gauche inconnu, Gilles Lemaire, pour les représenter. Daniel Cohn-Bendit peste contre cette manie des Verts français de toujours couper les têtes qui dépassent. La nouvelle politique d'autonomie des Verts irrite aussi Dominique Voynet, qui plaide constamment pour l'union avec le PS. Il est vrai que cette alliance peut faire merveille lorsqu'elle fonctionne, comme c'est le cas à Paris avec le maire socialiste Bertrand Delanoë. À la mairie de Paris, Denis Baupin et Michel Contassot réussissent à imposer une politique résolument favorable aux transports publics, avec des couloirs de bus matérialisés et accessibles aux cyclistes, et des voies sur berge transformées l'été en plage.

Pour sa part, Noël Mamère accepte l'alliance avec le PS à condition de ne pas servir de faire-valoir aux socialistes. Il estime que les Verts ont dépassé le stade du « parti de l'alerte et de la veille » et qu'ils doivent maintenant devenir le « parti de la transformation sociale » et même le « parti de gauche du XXIe siècle ». En écho, Laurent Fabius veut faire du PS « le premier parti écologiste de France ». Il s'est fait inviter à l'université d'été des Verts en 2003 et multiplie les manœuvres de séduction à l'égard des altermondialistes d'ATTAC.

Quant à Daniel Cohn-Bendit, il se montre résolument optimiste : « L'avenir, dit-il, c'est les éoliennes, le solaire, l'hydrogène grâce au soleil. C'est un programme scientifique ambitieux. On est le parti de l'avenir. » Les Verts lancent une souscription pour s'installer enfin dans un local à eux. Ils reçoivent le soutien de personnalités du monde du spectacle comme Renaud, Marc Jolivet, Francis Cabrel et Anémone. Le tandem Font et Val s'est défait mais Philippe Val continue le combat avec entrain, comme rédacteur en chef de *Politis* et chroniqueur impertinent sur France Inter. Les Verts ne sont plus seuls.

L'agriculture durable

Le gouvernement de droite remplace le contrat territorial d'exploitation par un « contrat d'agriculture durable », preuve que l'on ne peut plus encourager les pratiques agricoles productivistes. Une nouvelle fois, des crédits sont engagés en faveur de l'agriculture biologique et satisfaction est donnée aux apiculteurs qui réclamaient l'interdiction des semences enrobées de fipronil, parce que le tournesol ainsi traité tue leurs abeilles. Même Philippe de Villiers, toujours prompt à dénoncer les multinationales, a réclamé l'interdiction du Gaucho et du Regent, les deux produits chimiques en cause.

L'Union des industries de la protection des plantes (UIPP), qui regroupe les fabricants d'insecticides, de fongicides et d'herbicides, proteste de sa bonne foi : « Nos entreprises s'inscrivent dans une démarche constante de progrès et veillent au développement d'une agriculture durable. Les trois objectifs que nous poursuivons forment notre seul devoir : le respect de l'environnement, la protection des utilisateurs, la santé des consommateurs. »

De son côté, la profession agricole opère lentement sa mutation. Les éleveurs laitiers s'aperçoivent qu'il vaut mieux produire moins pour soutenir les cours, ce qui les pousse à accepter même une diminution des quotas. D'autres se lancent dans des cultures oubliées comme le topinambour, le lin ou le chanvre. Cette dernière fibre peut être utilisée dans l'industrie textile, le bâtiment et pour toutes sortes d'usages aussi rentables que les « nouveaux matériaux ».

Les éleveurs bio, actuellement, ne sont pas plus de douze mille en France. Car l'Europe continue à verser des primes qui ne les encouragent pas : la prime à l'herbe, fixée à 45 euros l'hectare, ne peut pas faire jeu égal avec la prime au maïs, qui est en moyenne de 380 euros à l'hectare. Cette disparité est d'autant moins bien ressentie que, partout aujourd'hui, la qualité prime sur la quantité.

La directive Habitat, qui concerne les sites proposés à l'inventaire Natura 2000, voit la France arriver en queue de peloton, avec seulement 7,5 % du territoire proposé, contre 24 % au Danemark et 25 % en Espagne. C'est que la France rurale, allergique à la protection juridique ou scientifique de ses espaces naturels, ne l'accepte que contrainte et forcée.

Les entreprises au rapport

La France industrielle, paradoxalement, fait un peu mieux. Après les traditionnels rapports d'entreprise sur l'hygiène et la sécurité, on a vu après Rio des rapports consacrés spécifiquement à l'environnement. Gaz de France, qui se flatte de distribuer un produit « naturel », publie son premier rapport « Environnement » en 1997. EDF suit l'année d'après, avec un engagement de son patron pour le développement durable. Un engagement qui va jusqu'à installer des pylônes en bois lamellé-collé dans le parc régional des volcans d'Auvergne !

Les champagnes Pommery, qui ne sont pas en première ligne, se croient tout de même obligés de témoigner de leur engagement dans l'agriculture raisonnée, le recyclage des emballages et la maîtrise des effluents. Car les sociétés cotées en bourse doivent se soumettre à l'obligation d'indiquer leur implication dans la protection de l'environnement. En 2002, le patron de Renault, Louis Schweitzer, reçoit le prix du meilleur rapport « Développement durable », tandis que le concurrent Peugeot persiste à publier un rapport « Environnement » considéré comme minimal. Les experts comptables imaginent même un trophée pour récompenser « la meilleure information pour le développement durable ».

En 1999, seulement 4 % des industries françaises s'étaient lancées dans l'élaboration d'un rapport « Développement durable ». En 2002, elles sont déjà 21 % à le faire, ce qui place la France au dixième rang dans le monde, loin derrière le Japon (72 %), la Grande-Bretagne (49 %) et même les États-Unis (36 %).

Une formule incantatoire

Le développement durable, repris partout comme une antienne, devient souvent une formule incantatoire pour assurer la promotion d'un groupe ou d'une branche d'activité. C'est ainsi que l'enseigne Monoprix adopte comme mascotte un manchot estampillé « Développement durable », à l'instar du WWF et son fameux panda. Quant au groupe chimique Solvay, qui se bat pour défendre la chimie du chlore, sa spécialité, il publie des bulletins certifiant que le PVC participe au développement durable !

Les industriels français de la chimie affirment qu'ils sont « au service du développement durable » (*La Planète et nous*, janvier 2002). Les forestiers lancent à leur tour une « lettre de la forêt et du développement durable » sous le titre de *PEFC Info* (septembre 2003). Les sociétés françaises d'autoroutes vont même jusqu'à éditer une plaquette où il est décrit « le péage, instrument de développement durable » ! L'adjectif « durable » devient synonyme de « respectueux de l'environnement » ou « écologique ».

Le cabinet Huglo-Lepage, spécialisé dans la défense des victimes de la pollution, publie aussi sa *Lettre du développement durable*, tandis que la revue *Valeurs vertes*, après dix ans d'existence, se découvre une nouvelle vocation : « le magazine du développement durable », le seul « vendu en kiosque ». Le Bureau de recherches géologiques et minières (BRGM), qui a fêté son cinquantenaire en 2004, s'est affublé d'une nouvelle dénomination plus « mode » : « Géosciences pour une Terre durable ».

Certaines collectivités locales, aujourd'hui, recrutent par petites annonces des « chargés de mission développement durable », afin de pouvoir présenter un plan ou un Agenda 21 qui se tiennent. Quant au cercle René Dubos, il vient de créer à Paris, en souvenir du grand agronome franco-américain, un « prix du développement durable » pour récompenser un chercheur ou une œuvre ayant fait avancer la cause. Que l'on soit industriel, chercheur, ministre ou avocat, il faut sacrifier au rite du développement durable, gage de modernité et d'engagement « écocitoyen ».

Une charte de l'environnement

Trente ans après la « charte de la nature » proposée par Philippe Saint-Marc, le gouvernement français lance un nouveau chantier pour élaborer une « charte de l'environnement ». Il veut fixer dans le droit français les principes fondamentaux du développement durable, en leur donnant une portée constitutionnelle. Car cette charte sera « adossée » à la Constitution.

Dans le document préparé par les services de Roselyne Bachelot, il est précisé que cette charte est « une priorité gouvernementale et une action phare de la ministre de l'Écologie et du Développement durable », et qu'elle « aura valeur d'exemple sur la scène internationale ». Il s'agit donc bien d'une mise en scène, capable de frapper l'opinion internationale, comme en 1789 la Déclaration des droits de l'homme et du citoyen. Le président de la République, promoteur de « l'écologie humaniste », veut absolument, comme à Johannesburg, faire une action d'éclat dans ce secteur. L'idée est simple : il faut être le premier à déclarer « le droit à un environnement sain » et à définir juridiquement « les principes fondamentaux du développement durable ». Ainsi, la France, « mère des lois », va une nouvelle fois montrer le chemin au monde...

Pour respecter la démocratie participative, cette charte ne sera pas octroyée mais élaborée par un Conseil national du développement durable, qui organise des journées d'information et de concertation dans le pays, sous la présidence bonhomme d'Yves Coppens, sans doute plus familier des générations passées que des générations futures. Mais il n'en aura que plus de recul. La charte se veut « le fondement d'un nouvel équilibre entre développement économique, progrès social et protection de l'environnement » et aussi « la recherche d'une justice et d'une solidarité entre les peuples et les générations ». L'objectif, on le voit, est ambitieux, si ambitieux même qu'on peut se demander s'il ne s'agit pas, une fois de plus, d'un affichage avantageux, pour se dispenser d'actes plus humbles et concrets.

Rendez-vous au Larzac

Le Larzac apaisé n'avait jamais connu pareil rassemblement. En août 2003, ils sont plus de cent mille rassemblés sur le causse, en pleine canicule, pour célébrer la démarche altermondialiste et dénoncer les méfaits du capitalisme international. Il ne s'agit plus, cette fois, de marcher pour la paix ou de protester contre la machine militaire, comme autrefois. Il ne s'agit même plus de défendre l'agriculture paysanne ou d'exalter le bio. Le Larzac 2003 est un doux mélange de tous ceux qui se sentent en marge d'une société qui n'est pas faite pour eux. Pendant plusieurs jours, des milliers de jeunes et moins jeunes vont ainsi écouter, débattre, apostropher et refaire le monde, en une sorte de Woodstock sage où la musique ne s'impose qu'à la nuit tombée. Au plus fort du rassemblement, le 9 août, les organisateurs et la gendarmerie ferment les accès tant la foule est dense et le site saturé. « Nous sommes cent cinquante mille ! » s'écrie José Bové, tout juste sortie de prison et applaudi à tout rompre.

Les partis et organisations politiques font profil bas dans cette kermesse alternative. Seul le parti communiste, la CGT et *L'Humanité* osent s'afficher et distribuer journaux et tracts. Au centre de presse ne se montreront que Marie-Georges Buffet, Jack Ralite et Jean Ferrat, venu en voisin. On aperçoit aussi quelques Verts, comme Yves Pietrasanta, lui aussi voisin. Mais la vedette est réservée à la Confédération paysanne de José Bové et au mouvement ATTAC, représenté par son président Jacques Nikonoff.

Autant dire que les préoccupations écologiques, en soi, ne sont pas à l'ordre du jour. L'altermondialisme se place en toutes circonstances sur le plan économique et social. Certes, il n'est plus question d'unir tous les prolétaires, comme le voudraient les militants communistes présents, mais d'unir toutes les forces contestataires d'un ordre mondial ultralibéral, ce qui revient presque au même. L'altermondialisme apparaît comme la face contestataire du développement durable, où l'économisme l'emporte sur l'écologisme.

Épilogue

Au terme de cette revue de quatre siècles d'histoire, centrée sur la perception de la nature en France et son évolution vers la protection de l'environnement et l'écologie, on peut faire plusieurs constatations générales.

La préoccupation environnementale a d'abord été le fait de quelques intellectuels, scientifiques et hauts fonctionnaires marginaux avant de diffuser dans le corps social. Chez nos voisins anglo-saxons ou germano-scandinaves, c'est plutôt l'inverse : le citoyen soucieux de son environnement commence par agir chez lui, s'associe à d'autres qui ont le même souci et, le cas échéant, les pouvoirs publics prennent le relais. C'est pourquoi, en dehors de quelques initiatives marginales, l'État a été le premier acteur de la protection de l'environnement en France. Et c'est pourquoi aussi l'Alsace, très proche de l'Allemagne et de la Suisse, a été en pointe dans le combat écologique « de base ».

Vue du sommet de l'État, la protection de l'environnement consistait à mettre en réserve des espaces naturels (parcs nationaux), à planifier l'aménagement du territoire (DATAR) et à prendre des dispositions législatives ou réglementaires pour protéger la faune, la flore, le littoral, la montagne, l'eau, l'air, le paysage, etc.

À la base, la conscience écologique s'est formée autour d'une attitude de refus : le rejet de la société de consommation et l'opposition résolue, intransigeante, à l'énergie nucléaire. Cette posture contestataire et minoritaire a longtemps maintenu les simples citoyens très éloignés des préoccupations protectrices de l'État. Ce fossé entre une administration soucieuse de l'environnement, elle aussi minoritaire, et une base en révolte contre la politique publique, a rendu difficile la rencontre des deux mondes. Il a fallu trente ans pour que les décideurs français admettent les bonnes raisons de la contestation, et trente ans pour que les contestataires comprennent les bonnes raisons des décideurs.

La prise de conscience des Français a donc été longue, semée d'obstacles, jalonnée de reflux et d'emballements au gré de la conjoncture politique et économique. Mais on constate aujourd'hui que cette préoccupation de l'environnement n'apparaît plus comme une lubie de marginaux ni comme un fardeau imposé d'en haut par de mystérieux décideurs.

Certes, la préoccupation écologique reste un souci accessoire chez la plupart de nos concitoyens. Les sondages, à cet égard, ne doivent pas nous leurrer. Nos compatriotes répondent massivement qu'ils sont pour la protection de l'environnement parce qu'on leur a posé la question, que c'est dans l'air du temps et qu'il ne coûte rien de le dire. Mais ils sont peu nombreux à voter écologiste et encore moins nombreux à pratiquer l'écologie au quotidien.

Beaucoup de Français jugent encore la démarche écologique comme un obstacle au progrès, dans un monde où seuls comptent l'innovation technologique et la croissance économique. La plupart pensent que l'on a mieux à faire que de dépenser de l'argent pour réintroduire le saumon, protéger le loup ou sauver l'ours. Et ils approuvent le gouvernement pour ses choix énergétiques, qu'il s'agisse du nucléaire pour leur confort domestique ou du pétrole pour leur chère « bagnole ». « Râleurs » invétérés, ils se plaignent du prix de l'eau, de l'augmentation des carburants et de la baisse de qualité de certains aliments.

Mais ils sont les premiers à laisser s'installer des porcheries et des poulaillers industriels, à prendre leur voiture personnelle au lieu d'utiliser les transports en commun ou la bicyclette, et à acheter le poulet le moins cher ou les fruits hors saison. Quoi qu'ils disent, les gens « votent avec leurs pieds » comme on dit : leurs pas les portent vers ce à quoi ils adhèrent, et seul ce résultat compte pour mesurer l'état de l'opinion.

En même temps, nos contemporains ne croient plus vraiment au progrès qui les a bercés pendant des générations, et ils ont peur d'un avenir qui n'est écrit nulle part. Cette inquiétude diffuse engendre deux attitudes. Ou bien l'on se dépêche d'en profiter pendant qu'il est encore temps, et c'est la « société du spectacle », avec sa publicité, ses modes et toutes les incitations à consommer plus. Ou bien l'on songe au lendemain, à nos enfants, et c'est une société qui reste à inventer, économe de ressources et d'énergie, respectueuse de la nature, soigneuse de son matériel et de ses équipements, innovante dans l'art de recycler, de réutiliser, de revaloriser, et enfin ouverte à la discussion et au débat, afin de convaincre et non d'imposer.

Avec la qualité de vie qu'ils ont su conserver, avec le patrimoine culturel exceptionnel dont ils ont hérité, enfin avec l'espace rural privilégié qui leur reste, les Français ont mis plus de temps que d'autres à se rendre compte des menaces qui pèsent sur leur environnement. Mais ces privilèges, justement, en attirant chaque année plus de touristes, contribuent maintenant à la dégradation de leur environnement, notamment en montagne et sur le littoral.

Nous ne pouvons donc plus nous rassurer en contemplant fièrement notre précieux capital, même si nous le trouvons plus riche que les autres. Notre pays est solidaire du reste de la planète, qu'il s'agisse de la qualité de l'air, des ressources marines, de la faune migratrice, des échanges de marchandises et des flux migratoires ou touristiques. Nous ne sommes plus propriétaires de notre espace vital, quoi qu'en dise le Code civil, car nous ne sommes, les Français comme les autres, que des passagers sur cette Terre et donc seulement usufruitiers des ressources offertes par la nature et le génie de nos ancêtres.

La découverte, parfois douloureuse, que nous, citoyens français, sommes aussi des citoyens du monde, petites fourmis sur une petite planète, est une avancée salutaire. La conscience écologique, qui fait de chaque citoyen un acteur local qui pense globalement, s'imposera forcément, bien qu'il s'agisse d'un double défi : se prendre en charge individuellement pour mieux vivre collectivement. Au pays du coq gaulois prompt aux cocoricos, la démarche écologique est un rude apprentissage. Car c'est une école d'humilité, où l'on apprend à ménager et partager. Nous n'avons pas le choix : notre planète est trop petite et nous sommes trop nombreux pour nous permettre d'accaparer. Du moins si nous voulons vivre en paix et transmettre la vie à nos enfants.

Bibliographie

Cette bibliographie succincte ne renvoie pas directement aux sources de l'ouvrage. Elle a seulement pour but d'indiquer, parmi les livres édités en France, ceux qui touchent de près ou de loin à une réflexion sur la nature et l'écologie. La présentation par ordre chronologique, et non par auteur, permet de suivre le mouvement historique de cette réflexion.

Les Fables choisies, par **Jean de la Fontaine** (1668).

Histoire naturelle, par **Buffon et Daubenton** (1749-1804).

Les Rêveries du promeneur solitaire, par **Jean-Jacques Rousseau** (1782).

Études de la nature, par **Jacques Bernardin de Saint-Pierre** (1788).

Atala, par **René de Chateaubriand** (1801).

Souvenirs entomologiques, par **Jean-Henri Fabre** (Delagrave, 1879-1907).

Et la nature ?, par **Robert Hainard** (Gérard de Büren, Genève, 1943).

L'homme contre la nature, par **Roger Heim** (Armand Colin, 1952)

La technique ou l'enjeu du siècle, par **Jacques Ellul** (Armand Colin, 1954).

Les racines du ciel, par **Romain Gary** (Gallimard, prix Goncourt 1956).

Le droit d'être un naturaliste, par **Jean Rostand** (Stock, 1963).

Avant que nature meure, par **Jean Dorst** (1965). Réédité en 1978 par Delachaux et Niestlé.

L'Homme et la Nature, par **Michel-Hervé Julien** (Hachette, 1965).

La mer et l'homme, par **Alain Bombard** (Fayard, 1968).

Essai sur l'histoire humaine de la nature, par **Serge Moscovici** (Flammarion, 1968).

Arcadie. Essais sur le mieux-vivre, par **Bertrand de Jouvenel** (SEDEIS, 1969).

Le jardin de Babylone, par **Bernard Charbonneau** (Gallimard, 1969).

Cet animal si humain, par **René Dubos** (Hachette, Prix Pulitzer 1969).

Les désillusions du progrès, par **Raymond Aron** (Gallimard, 1969).

La Côte d'Azur assassinée, par **René Richard** et **Camille Bartoli** (Roudil, 1971).

Socialisation de la nature, par **Philippe Saint-Marc** (Stock, 1971).

Vanoise, victoire pour demain, par **Jean Carlier** (Calmann-Lévy, 1972).

Nous n'avons qu'une terre, par **René Dubos** (Denoël, 1972).

La Société contre nature, par **Serge Moscovici** (Union générale d'éditions, 1972).

Lettres ouvertes aux assassins de la nature, par **Pierre Pellerin** (Stock, 1972).

L'Utopie ou la Mort, par **René Dumont** (Seuil, 1973).

Écologie, détente ou cycle infernal ?, par **Pierre Samuel** (UGE 10/18, 1973).

Tristes campagnes, par **Bernard Charbonneau** (Denoël, 1973).

La France défigurée, par **Louis Bériot** (Stock, 1973).

L'environnement démystifié, par **Christian Garnier** (Mercure de France, 1973)

Déclaration des droits de la nature, par **Claude-Marie Vadrot** (Stock, 1973).

Éléments d'écologie appliquée, par **François Ramade** (Édiscience, 1974).

L'Énergie, c'est vous, par **Philippe Lebreton** (Stock, 1974).

Le ministère de l'impossible, par **Robert Poujade** (Calmann-Lévy, 1975).

La civilisation de puissance, par **Bertrand de Jouvenel** (Fayard, 1976).

Sauvons la mer, par **Pierre Pellerin** (Presses de la Cité, 1976).

L'homme sauvage, par **Alain Hervé** (Stock, 1977).

L'homme re-naturé, par **Jean-Marie Pelt** (Seuil, 1977).

L'ex-croissance : les chemins de l'écologie, par **Philippe Lebreton** (Denoël, 1978).

Guide pratique de l'écologiste, par **Laurent Samuel** (Belfond, 1978).

Quand vous voudrez, par **Brice Lalonde** et **Dominique Simonnet** (Pauvert, 1978).

Écologie et Politique, par **André Gorz** (Seuil, 1978).

L'écologie, histoire d'une subversion, par **Claude-Marie Vadrot** (Syros, 1978)

L'économique et le vivant, par **René Passet** (Payot, 1979).

La Force du vivant, par **Jean Dorst** (Flammarion, 1979).

Qu'est-ce que l'écologie ? par **Dominique Simonnet** (Hatier, 1979).

Nature mon amour, par **Roland de Miller** (Éditions Debard, 1980).

Sur la vague verte, par **Brice Lalonde** (Robert Laffont, 1981).

Au péril de la science ? Interrogations d'un généticien, par **Albert Jacquard** (Seuil, 1982).

Les raisons de la colère ou l'utopie des Verts, par **René Dumont** (Entente, 1986).

Les catastrophes écologiques, par **François Ramade** (McGraw Hill, 1987).

Le guide des réserves naturelles, par **Chantal Bonnin-Luquot** et **Antoine Reille** (Delachaux et Niestlé, 1987).

Histoire de l'écologie, par **Pascal Acot** (PUF, 1988).

La peur de la nature, par **François Terrasson** (Sang de la Terre, 1988).

La nature en crise, par **Philippe Lebreton** (Sang de la Terre, 1988).

La Terre en otage, par **Renaud Vié Le Sage** (Seuil, 1989)

Mes combats, par **René Dumont** (Plon, 1989).

Les trois écologies, par **Félix Guattari** (Galilée, 1989).

Le contrat naturel, par **Michel Serres** (François Bourin, 1990).

Promenades naturelles, par **Jacques Lecomte** (Raymond Chabaud, 1990).

Le monde poubelle, par **Roger Cans** (First, 1990).

Sauver la ville, par **François Lapoix** (Sang de la Terre, 1990).

Les menaces globales sur l'environnement, par **Sylvie Faucheux** et **Jean-François Noël** (La Découverte, 1990).

La Terre malade des hommes, par **Philippe Desbrosses** (Le Rocher, 1990).

L'effet de serre, par **Pierre Samuel** (Entente, 1990).

La Terre brûle-t-elle ?, par **Cédric Philibert** (Calmann-Lévy, 1990).

Dessine-moi une planète. L'écologie, maintenant ou jamais, par **Antoine Waechter** (Albin Michel, 1990).

Économiser la planète, par **Claude Allègre** (Fayard, 1990).

Le tour du monde d'un écologiste, par **Jean-Marie Pelt** (Fayard, 1990).

Objectif Terre : les Verts, de l'écologie à la politique, par **Christian Brodhag** (Le Félin, 1990).

Malicorne, par **Hubert Reeves** (Seuil, 1990).

Chacun pour tous, le défi écologique, par **Michel Barnier** (Stock, 1990).

Écrits francophones et environnement 1548-1900, par Serge Antoine, **Jean-Baptiste de Vilmorin** et **André Yana** (Entente, 1991).

Voici le temps du monde fini, par **Albert Jacquard** (Seuil, 1991).

Réinventer la nature, par **Jean-Marc Drouin** (Desclée de Brouwer, 1991).

Histoire de l'écologie, par **Jean-Paul Deléage** (La Découverte, 1991).

Capitalisme, Socialisme, Écologie, par **André Gorz** (Galilée, 1991).

Les Verts, par **Guillaume Sainteny** (PUF « Que sais-je », 1991).

Du neuf sous le soleil, par **Alain Liébard**, **Cédric Philibert** et **Michel Rodot** (Calmann Lévy, 1991).

Maîtres et protecteurs de la nature, ouvrage collectif paru sous la direction d'**Alain Roger** et **François Guéry** (Éditions Champ Vallon « Milieux », 1991).

Tous Verts ! La surenchère écologique, par **Roger Cans** (Calmann-Lévy, 1992).

Le nouvel ordre écologique, par **Luc Ferry** (Grasset, 1992).

La vérité sur l'effet de serre, par **Yves Lenoir** (La Découverte, 1992).

Terre vivante, par **Zaher Massoud** (Odile Jacob, 1992).

Observer la nature, une passion, par **Allain Bougrain-Dubourg** et **Isabelle Bourdial** (Nathan, 1992).

Économie et politique de l'environnement, par **Jean-Philippe Barde** (PUF, 1992).

Les sentiments de la nature, par **Dominique Bourg** (La Découverte, 1993).

L'écologie et son histoire, par **Jean-Marc Drouin** (Flammarion, 1993).

Vert espérance, l'avenir de l'écologie politique, par **Alain Lipietz** (La Découverte, 1993).

Humeurs sauvages, par **Yves Paccalet** (Seghers, 1993).

La civilisation anti-nature, par **François Terrasson** (Éditions du Rocher, 1994).

La bataille de l'eau, par **Roger Cans** (Le Monde Éditions, 1994).

L'économie à l'épreuve de l'écologie, par **Hervé Kempf** (Hatier, 1994).

L'éco-pouvoir, par **Pierre Lascoumes** (La Découverte, 1994).

La baleine qui cache la forêt, par **Hervé Kempf** (La Découverte, 1994).

Héritiers du futur, par **René Passet et Jacques Theys** (L'Aube, 1995).

La nature hors la loi, par **François Ost** (La Découverte, 1995).

L'ingérence écologique, par **Michel Bachelet** (Éditions Frison-Roche, 1995).

L'écologie au pouvoir, par **Daniel Boy**, **Vincent Jacques le Seigneur** et **Agnès Roche** (Presses de Sciences Po, 1995).

Environnement et choix politiques, par **Dominique Dron** (Flammarion, 1995).

Le recours à la terre, par **Pierre Rabhi** (Éditions Terre du Ciel, 1995).
Dans les coulisses de Greenpeace, par **Philippe Lequenne** (L'Harmattan, 1997).
Au-delà de la nature, l'environnement, par **Bernard Kalahora** (L'Harmattan, 1998).
Qu'est-ce que l'écologie politique ? La grande transformation du XXIe siècle, par **Alain Lipietz** (La Découverte 1999).
Chasse et nature, par **Simon Charbonneau** (Sang de la Terre, 1999).
Environnement : ce qu'en disent les Français, par **Bruno Maresca** et **Pascale Hébel** (Documentation française, 1999).
Le jardin planétaire, réconcilier l'homme et la nature, par **Gilles Clément** (Albin Michel, 1999).
Le monde n'est pas une marchandise, entretiens de **José Bové** et **François Dufour** avec **Gilles Luneau** (La Découverte, 2000).
L'introuvable écologisme français ?, par **Guillaume Sainteny** (PUF, 2000).
Le développement durable, l'atmosphère et le climat, par **Robert Kandel** (PUF « Que sais-je ? », 2001).
Peut-on encore croire au progrès ?, par **Dominique Bourg et Jean-Marie Besnier** (PUF, 2001).
La ruée vers l'eau, par **Roger Cans** (Folio Gallimard, 2001).
La guerre au vivant, par **Jean-Pierre Berlan** (Agone, 2001).
L'écologie en bleu, par **Brice Lalonde** (L'Archipel, 2001).
De l'angoisse à l'espoir, une leçon d'écologie humaine, par **Albert Jacquard** (Calmann Lévy, 2002).
De la nature. Pour penser l'écologie politique, par **Serge Moscovici** (Métailié, 2002).
Réenchanter la nature, par **Serge Moscovici** (L'Aube, 2002).
Mes vertes années, entretiens de **Noël Mamère** avec **Claire Baldewyns** (Fayard, 2002).

La machine ronde ; la planète, le peuple, la politique, par **Bettina Laville** (Autrement, 2002).
La Terre n'est pas à vendre, par **Bruno Rebelle** (Desclée de Brouwer, 2002).
Le réchauffement climatique, par **Robert Kandel** (PUF « Que sais-je ? », 2002).
Mal de Terre, par **Hubert Reeves** et **René Lenoir** (Seuil, 2003).
La guerre secrète des OGM, par **Hervé Kempf** (Seuil, 2003).
Pour que vive la Terre, par **Roger Cans** et **Benoît Hopquin** (EPA, 2003).
Sauver la Terre, par **Yves Cochet** et **Agnès Sinaï** (Fayard, 2003).
De l'écologie, hors de l'imposture et de l'opportunisme, par **Corinne Lepage** (Raphaël, 2003).
Voix off, par **Dominique Voynet** (Stock, 2003).
365 jours pour réfléchir à notre Terre, par **Yann Arthus-Bertrand** (La Martinière, 2003).
Soigner l'homme, soigner la Terre, par **Yves Paccalet** (Jean-Claude Lattès, 2003).
Le développement durable raconté aux enfants, par **Yann Arthus-Bertrand** (La Martinière, 2003).
Forêt vivante ou désert boisé ? par **Jean-Pierre Léonard** (L'Harmattan, 2003).
La génération future a-t-elle un avenir ? Développement durable et mondialisation, par **Christian de Perthuis** (Belin, 2003).
L'écologie au secours de la vie, par **Philippe Saint-Marc** et **Jacques Janet** (Frison-Roche, 2004).
Notre dernier siècle ?, par **Martin Rees** (Jean-Claude Lattès, 2004).
La photosynthèse du chat ou l'écologie expliquée à ma fille, par **Michel Lamy** (Le Pommier, 2004).

Quand les abeilles meurent, les jours de l'homme sont comptés, par **Philippe de Villiers** (Albin Michel, 2004).

Éloge des arbres, par **Andrée Corvol** (Robert Laffont, 2004).

Le syndrome du Titanic, par **Nicolas Hulot** (Calmann-Lévy, 2004).

L'extinction des espèces, par **Philippe Dubois** (La Martinière, 2004).

Domestiquer l'effet de serre, par **Francis Meunier** (Dunod, 2005).

Mal de Terre, par **Hubert Reeves** et **Frédéric Lenoir** (Seuil,2005).

Pétrole apocalypse, par **Yves Cochet** (Fayard, 2005).

Debout les Terriens ! Protégeons la planète, par **Gwenaëlle Aznar** (Albin Michel Jeunesse, 2005).

365 gestes pour sauver la planète, par **Philippe Bourseiller** (La Martinière, 2005).

La Terre en partage, par **Nicolas Hulot** (La Martinière, 2005).

Les héros de la nature, par **Natacha Calestrémé** (Robert Laffont, 2005).

Guerres et environnement, par **Claude-Marie Vadrot** (Delachaux et Niestlé, 2005).

Les pollutions invisibles, par **Frédéric Denhez** (Delachaux et Niestlé, 2005).

Atlas de la menace climatique, par **Frédéric Denhez** (Autrement, 2005).

Économie et politique des changements climatiques, par **Sylvie Faucheux** et **Haitham Joumni** (La Découverte, 2005).

Graines de possibles, regards croisés sur l'écologie, par **Pierre Rabhi** et **Nicolas Hulot** (Calmann-Lévy, 2005).

Nous ferons un monde meilleur, par **Francisco Van der Hoff** (Flamarion, 2005).

Sauvez cette planète ! Mode d'emploi, par **Dominique Glocheux** (Lattès, 2005).

Décroissance ou barbarie, par **Paul Ariès** (Golias, 2005).
La pollution sauvage, par **Elvire Van Staevel** (PUF « Le Monde », 2006).
Un éléphant dans un jeu de quilles, par **Robert Barbault** (Seuil, 2006).
Clipperton, par **Jean-Louis Étienne** (Seuil, 2006).

Achevé d'imprimer
sur les presses de France Quercy
à Mercuès, France.
ISBN : 2-603-01412-9
N° d'impression : 61990/ - Dépôt légal :septembre 2006